空海名言法話全集

# 空海散歩

第6巻

## さとりの記述

白象の会❖著
近藤堯寛❖監修

筑摩書房

# 序

高野山別格本山清浄心院住職　百万枚護摩成満行者　池口恵観

「空海散歩」、お大師さまを散歩することは、筆者も読者も、お大師さまとともに時空を超えて歩くことであります。なんと、楽しいご本ができるのでしょうか。当巻相当のページを『空海名言辞典』でくっていましたら、「文を作らば必ずすべからく古人及び当時の高手の意を用うる処を看て　新奇の調あらばこれを学ぶべし」という句が飛び込んできました。これは、「文鏡秘府論南」「文筆眼心抄」からの引用だとありますが、このほどの刊行の底流を成す字句でありましょう。古典や古人の手法を習って、それをなぞるのではなく、そこに新奇な表現方法を見つけたら、これを取り入れて学ぶべし、という意味であります。

お大師さまの教えは、現代の悩みや迷い、苦しみを救済するありがたいものです。どんなときも、忘れかけていた一句に救われた「おかげ」は、広く、深く、行きわたっています。お大師さまは、いつも現代に生きる我らとともにあるのです。

本巻がとりあげるのは、『空海名言辞典』に沿ったもので、「方便」から「僧侶」にいたる二百二十一句であります。とくに、文芸編では、お大師さまの表現の基本があって、興味深く思います。一つ一つの項については、本文をお読みいただきたいと思います。「さとり」としてくくられた項目は、いずれも僧侶として、身を律するべく読みたいものばかりです。

私はお大師さまが大好きであります。そして、そのお大師さまが大好きであられた師の恵果阿闍梨も大好きであります。この六巻「さとりの記述」は、お読みいただけばわかる通り、お大師さまの師である恵果阿闍梨をめぐる文も入っているとあって、その筆のはしるところが縦横無尽であり、それが楽しみであります。本書の序文を書かせていただけますことがとりわけうれしいのは、その恵果阿闍梨を語る巻だからであります。

「貧を済うに財を以てし　愚を導くに法を以てす　財を積まざるを以て心とし　法を慳しまざるを以て性とす」

お大師さまを貫いた信念は、この恵果阿闍梨の人格そのものであります。それは、お大師さまのものであり、その跡につづくわれら真言行者のバックボーンであります。

当時の中国「唐」は、世界帝国であり、国の名前も周知されていました。そこへ、東海の小国である日本から、肩書も無い一人の留学生が訪ねてきたのです。その留学生の質問は、さぞ恵果阿闍梨を驚かせたことでありましょう。初めての出会いを恵果阿闍梨は、お大師さまの肩を抱かんばかりに温かく迎えました。「待っていたぞ、よく来た、よく来た」と、対面を喜んだ様子が伝えられています。

そして、すぐに青龍寺に住まいを移すようにといわれて、お大師さまは恵果阿闍梨のもとで、教えを受けることになりました。忽然と現れた東海の留学生が、あれよ、あれよという間に、恵果門人の筆頭になり、阿闍梨という密教の王位ともいうべき位を授かりました。

これには、恵果阿闍梨の門人たちも驚きました。高弟のなかには不満をもらす者もいたのですが、恵果阿闍梨はこれを退けて、断固としてお大師さまを後継者として遇したのでした。恵果阿闍梨の前に現れたとき、お大師さまはすでに密教の神髄を学んでいたと、師は見抜いたのです。瓶から瓶へ移すように、完璧に教えが受け継がれたのです。余すことなく教えが伝えられたと、お大師さまは書き残しています。

さとりは、年月の長さではかれるものではありません。恵果阿闍梨は、弟子がどこの国の者であろうと問題にせず、ひたすらその資質を大切にして、自分が伝えるべきことを全て伝えました。

そのとき恵果阿闍梨は、「一般的な仏教の覚りを得ることはできても、仏さまの秘密の教えである密教はその秘法であり、出会うことさえ難しい。密教の行を重ねることによって、単なる覚りを超え、絶対無限の神秘的な霊力を身につけることができると同時に、加持祈禱によって悩める衆生を救済することができるのだ」と説かれたのです。だからこそ、お大師さまは生涯、密教の秘法による行を勤め、加持祈禱に邁進されたのです。

まもなく、恵果阿闍梨は、この世を去ります。唐に在ったお大師さまは、師の恵果阿闍梨が亡くなった時に、千人もの弟子を代表して碑文を書きました。「夫れ一明一暗は天の常なり」としながら、師を失った悲しみが碑文にあふれています。

そして、そのお大師さまの書いた碑文に納められた言葉は、いまなお教えを伝える句として、いくつも語り継がれています。なによりもこの碑文に、お大師さまの「人間主義」ともいうべき人を尊重する思想があります。「人」こそすべての基本です。なぜなら、「人」には生命の源である大日如来がそれぞれの心におられるからであります。

「滅びざる者は法なり、墜とさざる者は人なり」と、お大師さまは書きます。「滅びないものは仏法であり、それをすたれさせないのは人である。その仏法を誰が知り、その人はどこにいるのか。ここに神都長安の青龍寺東塔院の大阿闍梨、法名恵果和尚という方がいる。大師（恵果阿闍梨）は仏法が崩れんとする時に出現され、昭応の馬氏に生誕された」と記されます。その「人」とは、お大師さまが唐に留学して、密教の全てを伝授された師の恵果阿闍梨でした。

私は「炎の行者」と呼ばれるようになりましたように、護摩を焚いて祈ります。昨年には、住職を務める高野山別格本山清浄心院に護摩堂「鳳凰奏殿」を建立して、日々惠觀流とされる大きな護摩を焚いて祈ります。その私にとって、お大師さまが唐の長安で護摩を焚くことを学んだことは、心の支えであります。お釈迦さまはバラモン教にある護摩を焚く修法を禁じたとされますが、密教ではこれを取り入れています。さらに、ペルシャの宗教でも火を焚いて祈っていました。お大師さまが「火の祈り」を学んで帰ります。それが、現代の私にも伝えられているかと思うと、炎のなかに遠い昔の長安やインドやシルクロードの面影が見えるような気持ちになります。

さて、「大慈は能く楽を与え　大悲は能く苦を抜く」という句が、本編「さとりの記述」の中に出てきます。これは「三昧耶戒序」「秘蔵宝鑰」第四に登場するものです。本編の分類とは少しはずれるかもしれませんが、「抜苦与楽」の言葉を、お大師さまはさらに別のところでも使っておられます。

西暦八三五年、承和元年三月二十一日に、お大師さまは高野山に深く入定されましたが、その少し前に、お大師さまは高野山に仏塔と曼荼羅を造るための「勧進」を行いました。その文章が「性霊集」に収められています。仏塔と曼荼羅を、どうしても高野山につくっておきたい。なんのためかと言えば、人々に大いなる慈悲を感じ取ってほしいためである、とお大師さまは勧めました。現代語に訳せば、次のような言葉が続くところに、私は胸がふるえます。

「……しかしながら、今、労役する者の数は多く食料を満足に与えられない」

お大師さまは、金剛峯寺に仏塔を建立するための勧進を、このように呼びかけたのでした。

「いま、思うに、多くの貴い者、貧しい者、僧も尼僧も男女の信徒たちも、ともにこの仕事をなし遂げたい。塵が積もって大山となって聳え、一しずくの水が広い海をさらに深く出来るのは、心を合わせ、力を合わせてこそできるというものである。心からお願い申し上げる。もろもろの施主たちが、それぞれ金一銭、米一粒を集めて、この功徳をなしとげるように」と説きました。

「そうすれば、この大事業も必ず日ならずして完成することであろう。その行為によって生まれる功徳は永遠にほころびることなく、世界中にいきわたるであろう」と述べて、労役の苦労を、赤裸々に訴えているのです。慈悲とは、辛いことをともに知って手を差し伸べるものだと、具体的に教えられる思いです。

「慈は能く楽を与え、悲は能く苦を抜く」

この言葉こそ、衆生救済の全て、と申し上げてよいかと思います。苦しみから救い出すだけでなく、生きる楽しさを与えて下さることこそ、御仏の救いの基本であります。

楽しみを与える福徳の門とは何か。それは仏塔を建て、仏像を作ることであると、お大師さまは申されます。ただ塔を建てればよろしい、仏像を造ればよろしい、というのではありません。衆生皆皆の願いを込めた仏塔であり、仏像を建てることこそが「福徳の門」に至り、心を喜びで満たす道なのだ、と申されたのでした。

私が鹿児島の自坊に大弁財天をお招きしたり、このほどの高野山に護摩堂「鳳凰奏殿」と永代供養堂「永山帰堂」の建立を願ったのも、知らず知らずのうちに、このお大師さまの書が私の生命に刻まれていたのだ、とあらためて思います。

人生は苦しみだと思うのと、生きることは喜びだと思いながら日々を過ごすのとでは心のありようは大きく違ってきます。心の健康は、身体の健康と同じく、手入れをして育てていくものです。心を放っておけば、打ち捨てられた鉢の木のように枯れてしまいます。楽しみを以て生きることによって、現代日本の心の再生をはかりたいと、願い祈っています。

令和二年四月

# 全十巻の構成と凡例

**第一巻「苦のすがた」**（名言二二一句）　賢愚・優劣・戯論・無知・無益・排除・偽装・妄想・衆生・凡夫・現世・世情・末法・乱世・罪過・災難・無力・無明・煩悩・貪欲・渇愛・地獄

**第二巻「世のながれ」**（名言二二七句）　無常・人世無常・山川無常・草木無常・寂滅・故人追慕・悲哀・生死・輪廻・自業自得・執着・汚泥・迷悟・明暗・苦楽・是非・善悪

**第三巻「たすけあい」**（名言一九二句）　供養・回向・挨拶・香華・鐘・薬・歓喜・満足・清廉・謙遜・自然・風光・調和・協力・効果・好機・熟成

**第四巻「こころをつくる」**（名言二三三句）　練磨・慈悲・自利利他・救済・布施・四恩・恩愛・恩恵・報恩・孝行・友情・仏縁・帰依・信心・誓願・功徳・福智・天皇・人徳・人倫

**第五巻「法を伝える」**（名言二二九句）　伝法・灌頂・寺院・東寺・金剛峯寺・伝道・善導・善知識・驚覚・発心・修行・仏道・求法・彼岸・実践・努力

**第六巻「さとりの記述」**（名言二二一句）　方便・仮和合・教法・理智・認識・道理・無記・戒律・適法・越法罪・後悔・反省・無欲・断悪・文芸・作詩・作文・書道・筆法・

師僧・恵果阿闍梨・師弟・僧侶

**第七巻「さとりの風景」**（名言二一〇句）　修禅・入定・静寂・威儀・阿字・本不生・月輪・入我我入・顕密・密蔵・秘密・機根・各人各様・般若・智慧・空・中道・縁起・因縁

**第八巻「これが真言密教」**（名言二一一句）　融通無碍・一即多・不二・真言・陀羅尼・梵文・呪文・経文・文字・加持・祈禱・三密・仏力・威神力・守護・自在・実証・瑜伽・観法

**第九巻「仏のはたらき」**（名言二二八句）　仏法無尽・広大無辺・菩提・菩薩・清浄・本有・実相・不変・唯仏・唯心・法身説法・対機説法・以心伝心・言語道断・除闇遍明・転迷開悟・煩悩即菩提・滅罪生善・一味平等・差別即平等・和光同塵

**第十巻「大日の光」**（名言二一八句）　大日・我即大日・仏身円満・仏陀・成仏・即身成仏・草木成仏・曼荼羅・法界・遍照・遍満・荘厳・根源・仏性・如実知自心・法爾自然

一、全十巻の流れは、弘法大師著『秘密曼荼羅十住心論』の階梯のように、苦界から修行、真言、悟り、大日の光へ向かっていく精神的発達史のシリーズ本になっています。したがって、読者も著者とともに、巻を重ねるにしたがって迷いから悟りへ、心境が次第に高みへ登っていきます。

二、全十巻に採用されている空海名言とその順番は、『空海名言辞典 付・現代語訳』（高野山出版社）に沿っています。

目次

## 第二章　仏との約束

## 第三章　心の表白

## 第四章 師のことば

空海名言法話全集　空海散歩

第六巻　さとりの記述

装幀・本文デザイン　山田英春
扉イラスト　かんだあさ

# 第一章
# 悟りの方向

金剛頂瑜伽法門は是れ成仏速疾の路なり　その修行する者は必ず能く頓に凡境を超えて彼岸に達す　余部の真言は諸仏の方便なり　その徒《ともがら》一にあらず（秘密付法伝第二）

【金剛頂経の教えは即身成仏へ導く道である。これによって修行すれば必ず速やかに凡夫を超えて悟りに至る。その他の密教経典は諸仏の方便が説かれていて、流派は一つではない】

**◉知識と智慧**　この名言は智恵の大事さを説いています。しかし知恵には浅深があり、大小があり、種類もいくつかあり、時として混同されていますので、ここでは知恵を二分にして説明してみます。

まず私たちが物知りとして使っている知恵ですが、この知恵は私たちの努力によって向上進歩するものであり、明治の人が築いた知恵の上に大正の人が研究を重ね、大正の人の成果の上に昭和の人が発展させていくというようにつみ重ねていく性質のものです。したがって今後どこまで発展するかわからず、月の世界へ往復できるかもしれません。

しかしこの知恵は万能ではなく、私たちの外の世界はわかるが、心の世界や神仏の世界のことはわかりません。

心や神仏のことを知るには、知識の場合と反対に、つみ重ねていくのではなく、すべてを捨てていかなくてはなりません。金銭も、地位や名誉も、学んだ学問も捨て、無我・無心になっていかなくてはならないのです。こうしてすべてを捨て去った時、そのとき無限の境地が心にひらけてまいります。無一物の心に無尽蔵の世界がひらけてきて、一切の対立もなくなり、分別の思いもなくなり、すべてが光り輝く存在となっていきます。この智慧を知識と混同しないために智慧という文字を使ったり、般若の語を使ったりしています。

では智慧がひらけてくるとどういう心境になるか。栄西禅師の言葉を引用します。

「天の高さは無限で、果てしない。しかし心はその天の上まで通る。地の厚さは肉眼の到底とどかない所である。しかし心は地の底をぶち抜いてしまう。この世に日月ほど明るいものはない。しかし心は日月以上に世界を照らす。嗚呼、大なるものは心である」。

（小塩祐光）

方便

法は本より言なけれども　言に非ざれば顕われず　真如は色を絶すれども色を待って乃《すなわ》ち悟る（請来目録）

【仏法は本来ことばを離れているが、言語手段がなければ我々には理解ができない。真理も形から隔絶されているが、形によって悟ることができる】

**◉仏へ接近する方法**　お釈迦さまは菩提樹の下の瞑想によって偉大な悟りを開かれました。真理を覚醒されたお釈迦さまは、この内容を人々に説いて聞かせても理解は困難であろうということで黙秘なされます。ところが、梵天の強い勧めによって、お釈迦さまは悟りの内容を説く決意をなされます。

お釈迦さまはこの真理をいかなる方法で伝えればよいかと、七日間思案なされました。現在ブッダガヤに聳え立つ仏塔の周囲に並んでいる蓮華の彫刻群がお釈迦さまが思索された足跡といわれています。

お釈迦さまは最初に、悟りの核心である『華厳経』を三十七日間にわたって説かれますが、あまりにも深淵な華厳の世界観に人々は理解が困難であることに気づかれました。次は実例を示しながら、人生問題を解決する『阿含経』を十二年間、十六カ国で説かれます。次の八年間は『維摩経』や『勝鬘経』等によって大乗の教えを説かれます。さらに二十二年間は『般若経』の空の教えによって中道へ導かれます。最後の八年間は『法華経』を説き、そして一夜で『涅槃経』を語り終えて涅槃なされました。以上の伝道の流れは、隋の智顗《ちぎ》が説いた天台宗の教判「五時八教」の見解であります。

すべての経典はお釈迦さまの悟りの記述です。経文は年齢や境遇によって様々に解釈されます。いずれの経文も私たちの生き方に迫ってくるものばかりです。ところが、この世の現象には表裏や差別、深い因縁がありますから、それらの対立を包み込んでいる真理を完全に知るには、言語手段のみでは限界が生じるわけです。

仏教は、お釈迦さまが五十年かけても説き尽せなかった真理の大海原です。八万四千という膨大な大蔵経典の数量が如実に示しています。これを密教では、仏像や曼荼羅、印契、真言、観念などの三密を通して成仏をめざします。曼荼羅を見たり、五鈷を胸に当てて自身仏を自覚したり、鈴を鳴らして諸仏を勧請《かんじょう》したり、印を結んで仏と一体になったりして仏の世界へ接近していきます。

（近藤堯寛）

方便

密蔵深玄にして翰墨《かんぼく》に載せ難し　更に図画を仮りて悟らざるに開示す（請来目録）

【密教は深淵であるから言語では表現しきれない。それゆえに図画によって悟りへ導いている】

**◉自分の心を見つけよう**　仏さまが衆生（人々）を正しく導くために使った方法のことを方便といいます。最近では自分に都合がいいように弁解する方法として使われていることが多いですが、それは間違いです。

空海さまは、中国から持ち帰られたすべての物を分類整理され、それぞれの内容と必要性を詳しく報告されています。中国において漢文に翻訳されたお経、そのお経を解説した論書、悉曇（インドの文字原文）、真言の他、佛・菩薩・天などの仏画、仏さまの世界と働きを図画した曼荼羅など数百巻にのぼります。真言密教を弘めるための経論であっても理解されなければ意味がありません。だから、図画仏像に表現されるところを視覚と合わせて理解することが大切なのだと説明されています。

京都広隆寺の弥勒菩薩像は有名です。修学旅行などで一度はご覧になっているでしょう。印象に強く残っておられるお方も多いでしょう。仏さまは広大無辺の智慧と慈悲をもっておられると聞かされ、そうかとぼんやりそう思っておられるでしょう。弥勒菩薩は、いろいろのお姿で曼荼羅の中にも働いておられますが、今一度、あの半跏思惟像を思い出してください。弥勒菩薩は慈悲から生まれた仏さまといわれていますが、インド南天竺に生まれた実在の人です。お釈迦様の弟子になり、教えを受けて次の世(五十六億七千万年後)に如来となるための修行をしておられる仏さまです。親しみを感じないですか。思惟の表情に見入っていますと、いつの間にか心が安らぎ、欲とか雑念を離れてしまった自分に気づくでしょう。仏さまの慈悲を文字でとらえても言葉で聞いても、実態として理解できません。でも、この半跏思惟像と心の対話ができる、自分が感化されることは明白でしょう。

明王部でも天部でも怒りを顕した忿怒像があります。一見恐ろしいような形相の底に仏さまの私たちを哀れみ慈しむ心を感じ取ることができます。空海さまが仏画仏像をもって人々を導こうとされて請来されたことを理解できるでしょう。この請来目録は、空海さまの完璧な出張復命書と言えるでしょう。

(野條泰圓)

方便

真言秘蔵は経疏に隠密にして　図画を仮らざれば相伝すること能わず（請来目録）

【真言密教は幽玄であるから、経典だけでは理解が難しく、マンダラや絵画、仏像などの造形によらなければ伝えられない】

**◉迷いも覚りもわが心の働きである**　私達は日々の暮らしに埋もれて仏さんに向きあう心のゆとりさえ無くしています。人間とは情けないもので、易きに流れ、欲は泥のように重なり、清流は淀みます。

真言宗には素晴らしい教えが書かれていますが、意味が解らないために立ち直るきっかけを見失ってしまいます。でもお大師さまは自然の花や草木の素晴らしさを説いています。人間だけが特別待遇ではないのです。迷いも、覚りもわが心の働きです。何時でも発心できます。仏さんを呼ぶことができます。真っ直ぐな目で見れば必ず光が射してきます。

わが心の宮殿には、心から生じた眷属たちが無数に並び、中央に大日如来が座していられます。この大日如来とは誰の名前なのかよくよく考えてみますと、これは私の心王、すなわち心そのものに他ならないのです。これは我々が本来具え持つ浄菩提心です。

差し伸べられた手にすがって私達は仏さんの世界に入っていきます。そこは何と心地の良いところでしょうか。求め求めたところです。ずっと憧れ続けたところです。風もないのに涼しく、雨もないのに潤いがあり、言葉もないのに幸せがあるところです。その中央で私は夢を見ています。年老いて現実との狭間を行き来しているのかもしれません。

迷いも覚りもわが心の働きです。それを真言密教では、曼荼羅や仏像などの図像によって表現しています。さらには天地自然の風光も仏さんの説法ですから、山川草木を仏さんとして拝みます。明智も暗惑（煩悩）も我が心を離れているわけでありません。お大師さまの法を信じ、お大師さまの教えの通りに修行すれば、ただちに仏果を我がものとすることが出来るのです。

（安達堯禅）

世間の浅名《せんみょう》を以って法性の深号《じんごう》を表す　即ち是れ喩《ゆ》なり（心経秘鍵）

【仏の深い教えは、私たちが使用している文字によって説かれている。つまり経文は、仏界を真に表すには不十分であり、比喩であることを忘れてはならない】

**◉愛してるでは伝えきれない**　私たちは人に思いを伝えたり、記録として後に事象を残すために日本語としての文字を使用しています。この文字の由来を調べてみると、人類史上で初めての文字は、紀元前三千二百年頃、西アジアのシュメール人の都市ウルクで使い始められた絵文字だと言われています。文字で記されていない前の歴史のことを先史時代といい、文字によって記録が残されてからは歴史時代と呼ぶそうで、日本の先史時代と歴史時代との境目は、だいたい弥生時代から古墳時代にかけてと言われています。形で意味を伝えた象形文字や、色で意味を伝えた色彩伝達法もあったそうですから、思いを残したり伝えようとする方法は、人類の歴史とともにあったと考えられます。

日本は、日本語を確立させ伝え残すことをしていますが、やはりこれでも十分とは言えないような気がします。概要は伝えられても真実まで正確に伝えられないと言うことです。

皆さんにも経験があると思いますが、恋愛期の最初、好きな人への思いを伝えるのに、「好き」、「愛してる」と言う言葉では伝えきれない、もっと深い心の想いの表現に言葉を探したのではないでしょうか。世界一語彙数の多い日本語と言われていますが、それでも真意を表現することができないのです。

即身成仏を可能としている宇宙の真理を解き明かした密教は、後世まで伝えるために経文として「文字」を使用せざるを得なかったに過ぎず、「文字」では全ての真理を表す事は到底できないものなのです。

密教の真理は、教えの無限の可能性を五感で読み解こうとする姿勢と、感じようとする修行の中に初めてその方向性を見出せるものと思います。

即身成仏の境地は、残された経典をなぞることではなく、その表現しか使うことができなかった本当の真理を探し求めるところにあると考えられます。

（大西智城）

実際を動ぜずして巧みに方便を施し　法性を毀《そこな》わずして能く仮名《けみょう》を説く（大日経開題　三密）

【真実はそのままにして、巧みに方便を使い、真理を噛み砕いて分りやすく説いていく】

## ◉真言密教の理想

方便とは「嘘も方便」と言われるように、仮りの手立てと考えられております。ところが、真言密教では方便こそ密教僧が究極とする徳目になっています。

方便とは「方法便益」のことです。人の為に利益を与える行為を「方便行」と言います。一見仏教とは関係ない事でも、人から有難いと喜ばれるような行為は方便に準じます。これを「権方便」といいます。権方便も仏さまへ近づく行為です。それと同時に、仏菩薩への広大な供養となります。密教の教理を背景にして、権方便を繰り返すならば「真実方便」になり、「善巧方便」となります。

目には見えない真理を、密教では仏の世界を図絵で表現します。金剛界や胎蔵界を曼荼羅で分かりやすく可視的に説くのもその一つです。

お釈迦さまの時代から、仏教は人間の心の救済だけではなく、身体の健康も考えていました。純粋な仏教学や哲学だけではなく、古代インドの一般世俗の学問である医方明《いほうみょう》と言う医学や薬学も取り入れております。この教えはチベットに流れて大いに発達しました。

私事で恐縮ですが、ずっと以前に池袋の東武デパートで催された「中国チベット展」で「チベット医療タンカ」をみて深く感激したものです。

仏さまの教えは慈悲と方便です。世俗の色々な学問を知らなければ方便行はできません。覚りを得て、自我に対する執われを滅却し、世俗を離れて山林に住み、煩悩も起こさず、生死も無い寂滅境に独り住まいする羅漢さんでは、人を救う方便行は難しいものです。これでは無上の覚りとは言えないでしょう。智慧を磨き、力量を具え、世俗の中で自在に人々を救済して行くのがお大師さまの教えです。

それには、先ず仏さまを鏡とすることです。仏さまを真似て繰り返えせば、やがて真似が本物になります。この人生に於いて大いなる人格を完成することが即身成仏であり、これが真言密教の理想とするところです。

（篠崎道玄）

法身の難議は妙《たえ》に色形《しきぎょう》の表《ひょう》に出で　真性《しんしょう》の牢識は眇《はるか》に心言の路《みち》を隔だつ　然れどもなお無形《むぎょう》に形を示し　応化《おうけ》類に随って迹《あと》を誕《たん》し　離言に言を設け頓漸《とんぜん》機に逗《とど》って名を仮《か》る（仁王経開題）

【仏の姿は微妙な色や形で表現されているが、真実の尊容は断たれている。様々な願いに応じて仮りの姿でこの世に誕生し、仮りの言葉で説法されている。教えの違いは人々の能力に応じて説くためである】

**◉同じ薬を服用しても効き目は人それぞれに違う**　『法華経』の第三巻に「薬草喩品」という文があります。仏は、随宜の説法といって、相手の資質を見抜いたうえで、それぞれにふさわしい仕方で説法します。それは、生きとし生けるものすべての資質の優劣、精進努力の優劣を見抜いて、それぞれにふさわしい仕方で教え、諭されるといっております。真理が雨に喩えられていますところの「薬草喩品」におけます、かの巨大な雲が、ありとあらゆる草や木や叢林や薬草に雨を降らす時、植物たちがそれぞれの種類や性質に応じて水分を吸収し、成長するのと変わらないのでありますと述べられています。

同じ雨にうるおされたといっても、草木にはそれぞれ違いが出てまいります。同じ雨であって、みなそれぞれの境遇に応じて享受し、雨がうるおすということにおいては同じであっても、それぞれの境遇に応じて繁茂します。そして、受け取る側は、それぞれの本性しだいで、受け取るものが同じとは限りません。

草木も、種類によって生き方が違ってきます。雨という、教えを耳にして、それぞれの力量に応じて、それぞれの境遇に生きなければならないと思うのです。私たち、それぞれがその力量に応じて修行する必要があるといえます。

弘法さまより、約四百年の後の浄土宗の法然上人のお歌があります。最もひろく、なじまれている和歌であり、浄土宗の宗歌として敬唱されているものであると聞いています。

月影のいたらぬ里はなけれども　ながむるひとのこころにぞすむ

月光は隅なく光り照らしはいたしていますが、ながめようとしないものには、わかりません。こころから仰ぎ眺めるものだけが、楽しみ、喜び、安らぐことができるのでありますと説かれます。受け取る私たちの「こころ」が問われます。（岩佐隆昇）

もし大身を現ずれば　衆生は仏身顕面を見ずして我心に礼拝を生ぜず　故に擁權に小身丈六の相を示す（一切経開題）

【巨大な仏の身体をそのまま現わせば、衆生は仏の身体や尊顔を見ることも拝むこともできない。それゆえに、一丈六尺の仮の姿をされているのである】

**◉仏身の本当の大きさ**　前文は仏の身長（大きさ）について述べています。仏の身長が一丈六尺とは、仏典では普通の人間の倍の身長と伝えています。しかしながら、その一丈六尺は仏の本当の身長ではありません。本当の大きさは「広大であり、虚空に等しい、それを大身と言う」とお大師さまは述べています。大身とは法身のことであります。すなわち仏身の本当の姿は法身であり、普通には見えない大きな存在なので、仏はあえて一丈六尺の大きさになって、人々の恭敬心を受けています。

そこで問題が生じます。仏の大身は虚空に等しい訳ですが、我々凡夫の本当の体の大きさはどれ程でしょうか。生身の人間で、七尺前後もあれば大男と言われます。ただここでよく考えねばならないことは、現象的、物理的な人間の身長ではなく、人本来のいのちの身長（大きさ）が問われるということです。

お経では「人本来のいのちは、仏のいのちに等しい」と説いています。そうすると我々の本来の体の大きさは、空いっぱいに広がる仏の身体と等しいことになります。

以下、その点について、在家の菩薩、故橋本徹馬氏が体験したことを紹介します。

「昭和十七年、滝行した時のことです。水の冷たさで心経の半分も読まぬうちに、心臓麻痺を起しそうに感ずる…。そこで私は精神力で肉体の制約を超えられるものかどうか、命がけで試してやろうと滝壺に入りました…。たとえ命を失うとも心経を五回読み了えるまでは退かぬ、という決心をしました。ところが心経二回難なく読み終り、ふと気がつくと、そこに天柱地軸を貫く、金剛不壊の巨人の姿で突っ立っている自分の存在を見たのです。それは肉体の死生を超越した私の実在の姿なのでしょう。しかもその傍に五尺五寸の肉体橋本徹馬がふるえながら滝水にかかっている…。」（『般若心経講話』橋本氏著より抜粋）。

以上のように、人のいのちの実相は仏身と変ることなく、それは修行によってのみ体得することが可能です。

（浅井證善）

方便

色身は是れ方便応化の化身なり　是れを色身を具足すと名づく　即ち妙色身なり　妙色身とは是れ如来なり　即ち是れ法身なり（一切経開題）

【肉体は仏の方便による仮りの身体である。つまり肉体を具えた仏であるから不思議な身体と呼ぶ。この不思議な身体が如来であり、法身である】

**◉あなたにも蘇る仏性！**　山陰の代表的漁港・境港市（鳥取県）は今や「妖怪の町」に変貌しています。妖怪漫画家「水木しげる」さんの生まれた境港市は「ゲゲゲの鬼太郎」など百七十七体の妖怪が約八百メートルの「水木しげるロード」に居並ぶ「妖怪の町」です。

十年前、NHK朝の連続テレビ小説「ゲゲゲの女房」がきっかけで港町には今も「妖怪」が全国から多くの人を呼び寄せ、人口三万人余りの境港市は入込客が年間多い年で三百二十万人、少ない年でも二百万人を下りません。妖怪は今も多くの日本人の密やかなこころに摩訶不思議なエネルギーで「行きたい、見たい、触れたい」衝動を掻き立て呼び戻してくれる魅力のようで、将によくよく心《しん》を知れば知るほど仏性が蘇えるようです。

東日本大震災のあの大津波のさなか、山の急斜面を這い登り逃げ惑う中年女性の目に断崖絶壁に打ち寄せ、立ち昇る大波が映りました。荒れ狂う大海から太く、空高く舞い上がる奇妙な現象に女性は思わず「不動明王の怒りだ……」。忿怒の不動明王に出会えた一瞬でした。自然界の怒濤の姿と響き！　が不動明王のことば、コエとして女性に感じられたことでしょう。

「禽獣卉木《きんじゆうきもく》は皆是れ法音《ほうおん》なり」。お大師さまは自然界の事物事象はすべて仏のコエ、ことばで、目には見えない宇宙のエネルギーを現しているとおっしゃっています。「能く心《しん》を知れば是れ仏《ぶつ》なり」。妖怪や怒濤波は摩訶不思議なほとけの要素を潜ませています。

真実に近い仮のすがた（方便）が身体です。その身体こそ真実なる如来の「ほとけ」のすがたであり法身なのです。

（湯浅宗生）

## 如来は善巧にして方便多し　文義連還して鉤鏁《こうさ》に等し（宗秘論）

【如来は巧みな方法論が多く、文章の意味も鎖の輪のように理路整然と構築されている】

**◉方便こそ醍醐味**　悟りの道を示すにはいくつかの方法があります。一番大切なことは、いつ、どこで、だれが聞いても真理にかなっている内容であることです。さらに、相手の能力や性質、年齢に応じた指導が大切です。小学生に幾何学を教えても無理です。足し算や引き算、掛け算、分数を学んだ上でなければ幾何学は理解できないからです。悟りの記述にはたくみな方便と手順があり、的確な比喩によって迷える人々をうまく彼岸へ導いています。

人を助けるために嘘をつくという方法もあります。いわゆる「嘘も方便」です。『法華経』の「比喩品」では、火事場から子どもを救い出すという場面が語られています。子どもたちが火事を知らずに遊んでいる時に、長者が「早く出てきなさい」と叫んでも、子どもにとっては遊びのほうが面白いからなかなか出てきません。ところが「ここにオモチャがあるよ」といって手を招いたら飛んで走ってきました。火事の怖さを知らない子どもは、迷っている衆生の比喩です。煩悩に苦しむ原因を知らない衆生を、仏さまは「嘘も方便」という機転を利かせながら、たくみな手法によって迷いの出口へ上手に誘い出しているわけです。

とっさに出てくる方便は教養のたまものです。頓智がうまい人は豊かな知恵者です。その場の雰囲気を明るくさせて笑いに誘いこみます。グループの中にそのような人がひとりでもいれば、和気あいあいとした笑顔にあふれます。

四国八十八カ所霊場の土佐路は、札所から札所の間が非常に長く、トイレ休憩と車中居眠りのコースになります。ところが、車内に笑わせる人がいれば、弥次喜多道中のような楽しい雰囲気になって札所の距離が短く感じるものです。

遍路は観光旅行とは一味異なります。急峻な山道は、観光ならば登ることを諦める人が多いでしょうが、遍路ならばお大師さまに会うために全員が登っていきます。さらに、この中に「六根清浄」と全員に声をかけさせる人がいれば「同行二人」の温情が深まり、かえって有り難い坂道になります。登山の方便を心得ている先達は全員の足並みをそろえて引っ張っていきます。

（近藤堯寛）

愚人は月を識らず　智人は手指を将《もち》う　指端は月の体に非ざれども　月を見るは還って指によるなり（宗秘論）

【愚者は月という仏を知らない。智者は手の指を使う。指は月ではないけれども、指によって仏の方向を示すからである】

**◉方向を学ぶには**　私たちが何かを学ぶ時、あるいは進む方向を知ろうとする時、大抵は誰かよく知っている人か、資料などの何かから教わらなければなりません。自分だけで知ろうとしても、そこには限界があります。しかし、現在の私たちの周りには、もし尋ねる人がいなくても、様々な事を学ぶ多くの方法があります。主としては機器を使ったりして、手軽に早く情報が手に入ります。とは言え、情報を得るだけでは深い所まで理解することは出来ません。

ここの文では「指」を使って、およその方向を教えられています。指は誰かの指し示す「動作」の意味です。学ぶ方法は他に「言葉」や「文字」を使うこともありますが……、とりあえず「あちらと」方向を示したのです。

何かを教える場合の方法は多様にあり、教える側からすれば上手に導くことが大事であるし、教わる側は、よく理解しなければなりません。

次に、この文では、まだ学ぶ目的や方法がはっきりしていない事がうかがえます。月（仏）があちらと指し示されても、仏が何か分からなければそちらを見るだけで、仏の教えを知ることは出来ません。教えの中に、「教相《きょうそう》・事相《じそう》」という言葉があります。教相は教えであり、事相は行《ぎょう》ずる事、すなわち修行や信仰等の行いの事です。そして、教相の花によって事相の実を結ぶと言われ、片方だけでは完成しません。

これからの時代は「指さし」の方便がなくても、簡単に教えの一部を学ぶ事は出来ます。しかし、それは知識を得るだけです。「行ずる」こともなければ「信《しん》」を得る事もありません。

仏教では勤行《ごんぎょう》の最後に、「願わくはこの功徳をもって……共に仏道を成《じょう》ぜん」と言う言葉を唱えます。仏の道に進むには、教えと行いが共にあって、大衆のために功徳を積もうとしているのです。

（佐川弘海）

一明一暗は天の常なり　乍《たちまち》に現じ乍《たちまち》に没するは聖の権なり（性霊集二　恵果碑）

【昼と夜の繰り返しは天体の法則である。生と死の無常は仏の説法である】

◉**花は仏さまからの招待状**　この句は次のように続きます。この天体（宇宙）の法則は過ちが少ない。また、生死があることは仏の権道（方便）であり、それ自体がご利益であることが多い、と。ここでたいていの方は首をかしげるはずです。天体の法則なら、過ちは皆無であるはずなのに、お大師様は少ないと言っている。少しはあるのだと。また、生死は仏の方便なので全肯定すべきなのに、利益であることが多いと言っている。そうでないことも少しはある……。そうです。これは、お大師様が付法の師である恵果の死を悼んだ壮大なレトリックなのです。人が没することは宇宙の理であるが、恵果の場合は間違っている。また、生死は仏の方便たるがゆえにご利益のはずだが、恵果の場合はそうではないのだと。天の常理を部分否定してまでのこの哀悼表現はここにマックスを極めているということができます。すなわち、私どもはこの逆説によって、天の理や方便という考え方の不動性をあらためて認識することになるのです。大日如来は三句の法門で、「方便を究竟となす」と教えておられます。仏格である釈尊や恵果らをこの世に現出させて人間を教化されたことは、最高の方便だと言えましょう。天は臨機応変にこのような粋な計らいによって、衆生を救ってくださるのです。

私どものレベルでも、小さな方便が活用されます。『関西花の寺二十五カ所の旅』（山と溪谷社）の巻頭に、ひろさちやさんが文章を寄せておられます。「たいていの寺の門戸は解放され、いつでも仏教を聴聞に来てくださいと呼びかけています。でも腰が重い。『いつでもいいよ』と言われたら、〈いつかそのうち…〉で終わりがち。むしろ、『何月何日に来てください』と言われた方が、行きやすい。そうなのです。だから、花なのです。うちの寺にはこの花がこの季節に咲いています。ぜひ来てくださいと。〝花は仏さまからの招待状〟なんです」（以上、要約）。花は仏花であると同時に、弘法《ぐほう》のよき仲間ともなってくれます。山野や庭先や街角に咲く可憐な花々は、掛け値なしの真実のあり方を、私どもに気づかせてくれます。

（友松祐也）

## 一乗は入り難ければ如来頓漸の筌《せん》を設け　三界迷い易ければ正覚権実の車を構う（法華経開題　夫二儀）

【仏道は入り難いから、如来は入門の計画を立て、迷いやすいこの世の正しい道を様々に示す】

**◉デクノボー精神**　お釈迦さまが在世の頃、その説法の座に集い尊い教えに耳を傾けるたくさんの求道者がいました。彼らは釈尊の「金口《こんく》の直説《じきせつ》」に導かれ、身心を惑わし乱す煩悩の火を鎮《しず》め、阿羅漢《あらかん》と呼ばれる聖者を目指しました。このように、先覚者に導かれあるいは師に依らずひとり修行し自己完成を目指すものたちが、初期仏教の時代の立役者たちでした。

やがて釈尊滅後何百年か、教団が成長し分派するなかで自己完成のみを求めるのではなく多くの人々を救うことこそ大切だ、とする大乗仏教運動が起きてきます。出家・在家の別なく自己を捨て他者を救うという、仏に本質的に近づいた修行者――菩《ぼ》薩《さつ》の行《ぎょう》を実践するものが主役となっていきます。

法華経は従来の仏教諸説を方便の教えとして組み入れつつ大乗の教えへと巧みに導いていきますが、釈尊を生身の仏と考える仏陀観は、やがてその背後にある不滅の教えこそ真実の仏陀と考える方向に発展していきます。こういう時空間に際限なく拡がっていく仏陀観に体が打ち震える感銘を受けたのが、宮沢賢治でした。

彼の描き出す世界では、人と動植物や太陽・星・風・雲……といったありとしあらゆるものが生き生きと語らい交感し合います。「すべての生き物のほんとうの幸福をさがさなければいけない」、相互に結びついている生き物すべての幸福を追求しなければ個々が本当に幸せになることはできない、という世界観がその短い生涯を貫いていました。彼の実践徳目は、法華経の常不軽菩薩《じょうふきょうぼさつ》そのままに「東ニ病気ノコドモアレバ／行ッテ看病シテヤリ／西ニツカレタ母アレバ／行ッテソノ稲ノ束ヲ負ヒ」のように労を厭わず手助けし「ミンナニデクノボートヨバレ／ホメラレモセズ」というあの「デクノボー精神」に徹することでした。賢治の並外れた共感力は、一方で森羅万象と感応する中ファンタジー作品として結実し、同時に強い宗教的実践の原動力ともなったのでした。

（田中智岳）

## 如来の境界は微妙にして譬うべき無し　唯し二分相似の義を取って不可説の徳を顕するのみ（雑問答四）

【如来の世界は微妙にしてたとえようもない。しかし、わずかに似た事例を引き合いに出し、その比喩によって論述できない仏の徳を表現しているにすぎない】

**◉仏様に近づく**　香川県さぬき市に真言宗善通寺派の長福寺がございます。この寺の先代住職が佐伯泉澄師でありました。泉澄師は青年の頃、重い胸膜炎を患っていましたが、二十三歳の時にお四国巡拝をして第二十一番太龍寺で霊験をいただき、それから次第に元気になられ、病気が回復したそうです。この遍路体験から「困った時には一心に、み仏に頼んで拝めば必ず道が開ける」と体得され、それ以来、泉澄師のゆるがぬ信念となったのです。その後、二十九歳の時に高野山大学に入学し、金山穆韶教授の特別なご愛顧によって勉学に励まれました。大学卒業後、縁あって長福寺に入寺しました。

長福寺では檀家参りの傍ら、仏教、真言密教の研鑽を積まれ、「高野山教報」（信徒向けの新聞）に昭和四十五年十月五日号から「私の好きな言葉」を連載し、この連載の中から、お大師さまの言葉六十八句を転載し、残りの三十二句を新たに執筆して出版したのが『空海百話』（昭和五十九年三月二十一日発行・東方出版・令和二年一月で二十四刷）であります。

その後、平成二十一年五月二十二日に『空海百話Ⅱ』（東方出版）を出版しました。この本は、泉澄師が八十三歳、平成十九年五月十四日から執筆を始められ、四十一句まで執筆しましたが、体調を崩され、その年の十月三日に入院。平成二十年一月七日に個室に移った頃から、残りの五十九句を、一日二句ずつ執筆した著書であります。

泉澄師は「ただお大師さまのお言葉に包まれて、私の最後を迎えたかっただけである」とまえがきに記しています。泉澄師は、平成二十二年一月二十一日に八十六歳の尊い生涯を閉じられました。泉澄師は、文章執筆だけでなく、求めに応じて全国に法話に出掛け、布教活動を展開されました。その尊顔を拝する時、そこにお大師さまがお出ましになっておられるような、なんとも言えない雰囲気を醸し出しておられました。

（菅智潤）

仮和合

## 五蘊は仮借《けしやく》なり　一如は実真なり（金勝王経伽陀）

【この身体は仮のものである。悟りこそ真実の姿である】

**◉「一如」は真実の世界の扉を開く**　五蘊とは、般若心経の中にも「①色②受③想④行⑤識」とあり、この「①色」は色声香味触、「②受③想④行」は法、「⑤識」は眼耳鼻舌身意の意に対しており、「五蘊は仮借《けしやく》なり」とは、これらのわたしたちの五蘊の行為は、仮に立てられた借りものの認知、思考、判断であるという意味です。

A.「直線的時間」をわたしたちは理解できます。生命あるものは必ず死に、すべてに始まりがあり、終わりがある。

B.「円環的時間」をわたしたちは理解できます。春が来て、夏秋が過ぎ、冬が来ます。そして、終わりではなくまた春がやってきます。生命あるものは死んで終わりではなく、また生まれ変わります。

Bは A の否定ですが、Bの立場を否定してAの立場に戻るならば、死んだものが生まれ変わってくるということですが、同じ生命ではないのです。また、Aの立場を否定してBの立場に帰るならば、実際は親と子、子と孫の生命はつながっているのではないか、そもそも死がなければこの地球上に人口があふれ、生まれてくることもできない、死があるからこそ生があるのだ――などという理屈が出てきます。

ここで重要なのは、わたしたち人間の五蘊の行為は「仮借」であるということです。これをお大師さまは「不可得」とも表現されました。これを今の言葉で言いますと、二律背反（ジレンマ、アンティノミー）ということになります。相反する答えが両方正しく思える時、これは両方まちがっている――ということになります。

さて、五蘊は仮借でどのように人間が判断して答えを出してもまちがっているなら、わたしたちは何を信じれば良いのでしょうか。そのような土台（寄って立つところ）を失った、絶体絶命（絶対無）の状況下でAとBの仮借のフロアを離れた「三密加持」というフロアに移る（止揚）とAとBは「不二、不異」で「一如」（一つの如し）ということになります。「三密加持」とは、身（おこない）、口（ことば）、意（こころ）という自分の三つの行為を一つにし、そこに嘘のない世界を作ります。お大師さまは、そこで「実真（真実）の世界の扉が開かれる」と説かれています。（畠田秀峰）

もし真言の相を取らば鏡中の像を愛するが如し　取と捨と不可得なり　みな名づけて幻妄とす（宗秘論）

【真言の形を取ろうとすることは、鏡の中の像を摑もうとするようなものである。取ることも捨てることもできない幻影だからである】

**◉一切皆空。こだわらず。とらわれず。**　我が家の愛犬は、鏡に写る己が姿に驚いてはよく吠えていました。猫が鏡に向かって背を怒らせる姿にも、見ていてつい笑ってしまいますが、果たして私たちも同じ様な過ちを犯してはいないでしょうか。

自分の判断がいつも正しいとは限りません。船に乗ると対岸が動いているように見えたり、夜空を見上げて、雲の中を月が動くように思えることもあります。かのガリレオ・ガリレイが「それでも地球は動く」と地動説を唱えたのは十六世紀のことでした。それまでの人にとっては、平坦な地球上を太陽や月や星が動いているとしか思えなかったでしょう。実際は太陽も月も星もこの地球も、大宇宙の中でみんな動いています。その意味では、天動説もあながち間違いとはいえません。今日、天が動くという人はいないでしょうが、自分は止まり、周りが動いていると思うことはよくあることです。つい自己中心的に物事を見ようとするのが私たちの常ではあります。

実体がないのに有るように思ってしまうのも私たちです。恐怖心から「幽霊の正体見たり枯れ尾花」となったり、愛欲の心が「あばたもえくぼ」と見たりします。

仏教は「空」という考えを大事にします。すべての存在は実体がなく、因と縁によって成り立ち、時間的にも空間的にもそれ自体で成立しない。「是あれば彼あり、是生ずれば彼生ず」として、物事に絶対はないと捉えます。しかし、私たちは変わることを肯ぜず、とらわれたり、こだわったりして、物事に執着してしまうのです。六十兆という人の細胞も毎日入れ替わっていますが、その変化に気づかず、老いていくことに恐怖したり、苦痛を憶えたりします。変化に対応できる柔軟な心を養い、とらわれず、こだわらず、明るく大らかにいきたいものです。

真言を念誦するにも、その数だとか、唱え方とか、形にこだわると本来の意義を損ないます。こだわらない、広く大らかな境地をお大師様は諭してくれています。

（河野良文）

仮和合

## 真如は体無相　有相はことごとく虚偽（宗秘論）

【真理の本体を形で表現することはできない。形は仮の姿だからである】

**◉こころで観じる**　早いもので、母が他界して六年の歳月が流れます。祥月命日の二カ月後、追福菩提を祈る歩き遍路にでかけてきました。約四十日間をかけてすべてのお寺を無事に打ち終えました。その時、ある札所の掲示板に書かれていた文字が今でも心に残っています。

「五蘊仮和合《ごうんけわごう》」。「五蘊は皆空なりと照見して、一切の苦厄を……」、『般若心経』の一節です。ご存じのように、大乗仏教の大切なエッセンスをわずか二百六十六文字（本文のみ）に秘めたお経です。その短い経文に、「空」が七回、「無」が二十一回も出てきます。

さらに、五蘊とは、「色・受・想・行・識」のことです。人間でたとえるならば色はこの「肉体」を、他の四つは「心」をあらわします。仮和合とは、今だけ（仮に）、合わさっている（姿や形）という意味です。

そして、無相とは、姿や形がみえないこと、一切の執着を離れた境地。他方、有相は、姿や形のあるもの、煩悩や迷いのことです。この世のすべてのものは常に生滅変化し、人は生死涅槃を繰り返します。

お経とは、まさにこうしたこの世の真理（真如）、仏様の尊い教え、けっして目には映らない大切なもの。

最近になってようやく夕日が物悲しく感じなくなりました。それは、お経の本当の意味が少しずつ分かるようになってきたからかもしれません。

朝、私を起してくれたお天道様がもう辺り一面を夕陽に染め、はるか西のかなたへと沈もうとしています。子供の頃に暗くなるまで表で遊んでいた時に、母が迎えにきました。

母は私と弟の手をつなぎながら『夕焼け小焼け』をよく歌ってくれました。あの時の手のぬくもり、「これからも一緒、ずっと一緒、いつも一緒」、今でもそう語りかけてくれているように感じます。

（雨宮光啓）

仮和合

## 幻城を五陰の空しき国に築き　泡軍を四蛇の仮の卿《さと》に興す（三教指帰下）

【幻のような城で精神を構築し、泡のような軍隊で身体を固めている】

**◉人の幹の部分にある思想**　北方領土問題は長きに渡って解決がついていません。視察に行った国会議員の一人が帰国後、「戦争をやって取り返したらいい」という発言をして問題になりました。「戦争」という一番使ってはいけない言葉を発するのは、国会議員でなくても許されるものではありません。ロシアには、単なる不埒者の妄言と相手にされなかったみたいですが、下手をすると国際問題になりかねません。そのようなきわどい発言だったのが、本人はどれだけ理解しているのでしょうか。

彼は単なるその場の思い付き、もしくは目立ちたいだけだったのかもしれません。そこには何の思想も持っていないのは誰の目にも分かります。これはまさしく幻のような城での精神であり、もともと何もなくすぐ消え去るような泡のような軍隊という無明な考えだといえます。

これは我々の周りにもよく見受けられます。会議の場で威勢よく発言をするけれども、具体的な策が何もなく、実行する際にはその人の姿は見えない。提案した限りは最後まで責任をもって欲しいと誰もが思っているのだが、本人は、「自分は誰も思いつかないことを提案するのが仕事で、あとは他の人が実行すればいい」と考えているように見受けられます。

人が提案したことに何でも反対をする人がいます。国会中継を見ていると、野党の議員は反対することで自分の存在を認知してもらうことが目的であるかの如く、反対意見を述べています。そこには、自分だったらどのようにするという具体的な提案はなされていないことが多いです。まさしく泡のような軍隊で攻めているように見えます。国民の代表としての議員だから、理論武装をして、我々の目にも納得できる政策論争をしてもらいたいものです。

お大師様は『三教指帰』の中で、儒教、道教、仏教を比較して、仏教が一番優れていると結論づけられました。人の生き方の根本には、仏教を据えるのが最良であるということです。人の幹の部分にある思想。あなたは何がありますか?

(大咲元延)

仮和合

吾等体を稟《う》けたること金剛に非ず　形を招けること瓦礫《がれき》に等し（三教指帰下）

【この身体は金剛のように堅くはなく、瓦礫のように崩れやすい】

**◉この身ははかない**　弘法大師空海さまの出家宣言書ともいえる『三教指帰』では仏教が、儒教や道教と比べ、いかに優れているかが述べられています。そのなかでも、仏教の根本原理である「諸行無常」について、流れるような文体で朗詠している「無常の賦」の中にある言葉です。

宇宙ですら、永遠に続くものではないのに、ましてわれわれ人間の存在なんて、瓦礫のようにはかないものである、と言っているのです。移ろいゆく時間の流れとともに、いつまでも同じ姿でいることはできず、人間の肉体は、いつかは朽ちてなくなってしまいます。そこから逃れるすべはないのです。

空海さまの分身である仮名乞児は、こうした苦の世界から脱するためには、仏教に帰依し、仏の道を実践する方法を説きます。それはとりもなおさず、空海さまがこれから自分はこの道を究めるのだと宣言なさっているわけなのです。

私は、阪神淡路大震災が起きた平成七年、神戸に住んでいて、自宅が全壊。たまたま別の場所に居て命だけは助かりました。持っていた物はほとんどすべて無くし、諸行無常を肌で感じました。在家出身の私が仏道に進むきっかけとなった地震でした。その後、ご縁があって高野山で得度し僧侶となりました。ところが平成三十年の台風で、今度は高野山の家が被災、屋根が飛んで住めなくなってしまいました。再び形あるものを失ってしまったのです。にもかかわらず、落ち込むことはありませんでした。今度は大阪のお寺にご縁を頂くことになり、住職となりました。

二度にわたる天災で、物はことごとく失ったけれども、仏縁がいただけたのです。「災い転じて福となす」という言葉がありますが、まさにそれを地で行く人生でした。もう若くはありませんが、この身が滅ぶまで、お釈迦さま、お大師さまの教えを、広めていくことに人生を費やそうと考えています。せっかく生かされた人生、燃え尽きるまで皆様のために奉仕しようと思っています。人間のできることには限りがあります。いつまでも元気でいられるわけではないし、寿命もあります。それを知ったうえで、できる限りの努力を続けていこうではありませんか。

（柴谷宗叔）

仮和合

五蘊の虚《こ》妄《もう》なること水兎の偽《ぎ》借《せき》に均しく　四大の逗《とど》まり難きこと野馬の倏《しゅく》迹《せき》に過ぎたり（三教指帰下）

【心身の虚妄さは水面に写る月影のようであり、万物の無常なことは陽炎のようである】

**◉朝露のようないのち**　無常の賦の一節です。高くそびえる山も世界終末の業火に焼かれると灰となり。四大海も数日にして干上がる。広大なる大地も水害によって砕け散り、八万劫の寿命を持つ非想天も稲妻のように消え去る。心広い神仙でさえもその命は短い。ましてや我々の命は永遠ではなく、朝露のようにはかない身体は瓦や小石のように脆弱である。という内容の文章に続く言葉です。この一節のあとには、いかにこの世が無常であるかを、花の乱れ散るさま、美女の容色のたちまちにして変容する姿等になぞらえて、非常に具体的に描写していきます。例えば、佳人の花のように美しい眼もたちまち苔むし、蝿がたかり、赤い唇を鳥がつつくといった、視覚だけでなく嗅覚、聴覚をも刺激する文章です。「誰か三泉を脱れむ」。すべての人々が地底にあるという三重の泉、すなわち黄泉の国に行くことになるのだと結んでいます。

我々は、日常生活において極力この世の無常から目をそらせて生きているのではないでしょうか。むしろなるべく考えないようにして暮らしていると言ってもいいでしょう。現在の日本では飢饉によって餓死するということは、想像もできないことですが、『方丈記』には、仁和寺の隆暁法印という僧が、平安京にて餓死した人々の額に梵語の中で最も重要な大日如来の種字、阿という文字を書き記したと記述されています。その数は、養和二年の四月と五月の二か月間で、四万二千三百人以上に上ったそうです。そのような時代背景を考えると、当時の人々が実際に目にしていた具体的光景を描写することによって、今よりも、死が身近であった時代においても、人々に強く実感を抱かせ、強烈な印象を残す文章だと思われます。

表面上の一刻の美しさに心奪われ、その陽炎のようなはかなさを見抜くことができないのは今も昔も変わらないということなのでしょう。生病老死の四苦と、愛別離苦、怨憎会苦、求不得苦、五陰盛苦、を含めた八苦は、人の世に生まれた限り逃れるすべはありません。だからこそ、このはかない生を精一杯生きることが大切なのではないでしょうか。


（花畑謙治）

仮和合

## 合会して離るることあるは大師の誠言《じょうごん》なり（性霊集八　弟子求寂）

【会えば別れがあるいうことは釈尊の金言である】

**◉別れはつらいですが、お大師さまのみ教えで前向きに**　これは、お大師様の弟子真際の言葉です。出会いがあれば必ず別れが、生あれば必ず死があります。その生死の苦から離れるには仏の教えを学び、読経、写経、写仏などによって功徳を積めば、故人が密厳浄土に往生でき、遺族も安心できるといわれます。

お大師様は、甥であり愛弟子の智泉大徳を亡くした時、悟りを開けば「生あれば必ず死あり」の道理を得て迷い悔やむことはないと知り尽くしておられながらも、この時ばかりは「哀れ」「悲しい」という言葉を繰り返されて最大級の悲しみを表わされました。しかしお大師様は悲しみに沈みながらも、参列の諸弟子や大衆の前で、真言密教の教えを切々と説き示し、弟子の逝去を弔い、成仏をお祈りされたのでした。

「会えば別れがある」と聞けば、『平家物語』の有名な言葉「生者必滅、会者定離」

を連想しますね。この「会者定離」は、お釈迦様の晩年の説法を伝えたお経の「この世はすべて移り変わるもの。会えば必ず別離がある」という言葉に由来します。この言葉の後に「世をはかなむことはない、世間の姿はこのようなものである、怠ることなく励みなさい」とお釈迦様は私たちを諭しているのです。しかし、私たちは身近な人を亡くした時、やはり世をはかなみ悲しみに暮れます。その時、昔より行われている仏教の葬送儀礼と法事が遺族の悲しみを和らげる役目を果たしているのです。三回忌の法事を終えてようやく気持ちが落ち着きましたとの声をご遺族からよく聞きます。

東京大学医学部の矢作直樹名誉教授によれば、臨床医としての経験から、重症の患者の多くが臨終前に亡き両親や伴侶が会いに来るというお迎え現象を経験し、その数日後に安らかな表情で息を引き取るのだそうです。高野山親王院の故中川善教先生も大学の講義のなかで、「人は臨終の際には人生で経験した出来事が走馬灯のように次々と思い出されるのだよ」と話されていました。生命は海から誕生したといわれます。私たちは臨終時に懐かしい身内に囲まれ、お大師様のお導きで大日如来という仏の世界の海に戻り、密厳浄土に往生できるのだと信じることができれば、死に対する恐怖心が和らぐのではないのでしょうか。

（藤本善光）

仮和合

吾れ諸法を観ずるに譬《たと》えば幻の如し　総《すべ》て是れ衆縁の合成する所なり（性霊集十　十喩を詠ず）

【すべての現象は幻と同じである。さまざまな縁によって合成されているに過ぎない】

**◉すべては、出合いとご縁から生みだされる**　長い人生を歩んでいると、この言葉が心に染みてくるのは私だけだろうか。仏の教えは、色々な人生経験をした後にこそ理解が深まって行くように感じています。

高野山真言宗ハワイ開教区、開教百周年記念大法要のために米国ハワイ州オアフ島ホノルルを訪問した時に何時もお世話になっている、お寺さんご夫妻に普段の御礼方々ご馳走をしたいと考えお誘いしたところ、外へ出ずにホテル内のレストランで食べる事になったのです。そして席に座って食事を始めると、隣の席から「お寺さん」と呼ぶ声がしましたので、同席の御住職に「檀家さんですか？」と尋ねると「檀家ではない」とのご返事。すると何とした事か、私の寺の檀家さんのお姉様と判明したのでした。私がお誘いしたホテル外のレストランで食事をしていたら偶然の再会も無かったことでしょう。人と人との繋がりで、楽しい事も、苦しい事も、嬉しい事も、辛い事もあります。それらはすべて、「ご縁」と切り離しては存在しません。友人や社会での人と人の繋がり、親子、夫婦、兄弟、家族の関係も然りです。

「情けは人の為ならず」と昔から教えられるように日本に住む多くの先人は、困難に遭遇した人を見たら、手助けを惜しみませんでした。見知らぬ人と雖も、同じ時に同じ場所での出合いを「ご縁」と感じ、手助けをする事によって、私や私の子供や孫など誰かが救いや手助けが必要な時に巡り巡って救いを頂く、と信じていたのです。

社会や地域、家族や兄弟など、先ずは自身の足元から「ご縁」の再点検を図りましょう。「福」を頂くには「福」が生まれる日暮が必要です。「福」が授かる「福」が生まれるにはご縁を大切に信仰の日暮が大切です。福の種を蒔かなくては福の実は成りません。良い種を蒔けば良い結果となり。悪い種を蒔けば悪い結果となります。日々の「ご縁」を見つめ直し、お大師様のお導きと救いを深く信じて「出合いと、ご縁」を大切にする日々を送りましょう。

（中谷昌善）

仮和合

遅遅たる春の日　風光動く　陽炎紛紛として畛野に飛ぶ（性霊集十　十喩を詠ず）

【おだやかな春風に草木が揺れ、陽炎がしきりに野原に飛んでいる】

**◉一時の平安**　空海の文章は自信に溢れ、時には他者に対する苛立ちを感じることがあります。時には他者を鼓舞し、時には自分が嘆き感情の起伏を敢えて見せています。無意識のなかに意図的に空海は文章の中で我々を驚かせてくれます。

しかしこの文章は、普段とは違う空海の一面を覗かせてくれます。穏やかな春風に陽炎が風につられしきりに曠野を飛ぶ姿を見た空海は、自然のもつ美しく優しい情景に感動し素直な気持ちを表しています。

万葉集以前より我々日本人は花や虫、草木や鳥には魂が宿ると考え、その情景に熱い思いを寄せてきました。この感情は日本人が幾千年も培ってきた命に対する思いであり理想の世界でもあります。空海の理想の原風景を讃えたこの文章は我々の心も落ち着かせます。

空海は古来より我々が脈々と受け継いだ命に対する世界観と共通するものを心の底に絶えず持っています。古来より日本人が受け継いだその感性は仏教でいう無常観に近いのです。そこが仏教の輪廻の法則である無常の世界観を日本人が無意識に理解し受け入れた要因です。

仏教がなぜこれほど早く日本に広がり定着したかを解くカギの一つは、仏教以前の日本人の心の中に諸行無常の世界観を素直に受け止める心情があったからです。空海はこの日本人が誰も持つ心情を基盤に真言密教を構築し定着させようと奔走しました。日本人の自然観と融合した空海の真言密教は新たな宗教観として世界的に注目していいのではないでしょうか。

現代の世界状況は物質的繁栄を求めるがあまり環境破壊や地球温暖化を招き、人類の終末を危惧するものです。調和のとれた地球環境を目指すうえで、人間と自然の在り方を見つめ模索していった空海の生き方と思想は以前にもまして重要性が増すはずです。

（長崎勝教）

仮和合

## 一念の眠りの中に千万の夢あり（性霊集十　十喩を詠ず）

【わずかな眠りの間に無数の夢を見ている】

**◉観想のすすめ**　この名言は性霊集の『十喩《じゆうゆ》を詠《えい》ずる詩』の一節です。喩というのは、たとえ（比喩）の事で、お大師さまは、すべてのものは実体のない仮のものであるという空の本質を十種類のたとえを用いた詩文で表現されています。

跋文《ばつぶん》（あとがき）には、この詩は「修行者の明鏡《めいきょう》、求佛《ぐぶつ》の人の舟筏《しゆうばつ》なり」と、修行者を悟りへ導くためのものであること、「物を観ては人を思う、千歳《せんざい》に忘るること莫《なか》れ」と、この書を見てはお大師さまを思い、千年の後となっても忘れることがないようにと記しておられます。原文は漢文が苦手な現代人には難しく感じますが、現代語訳もでていますので一読いただきたい詩文です。真言密教の要綱と言っても過言ではありません。十のたとえはわかりやすく、千年以上後《のち》の私たちでも具体的なイメージが生まれてきます。真理を語る言葉が不変であることに驚きます。

この句は夢のたとえの冒頭の文です。私たちは、わずかな眠りであっても無数の夢を見ます。もう少しで目的地に到達するのに、途中からなかなか進まない。会いたかった人や懐かしい人と会えた。階段を踏み外して足がガクっとなって目が覚めた、などなど。夢は、心身の状態や疲労度などが関係するのでしょう。たまに、これは夢だとわかって見ているときがありますが、ほとんどは気がついていません。中身は違っても、夢の中にいる間はそれを現実と感じています。起きているときと同じように感情を抱きますが、目が覚めたら現実ではないことに気がつきます。

十種類のたとえとは、如幻（幻）・陽焔（陽炎）・如夢（夢）・鏡中像（鏡の中の像）・乾闥婆城（蜃気楼）・響（音）・水月（水面に映る月）・如泡（泡、水玉）・虚空華（空中に存在するという華）・旋火輪（光の残像）です。

いずれも実際には存在しませんが、心の中に現れてくる姿や形です。私たちは、在りもしないこれらの幻影や幻想で心が惑わされてしまいます。これを実体のある塵や埃のように払おうとしても、存在を認めている限り、何時まで経っても払いきれません。実体がないという本質に気がつかなければ消えることがないのです。

この十喩を観想すれば空の本質に至るというお大師さまのことばです。

（森堯櫻）

仮和合

水中の円鏡はこれ偽われる物　身上の我れも亦また非なり（性霊集十　十喩を詠ず）

【水中に映る月は仮像である。私自身も仮に和合している肉体である】

### ◉にせ物に住む私達と本物に住む如来

この文章の前後で空海様は、四魔（五蘊、煩悩、死、昇天）と三毒と六塵（色声香味触と意識。感覚対象に支配されることと記憶などのイメージに支配されること）を退治することを説いています。

身上の我とは、この五蘊や三毒や六塵によって生み出された自我意識や自己中心の世界は嘘であり、それらは水面に映る満月と同じだと示します。だから本物の満月は三毒を退治したところにあるのです。この句に続けて「如如不動為人説　兼著如来大悲衣（真実不動の世界に住して人の為に説いて、如来の人の痛みを知る慈悲を生きろ）」と説かれます。

ということは、空海様が説くのは、五蘊や三毒や六塵の下僕として生きる「自分こそが」とか「自分だけが」という小我に溺れて虚偽の世界に生きるのではなく、それらの煩悩を振り払って本当の世界に生きなさいということです。その本当の世界とは嘘の世界と別にあるのではなく、表裏一体だから本物の月と偽物の月の対比で示しています。だから心がけ一つで嘘の月は本物に変化します。しかしその如如不動の世界を獲得して停まる訳ではありません。真実に住居してその静寂世界から動かないから不動であり、三毒や五蘊へと揺らぐことなく、人の為に大悲の衣を着て説けと言われるのであり、一人一人の苦悩に向き合うから如如であるのです。

この虚偽と真実、嘘の月と本物の月はなんという近さでしょう。仏法遥かに非ず心中にして即ち近しとも説かれます。その隣接を妨げるのが三毒です。三毒は最古層の経では、①取って独り占めして分けないこと、②都合の悪い人を排除すること、③その悪事に無反省で高慢で見下げることの三悪欲です。格差に喘ぐ時代に独り占め。凄く身近な煩悩であり根治しにくいものですね。シェアーできない私たちは永遠に虚偽を友達に生きるということでしょうか。

（加藤俊生）

仮和合

火輪手に随って方と円となり　種種の変形意《こころ》に任せて遷《うつ》る　一種の阿字多く旋転す　無辺の法義これによって宣《の》ぶ（性霊集十　十喩を詠ず）

【松明を動かせば四角や円形の残像が自在に描かれるように、根源からの阿字が様々に廻らされて無数の教えが派生している】

**◉大日の光**　日本の地方では、お盆の八月十三日、夕刻になりますと墓地のあちらこちらで藁を束ねた松明《たいまつ》を円形に転してご先祖さまをお迎えする「迎え火」の風習があります。また、八月十六日、京都で行われる「五山の送り火」では、左が大きい「大」、右は大きい「大」「妙法」「宝舟」「鳥居」の字の形に火が焚かれます。これらの文字がくっきりと山肌に浮かび上がり、それを見ながらご先祖さまが黄泉の国に帰られるのを見守ります。このように日本人は「火」「あかり」に神秘的な想いを抱いています。

また、「火輪」は火が輪のようにみえるもの、転じて「太陽」の意味でもあり、真言宗では太陽イコール大日如来であります。明るい光が遍く宇宙を照らして、そのいのちをはぐくむところに所以します。太陽の「光」「熱」が命を育む力は無数であります。同じように大日如来の「はたらき」も無量であります。それを表現したものが曼荼羅であります。特に「胎蔵界曼荼羅」に描かれている四百十四尊の仏さますべては、中心におられる大日如来の化身だと言われています。

皆さんが日頃からご信仰されお馴染みの「薬師如来」「阿弥陀如来」「観世音菩薩」「地蔵菩薩」「不動明王」「愛染明王」や「四天王」、節分星供養の「十二宮」「七星」「九曜」「二十八宿」等もすべてこの中におられます。これらの仏さまにすべて私たちの命を育み護って頂いているところから「大悲胎蔵生曼荼羅《だいひたいぞうしょうまんだら》」と称されています。

このように見ていきますと、私たち一人一人の「いのち」も大日如来さまの化身です。

「阿字の子が阿字のふるさと立ち出でて　また、立ち帰る阿字のふるさと」

（糸数寛宏）

仮和合

## 永く無なること夢の虚しきが如し　塵境は如泡の体なり（性霊集十　九想詩）

【魂の抜け殻は虚しい夢のようなもので、この世は水の泡と同じである】

**◉虚しくない人道を刻む**　輝かしく業績を残した人も、残せなかった人も、如何なる人々も、最後は同様に生命を終えるものです。それは人間界からの必然の別れであって、残された人々にとっては、去った人のことを思い出として記録されます。

善良なる行いを積み重ねたものには、良き思い出として人々に記憶され、逆に悪しき罪業を為したものは、怒りや憎しみとして記憶されます。そうしてこの世から去った人々も、現世に某かの影響を与え続けてしまうのです。その善良なる行いとは、他の人々の幸福を願い助けるということです。

しかしながら、助けるといっても自分自身が先ずあらゆる面で人格が確立していなければなりません。我欲を捨てて他人の生活に助力できなければなりません。とうてい我々凡人には不可能です。その精神力だけでなく、人生の中で自分自身も生活できなければならないからです。

しかし卓越した聖人と呼ばれる仏道修行者達は為し得ることができました。清らかにして我欲を捨て衆生を助ける道を確立しました。有り難いことです。それはしかしたやすい道ではありません。六波羅蜜という、布施・持戒・忍辱・精進・禅定・智慧の道を究め、菩薩道を歩まなくてはなりません。一般の人々にはとうてい修めることのできない日々を、絶え間なく行かねばなりません。それが仏道であって、行き着くところは自己確立の悟りの境地であり、いわゆる仏様の世界に到達します。この境地にもし到達することができるならば、それは虚しい生命ではありません。時代を経た永遠の命を得ることができるのです。

諸佛や諸菩薩、お釈迦様や弘法大師などの聖人は今も尚、我々に慈悲の尊光を与え続けておられます。我々も儚い命の一期をかけて聖人となるべく努力を惜しんではなりません。そしてその目標のために仏様達の力にすがります。虚しくない人道を刻むために……。


（後藤瀞興）

仮和合

**膚《ふ》血《けつ》は夜の月に異なり　青柳はまた華さくに非ず　爪髪おのおの草に塵《けが》る　頭頸《づきょう》は東西に散ず**（性霊集十　九想詩）

【屍には、月の満ち欠けのような修復はない。また、青柳のように花が咲くこともない。故人の爪や髪の毛は叢《くさむら》に汚され、頭蓋骨や頸骨も点々と散乱してしまう】

**◉檀林皇后の遺言**　嵯峨天皇は、仏神への信仰が篤く、お大師さまが仏教を帝へ伝え、帝が惟神の道をお大師さまへ伝え合った親しい間柄であったといわれています。そして、帝には、やはり信仰深いお妃、橘嘉智子さまこと檀林皇后がおられました。皇后への「檀林」という諡号は、篤く仏教に帰依されてついには「檀林寺」というお寺を建立したことから贈られたといわれています。

京都にはお大師さま縁の寺院が多くありますが、自ら創建されたある寺院には、その檀林皇后の死後、移り行く姿を描いた『九相図』がいまに残されています。ご自身の死を覚悟された皇后は、

「私が崩御した折には、亡骸は墓に葬らずに、道端に打ち棄てよ」と遺言を残されました。

何故、この驚くような遺言を残されたのでしょうか。伝承によると、皇后は大変な美貌で、そのお姿を見て恋情を起こす者が相次いだといいます。なかでも仏教に帰依し、寺院の儀式に参列することも多くあり、出世間の僧侶であっても恋慕して修行を疎かにしてしまうほどであったというのです。

そこで皇后は、この姿が仮初めなものであり、時が移れば醜き姿になること、そしてこの世の無常さを理解させるために、ご自分の亡骸を道端に棄てさせて醜く変容するさまを示し、「諸行無常」の真理を理解させるのでした。

いま如何に美しく魅力的な容姿であっても年老いて病に罹り、死を享受すると次第に腐敗して醜く変容し、おぞましい姿となり、朽ち果てて白骨となり、ついには土に戻ってしまう。人生は泡沫の夢。儚いものであることを悟らせるためであったのです。

その醜く移り行く姿を描いたのが『九相図』なのです。その図には、檀林皇后や小野小町といった美貌の女性が醜く変容し、朽ち果てて行く有様を描き、それを見る者にこの世の儚さ無常を教えているのです。

（瀬尾光昌）

仮和合

我れ鏡中を見れば吾れまた鏡に在り　吾れ我れに非ず　是れ何れか真（拾遺雑集一二）

【鏡を見れば私が鏡のなかにいる。鏡の私は私ではないが、しかし私が映っている。はたしていずれが本当の私なのだろうか】

**◉この世で一番美しいのは誰**　さて、どのように自分を探りましょうか。先ずは見た目でしょう。そこで鏡が必要になります。出来れば良く映る鏡が良いでしょう。細く見えたり。顔色が良く見えたり。良く思われるために装うのも悪いことではありません。努力はそこから始まります。

ですが、貴方が認めてもらいたいのは、見た目でしょうか。いえ、自己承認は寧ろ内面にありはしませんか。他人には見てもらえない部分にこそ、貴方が認めてもらいたい貴方自身がいるのではないでしょうか。

人の体裁は、多くの条件の下で、その場その場に必要な部分だけを取り上げられた結果、部分的に視覚情報として伝えられていることが殆どです。貴方の真実など興味を持たれることはありません。残念ですがそれが現実です。

鏡に映った姿は、貴方自身にとっても、その時の都合で見ているに過ぎません。本人ですら、自分の本当の姿を都合で見ているだけなのです。鏡を見ている貴方の目は全てを捉えているのかも知れませんが、貴方の脳みそは、貴方の都合や、経験や、損得で、勝手に補って反映してしまいます。結局どこにも真実はありません。

さて、どうしましょうか。いい加減でも、嘘でも。貴方の了見から出ていることに変わりはありません。「手先」「口先」と雖も、辿っていけば貴方の本体に繋がっています。仮に思うことから、仮に見えることから、仮に言うことから、貴方を調えて学んでいける手立てが見えてきます。その先に、生きたい思いや、自分の価値観も備わってくるのではないでしょうか。

誕生は旅立ち、生涯は道すがら、臨終は里帰り。私たちの人生は、どこまでも道草の果てに観じている幻想に過ぎません。生まれてきたことがご褒美ですから、旅の恥は掻き捨てです。悪事は認められませんが、しくじる位は愛嬌があって良いのだと思います。

（川上修詮）

## 法は行蔵なし　人に随って去来す　宝の得がたきに似たり　得るときんば則ち心開く（請来目録）

【仏法そのものが往来することはない。人によって去来しているのである。これは宝を得ることが難しいようなもので、得られればすぐに仏心が開く】

**◉宝物の伝承**　お大師様は唐に渡られて恵果阿闍梨と千載一遇を得て総てを授けられました。また、唐で出会った最新文化一式をも持ち帰り、その報告書「御請来目録」を天皇に献上されました。その末尾に頌として表現された一部分です。

その内容は、仏法の経典が空を飛んで伝わるわけはない。人が持ち帰って伝えるものだ。されど、誰でも同じように持ち帰れるわけではない。目的、志、能力等の差異によって内容が変わりますから本物の宝物を得難い事は容易に想像できるでしょう。そして宝物を得たならばその伝承内容に従ってすぐに仏心が開く、と、申し述べておられます。

また、「私がその内容を持ち帰ったのだ」とも強調しておられるのです。この「御請来目録」提出が大宰府での足止めから都近く高尾山寺に入る一つのきっかけになっています。都の諸事情により四年かかりましたがアピールにも長けていたお大師様です。

さてここで重要なことは、得難き宝を得、またその宝をいかに伝承するかです。私達も生まれてこのかた多くの事項を経験してきました。その中に宝物は有りますでしょうか。また、その宝物をどのように伝えていきますか。

会社の中で、社会の中で、家庭の場でやれることは沢山あると思います。時代や環境の変化、または価値基準が変わってきても伝えるべき宝物的事柄はあるはずです。物だけではなく、考え方、捉え方、対処法等々を是非伝承してください。

ここ一番でアピールできるタイミングは生涯に何度もあるわけではありません。相手を選び、場所、時間、時代をとらえた上で伝えるべきです。その為にご自身の更なる研鑽とご辛抱も必要となります。

お大師様は自己研鑽に辛抱強く励まれたゆえに衆生のための最高の仏法を伝えることが出来たのです。

（大塚清心）

教法

世医の療する所はただし身病のみなり　その方はすなわち大素本草等の文これなり　心病を治する術は大聖よく説きたまえり　その経はすなわち五蔵の法これなり　いわゆる五蔵とは修多羅　毘奈耶　阿毗達磨　般若　総持等の蔵なり（十住心序）

【医者が病気を治すのは身体だけであり、その処方は漢方の大素や本草が説いている。心の治療は仏陀が、経、律、論、般若、ダラニで説かれている】

**◉仏法は心の処方箋**　医学は急速な進歩を遂げ、もはや癌も不治の病とは言えなくなっています。しかし、こと精神面の病気に関しては、最新の医学も苦手にすることが多いようです。うつ病の方が私の寺によくいらっしゃいますが、薬を飲んでも効き目がないことがほとんどです。というのも、精神の病の場合、自らの心で病気を生み出してしまうことが多いのです。

「どうしてうちの夫は、私の気に入らないことばかりするのでしょう」

「うちの子は、親の願うとおりに全然育ってくれません」

　このような悩み事を言われるのが、精神を病んでしまう人の特徴です。一言で言うと、「そんなもの、余計なお世話。自分のことを棚に上げて勝手なことを」の一言で片づいてしまう問題です。妻の気に入られるように夫がふるまわなければならない義理はないし、親が願っている通りに子どもが育つのかというと、むしろ逆で、似てほしくないところだけ似てしまうのが普通です。親が勉強をさぼってきたら、その性質は基本的に伝わりますから、子どももだいたいは勉強ができません。精神を病んでしまう人は、自分のことを棚に上げて、先の調子で相手にやたら強要をします。これではうまくいくはずがなく、相手も自分もストレスをためこんでしまいます。

　このことは、ペットとして猫を飼ってみるとよく分かります。犬は人間のご機嫌をうかがって気に入られようとふるまってくれますが、猫はそのような気配りが皆無な生き物で、こっちの思い通りに全く動いてくれません。しかし、このほうがむしろ普通なのです。当方の意向をくみ取って行動しろというほうが無理難題なのです。お医者さんがこんなことを言うと問題になりますから、心の問題について処方箋を出せるのは、お釈迦様と我々僧侶だということになります。

（佐々木琳慧）

教えに非ずんば何ぞ済《すく》わん　薬を投ぐることこれに在り　服せずんば何ぞ療《りょう》せん（宝鑰序）

【仏の教えがなければ救われない。処方された仏の薬を服用する意味がここにある】

**◉アドバイスの妙**　新元号になってはじめての節分明けに、元プロ野球選手で名監督のお一人の野村克也氏が亡くなりました。選手として戦後初の三冠王、巨人の王貞治氏に次ぐホームラン六百五十七本。監督として五度のリーグ優勝、三度の日本一を実現するなど文字通り球界を代表するご人体でした。先年亡くなられた妻の元タレントの沙知代夫人とはオシドリ夫婦で有名でした。偶々亡くなられる数日前に放映された野村氏の特番で、息子の克則氏（現・楽天イーグルス一軍コーチ）と会食時のやりとりのなかで、「わたしは母子家庭で育ったので父親というものを知らない。お前のこと（克則氏）はずっと母さん（沙知代）に任せっきりだったから、どうしていいか分からん。お前、どうしてほしい……」と親子の会話としては言葉少なく、往年の口うるさい名キャッチャーとは別人の姿が映っていました。「野村再生工場」と偉名を馳せた野村監督。阪神の江本孟紀氏、楽天の山崎武氏、ヤクルトの高津臣吾投手や吉井理人投手など一度は名を挙げながらもケガやスランプから崖っぷちにあった多くの選手を起用し大成へと導きました。

「もったいないなあ、と思うんや。いいものを持っとるのに。生きる道はちゃんとあるんやから……」と。選手の性格を知り、能力を引き出すことに無類の力を発揮されました。アメリカ大リーグで活躍中の田中将大投手は追悼のインタヴューで「楽天時代の恩師、プロ野球に入った最初の監督。野球に対していろんな引き出しをお持ちで、本当に一からいろんなものをおしえられました」と。

プロ野球の世界で技術面や体力では超一流の選手を擁し、いくつもの修羅場をくぐり抜けてきた野村監督。チーム全体の勝敗はもとより、チームを構成する各選手一人一人に目を配り厳しくも慈愛を裏に込めたアドバイスが「闇を照らす光」のようにスランプの選手の心を奮い立たせて復活へと導いた後ろ姿に「仏さまの影」を感じ、ここに冥福をお祈りいたします。

（山田弘徳）

## 馬を御《おさ》むるの法　鑣策《ひょうさく》に非ざれば能わず　人を馭《おさ》むるの道　教令に非ざれば得ず（宝鑰第四）

【馬を制御するにはくつわや鞭がなければ操れない。人を正す道には教えが必要である】

**◉道を歩むには教えが必要である**　私の師匠が生きていた頃は、「同じ人間だから、人に出来て自分に出来ないことはない」と、よく言われました。自分でも、そういわれて頑張ってみましたが、やはり出来ないことは出来ませんでした。今から思えば、師匠の器が、私よりもはるかに大きかったのでしょう。師匠のこの教えは、私には合わなかったのでしょう。

自分を知ることは大切です。自分を深く掘り下げていくと、根底では皆一つにつながっていると思います。弘法大師様も『即身成仏義』の中で、「重々帝網なるを即身と名づく」とおっしゃっておられます。

人は智慧を持っています。それも無限の智慧です。この智慧を使って、正しい思考をして、楽しい人生を歩んでゆきたいものです。山の頂上を目指すにも、幾通りの道がありますし、教えもたくさんありますが、この世で成仏する道も、あの世で成仏する道もあります。弘法大師様の教えは、この世で成仏する教えです。

人には機根があります。顔が皆違うように、同じ人は二人といません。自然と自分に合った宗教に入ったりします。

正しいものと、正しくないものとを見分ける目を持たなければなりません。私もいろいろ宗教遍歴をしました。結論は縁があって真言宗の寺の長男として生まれて真言宗で落ち着いています。大師の言葉に「顕薬塵を払い、真言庫を開く」とあります。各人の心の中に無限の宝物があります。それに気が付くか、気が付かずにいるかによって人生は大きく変わってきます。自分に自信を持って、自分自身を開拓していきたいものです。

自分の中に尊い仏性があると実感できれば、それは大変価値のあることです。価値観は皆違いますが、お互い他人を認めて共に向上していきたいものです。（堀部明圓）

## 満界の財宝は一句の法に如《し》かず　恒沙の身命は四句の偈に比せず（宝鑰第四）

【世界に満ちる財宝よりも、一句の仏法ほど高貴なものはない。ガンジスの砂ほどある生命よりも、無常を詠った四句の詩ほど尊崇なものはない】

**◉きらめくものって何？**　「最近、想うのです。本当にきらめくものって、何だろうかと。私の宝石、それともお爺さんから頂いた形見の時計でしょうか。よくよく考えてみれば形あるものって、私のお棺に入りません。だから亡くなったお爺さんのお土産になりません。困りました。そこでお婆さんの想うのにはね、何も持っていかない事にします。たった一つだけ由美へ、初孫のあなたにお願いしたいものがあります。それはね、私の書いていたお爺さんへの御手紙、爺さんが亡くなってから私のその日が来るまでの御手紙。毎日写経しました。その御写経の裏に本当は罰が当たるだろうけれども、お爺さんへの想いを綴ってみました。私達の子供や孫が私の亡き後に、ワイワイ言いながら文面を楽しく見る姿も連想したけれど、やっぱり爺さんへの供養の為に一文字一文字、筆をはしらせた般若心経。その裏側にはまさかのラブレター。この御手紙は私から爺さんへの御納経であります。意地悪な閻魔様だって、この御納経にはニンマリされることでしょう」
丁度一年前の七夕、同じ祥月命日となった老夫婦です。お婆様の御意志を守り通されたお孫様は、お婆様の四十九日後の精進落としの食事に先立ち、『御婆様の思い出』というお話をされました。感極まった親族から啜り泣く声。お孫様は続けました。「本当にきらめくものって、遺るような物では無いと思います。私達のお婆様の枕経の後に、御住職が言われた『ご苦労様でした、よく勤めて下さいました』、あのお言葉。大切な御方へのねぎらいの心から湧き出たあのお言葉は、お婆様の御写経同様に、御佛様の御命をつよく感じる事が出来ました。大切なもの、それは見えないけれど、しっかりと感じ取れるのですね」
満界の財宝は一句の法に如かず
孫娘は来年春先に結婚されます。その祝宴に拙僧にも出席と、挨拶依頼がありました。亡きお婆様と由美様のエピソードをご披露させて頂こうと想います。（宮地賢剛）

病なきときはすなわち薬なし　障あるときはすなわち教あり　妙薬は病を悲んで興り　仏法は障を愍《あわれ》んで顕わる（宝鑰第四）

【病気がなければ薬剤は不要である。苦しみがあるから教えがある。薬は病苦を癒すために、仏法は苦悩を解決するためにある】

## ◉苦を取り除くためには

病には薬を服用し、さわり（世の中のこまりごと）には仏法（仏さまのおしえ）を実践すれば快癒するのです。体の病の方は皆さんお医者さんに行かれますから実践されているでしょうが、さわりの時にはどうしていらっしゃいますか。お寺へ聞法（仏教の教えを聞く）に出掛けておられますか？

先日病院の待合所で聞く気もありませんでしたが耳に入ってきた話です。「もう私は半年も来ているけれど一向に良くならないのです。先生が薬変えましょうと言って次々と薬を変えられるので面倒くさくなって飲んだり飲まなかったりしているのよ。お医者さん変えようかしら」と。壁にはポスターが貼ってありました。〈薬剤耐性菌

を作らないために 処方されたお薬は飲み切りましょう〉。

お医者さんは種類の限られた抗生物質を処方し、どの薬が効果的かを見極めて治療してくださっているにもかかわらず、面倒くさいから少し良くなったからと薬を途中で飲まなくなり、その結果病原菌を絶滅手前で蘇生させてしまうので耐性菌(くすりの効かない菌)が生まれてしまうのだそうです。薬はお医者さんの指導の通り正しく服用すべきなのです。

一年位前からお寺に来られかけた方がいらっしゃいます。精神的に不安定でこちらが話しても全く聞かず自分勝手な振る舞いばかりでした。しかし熱いお茶を飲みながらゆったりと話を聞いているうちにだんだん落ちついてこられました。最近では仏前勤行次第を一緒にお唱えしたり、阿字観(密教瞑想)も実修できるようになりました。また、お大師さまのことにも興味を持って頂いたようでしきりとお大師さまの事や、自分の生き方についても質問をしてくるようになりました。

薬は正しく服用しないと効きませんし、教法(ほとけさまのおしえ)も正しく受け止めなければ楽にはならないのです。

(亀山伯仁)

## 字は法然の文を写し　義は無尽の旨を明す（大日経開題　衆生）

【仏は最適な言葉で真理を表し、その意味はすこぶる深い】

**◉職人さんの目**　年の暮れに爆音が響きました。雷でも落ちたのかなという唐突な音で、外を見ますと塀越しに電線が激しく揺れていたので飛び出し仰天、軽自動車がお寺の白壁に当たって煙が出ています。道幅が四メートル弱の細い道で、向かいの民家の角にある電柱に接触し、植木鉢などが並んだ花壇とエアコンの室外機を壊し、ハンドルをきってお寺の壁の下の溝に車輪を落とし停車したようです。白壁には接触跡が見られ、一箇所亀裂。運転手は、四〇歳の近所の男性。警察によると、風邪薬を服用し、意識が飛んでノーブレーキで突っ込んだとのこと。コンビニに買い物に行った帰り道の出来事で、目と鼻の先、コンビニから自宅まで三分ほどの移動中に起こった事故でした。

保険屋さんが来られ、全面補償の約束ができましたので、檀家さんの建設業の職人さんに現場を見てもらいました。亀裂を埋めて、漆喰を塗り替えるだけでいいと申しますと、「こりゃダメじゃ。保険屋さんを呼んどくれ」と言います。次の日、保険屋さんを交えての説明会。まず、白壁の上の瓦が波打っていることを指摘されました。接触した箇所が盛り上がり、瓦も二枚がずれています。亀裂の中は、ブロックで四尺幅の積み替えが必要だと言われました。土塀だと思い込んでいた白壁が、ブロック塀だったのです。老僧に尋ねると、工事の都合で壁を抜いたことがあり、その後、ブロック塀箇所だけブロック塀にしたとのこと。まったく知りませんでした。漆喰も全面塗り替え、保険屋さんも苦笑いです。工事が始まりますと、職人さんの言われた通り、厚みを出すための二重のブロック塀で、見事に四尺幅でブロックが破損しておりました。

職人さんは、目には見えない壁に中の状況まで見通されました。「保険屋さんを呼んどくれ」という言葉の奥には、それだけの確信がありました。そして、その行動は、自分の仕事になるというような欲の気持ちではなく、もっと大きなところに目を向けておられました。

「地震でも来て、お寺の壁が壊れて怪我人が出てもつまらんからのう。見過ごすことはできんし、お寺は、人を救わにゃ」

（吉田宥禪）

教法

法は本より平等にして是もなく非もなし　理は往来を絶す　諭《おし》うるに声唱にあらず　これを視れどもその色を覩ず　これを聴けどもその声を聞かず湛として虚空の清浄無染なるがごとし（宗秘論）

【仏法は平等である。もともと是非の論議も、理論の推移もない。声に出しても唱えられず、見ようとしても形が確認できなく、聞こうとしても耳に届かない。それは大空が清らかで染まらないようなものである】

◉**杖**　全てを無くして、孤独と受け入れ難い自分に苦しんでいる人がいます。「何が正しい事なのでしょうか」「私はどうしたら生きていけるのでしょうか」「教えてください」「助けてください」。救いを探してさまよいますが、答えはどこにもありません。孤独の中にいると世界はどんどん狭くなり、全てから取り残されたような不平等を感じてきます。自由な心を失い、固定観念にとらわれてしまいます。知識だけを求め、その知識は実は道具に過ぎないことを忘れてしまい、本当の気づきがわからなくなってしまいます。「誰か！」「何か！」ともがく中、大日経に書かれた言葉を知りました。

「如実知自心」とは、「実の如くに我を知る　ありのままに自分の心を知りなさい」ということです。その人は、蓋をして逃げていたおぞましい心と正直に向き合い始めます。悔いる心の根っこには、善の心がありました。絶望の根には、幸せになりたいという気持ちがありました。自分を否定する思いさえ小さな執着かもしれない……と、外に答えを求めていた時とは別の心を受け入れ始め、小さな灯りがともりました。

良い悪いとは、人間の作った物差しに左右されるもの、ましてや正義は国や時代により異なります。仏法は移ろいゆく全ての中で、平等で普遍的な真理です。言葉にしようとしても簡単には説明できず、姿や実態もわからない、しかし、何ものにも染まらず変わらず、いつも満たされて、そこに必ずあるものです。

人は皆、何かを求め誰かを信じて歩みを進めて行くのだと思います。闇の中にいるその人にとり、仏法を信じ求めるこころが生きていくための杖となりました。今は自身を支えるのに精一杯ですが、苦しみを知っている者にしか持てない杖がもしあるとすれば、いつの日かその杖は誰かの役にたてるものになるのかもしれません。

（橘髙妙佳）

教法

一千二百の草薬　七十二種の金丹は　身病を悲しんで方を作り　一十二部の妙法　八万四千の経教は　心疾を哀んで訓を垂る（三昧耶戒序）

【一千二百種類の薬草や七十二種類の鉱物は、病気治療のためにある。十二部の経典や八万四千の法門は、心の傷を治すためにある】

**◉宗論はどちら負けても釈迦の恥**　この川柳は、実業家であり劇作家でもあった益田太郎が、明治の終わりに三遊亭圓左師匠のために創作した落語「宗論」に登場する一句です。仏教には十二部に分類される多数の経典、そしてそれ等に立脚する八万四千の法門が存在するため、どの経典を所依とするかによって様々な宗派が誕生しました。やがて、それぞれの宗義の優劣が論争されるようになります。この論争が宗論です。もちろん、全ての教義がお釈迦様を出発点としているのですから、どちらが負けてもお釈迦様の主張が負けたことになります。

そもそも、この「宗論」という落語は、古くからあった狂言の演目「宗論」にヒントを得て創作されたものです。狂言版では旅先で相部屋となった日蓮宗と浄土宗の僧が、意地の張り合いから勤行を始めたところ、いつしか相手につられて日蓮宗僧が「南無阿弥陀仏」のお念仏を、浄土宗僧が「南無妙法蓮華経」のお題目をとなえていることに気が付き、「法華も弥陀も隔てはあらじ」と仲直りする内容です。これを落語版では、熱心な浄土真宗の門徒である大店の旦那と、キリスト教の信者である若旦那との親子喧嘩に変更し、若檀家が「我々の信ずるところの天の神は、我々の造り主であります」と言うと、旦那は「お前はあたしと死んだ婆さんと二人でこしらえたんだ。誰にも手伝ってもらった覚えはないよ。じゃあ何かい、その頃、あたしと婆さんと天の神様は三角関係だったってのかい」とやり返すなど、非常に愉快な口論の応酬になっています。どちらの演目も無益な宗論を揶揄した傑作中の傑作です。

今日も宗教的価値観の対立から生じる紛争は後を絶ちません。そのような意味からも、すべての教義は人々の心の病を治すためにあるという弘法大師のお言葉が、改めて見直されるのではないでしょうか。それぞれに異なる心の病があり、それぞれに適した治療法があります。決して優劣を付ける必要はないのです。

（愛宕邦康）

教法

身病百種なれば即ち方薬一途なることあたわず　心疾万品なればすなわち経教一種なることを得ず　是くの故に我が大師薄伽梵種種の薬を施して種種の病を療したもう（三昧耶戒序／平城灌頂文）

【身体の病気の数は多くあるから薬も多種類ある。心の疾患も様々であるから仏法も数々ある。そのために世尊は種々の教えを説いておられる】

**◉自分に合うもの**　今、世界は大変なことになっています。新型コロナウイルスの広がりは、人々の生活に直結した問題を起こしています。

この病気の問題点はワクチンがまだ作られていないということ（令和二年三月時点）、潜伏期間が長いことにより、思わぬタイミングで感染してしまうことと言えるのではないでしょうか。早く、この状況が収束してくれることを願っています。

こうして様々な新しい病気も生まれているのですが、その中に、心の病気についても新しい病気が発生していると言います。また、昔と違う名前に変化している病気もあります。

今も多くの方が苦しんでいるうつ病。そのうつ病にも近年新しいうつ病があるということをご存じでしょうか？　新型うつ病というのですが、この病気のやっかいなところは、昔はサボリだろう？　と思われるような状況がその病気の症状だったりすることで、なかなか理解されないということです。

心の病というのは、目に見えることが少ないために、どうしても周りの人には理解されにくく、そのことで余計にストレスがかかって病気が進行したり治りにくかったりするといわれます。

一方で、信仰ということについても色々な問題があります。家が断絶してしまうから、先祖を供養しつづけることができなくなったり、お墓が遠いからなかなかお参りに行けないから墓じまいをするなど、先祖を供養するということがおざなりになってきているように感じています。そうした状況をなんとかしていくことが、今後宗教者に求められていることなのです。

現代に則した新しい教法というものを、迅速に考え出してそれを進めていく必要があると思います。

（中村光観）

大慈は能く楽を与え　大悲は能く苦を抜く　抜苦与楽の本《もとい》は源を絶たんには如《しか》ず　源を絶つの首《はじめ》は法を授からんにはしかず（三昧耶戒序／宝鑰第四）

【大慈は安楽を与え、大悲は苦悩を取り除く。その根本は苦しみの原因を絶つことにある。苦の根源を絶つには仏法を学ぶことである】

**◉あなたの前にも門をご用意**　仏の教えは古来「八万四千の法門」と讃えられてきました。八万四千は無量を意味し、法門は教えや境地や部門などと解説されます。時折「なぜそんなにたくさんの教えを説かれたのですか」と尋ねる方があります。「それは相手に応じて、性格も能力も違えば直面する問題も違う人に応じて、しかもそれぞれの心に響いてその気になるように説くためです。心コロコロの相手を一人も取りこぼさずに実行できるってすごいですね」と微笑みながら答えると、満足げに笑みを返されます。応病与薬を実践された仏さまの心を継ぐ者が今も居る世界を実感したいという心奥の願いが、答えを予測した上で先の問いかけになったのかもしれません。

密教経論に説く法門としては、『大日経』の「三句の法門」と呼ばれる件《くだり》、中でも「菩提心を因とし、大悲を根とし、方便を究竟とす」が有名です。本により語句は少し異なりますが、仏の智慧は単体でやりとりできるようなモノでなく、覚りを願う者が大慈大悲の心で相手に接する時に、相手に応じた巧みな言動（方便）として現れることがあります。また、真言宗寺院で日々読誦される『理趣経』には、法身大日如来が「一切法の清浄句門」を説くと記され、『菩提心論』には「瑜伽惣持教門」すなわち仏と入我我入する瑜伽《ヨーガ》と惣《すべ》てを持《たも》つ陀羅尼による教えを説いています。

法門を入口の門と想像してみてください。門前でも習わぬ経を読めるようになりますが、せっかく仏さまがあなたのための教門をご用意してくださっているのです。真理に目覚める道を歩んでみてはどうでしょう。仏さまは、相手が超えられる課題を用意されます。日々の生活習慣改善が心の体質改善に結び付く門もあれば、般若心経やお大師さまの宝号を繰り返し読誦する門もあります。その門で仏さまがニコニコと出迎えてくださることもあれば、怖いお顔で気持ちの切り替えを迫ることもあり、硬軟剛柔はさまざまです。いずれにせよ、仏の法門の前では、謙虚さと仏さまの喜ばれるご挨拶（三帰依文や懺悔文）を忘れないようにしたいものです。

（中原慈良）

教法

**六度の筏纜《ともづな》を漂河《ひょうが》に解き　八正の舸棹《ふね》を愛波に艤《ふなよそおい》し　精進の檣《ほばしら》を樹《た》て静慮の颿《ほ》を挙げ　群賊を拒《ふせ》ぐに忍鎧《にんがい》を以てし　衆敵を威《おど》すに智剣を以てす**（三教指帰下）

【六波羅蜜の筏で迷いの河を渡り、八正道の船に乗って愛欲の波を越え、精進の誓いを立てて精神統一の帆を揚げ、煩悩と戦う忍辱の鎧を着け、多くの敵を倒すために智慧の剣を振るう】

◉**「偉人は自分とは異なる人」ではありません**　このお言葉が述べられている『三教指帰』は、お大師さまが、これから仏道を歩まれるにあたってのお気持ちを著された、いわば「決意の書」ともいえるものです。確かに文面を拝見しますと、自身が筏に乗って河を渡り大海に漕ぎ出す苦難の旅の様子を予想させながら、修行は外からの誘惑や自身の内面から湧き出る欲、そして弱さとの闘いに他ならないといった強いご意志が見て取れます。

お大師さま（弘法大師　空海さま）をはじめ歴史に登場する御仁は数多くいます。

私たちはその誰に対しても、「特別な方々」と端から思っていないでしょうか。目標を達成して、さらに世に名を遺した稀有な人々だと。自分たちとは、そもそも立っている舞台が全く異なるのだと。

私たちが歴史の教科などを通じて学んだどの方にも、相当の能力があり、血肉を削るような努力も怠りなかったはずです。使命感も人一倍に違いありません。さらに一つ、どれほどの決意が貫かれていたかにも思いを至らせてもよいかもしれません。

お大師さまは、当時の大学を中退して仏道に入られました。奈良時代末から平安時代初頭の大学を中退するということは、大変に重い決断でもあります。個人の問題だけでなく、総力を挙げて進学を支えたご両親、そして一族郎党、多くのご親族の期待や将来も潰えてしまうかもしれない残酷な現実もあるのです。それでも自身は仏道を歩む、仏法の功徳と功力をもって利他を実現したいという、固い決意がありました。

何かを始めるとき、或いは道の途中で立ち止まったとき、周りに責任を負わせるのではなく、自身の決意を振り返りましょう。自身が強い決意に貫かれているならば、険しい山も、荒れる海もきっと越えていけると信じています。

（小野崎裕宣）

法の物たるや妙なり　教の趣たるや遠し　これに遇う者は泥を抜けて漢に翔《かけ》り　これを失う者は天より獄に入る（性霊集五　越州節度使啓）

【仏法はまことに不思議なもので、その意味はきわめて深い。仏法に会えば泥沼から抜けて天に昇るが、仏縁がなければ天より地獄に堕ちてしまう】

**◉ガンと闘わない生き方**　ある壇家さんはガンと闘わない生き方を私に教えてくださいました。その方は銀行マンとして定年まで勤め上げた後に六十の手習いで剪定《せんてい》の技術を学びました。声がかかればボランティアで庭木の剪定をしています。元銀行マンとは思えないほど日焼けした顔をほころばせ、キビキビとした動作で身軽に木に登って枝を打っています。剪定をしている姿を見る限りは健康そのものに見えます。しかしある日「住職さん、私は胃ガンなのですよ」と教えてくださいました。朗らかな顔でガンの告白をする様子に、私は驚きを隠せませんでした。

その方はおっしゃいました。「私は仏教の教えに出会ってガンを患ったことに感謝することができるようになったのですよ。仏教の中でも布施《ふせ》の教えに出会って、私は自分の器が小さいことに気づきました。布施とはお釈迦さまの時代からある教えだそうですね。ぼろぼろの服で修行に励む修行者に、街の人たちが何かできることはないかと探して、当て布を施したことが始まりだと聞きました。私はガンになって何もできないと塞ぎ込んでいましたが、もしかしたら布施ならできるのではないかと考えたのです。六十の手習いで始めた剪定で喜んでもらえるんじゃないか、ガンであっても元気でいる姿を見せることも布施なんじゃないかと気がついたのです。私は生きている限り布施ができる。ガンだからと塞ぎ込んでいる場合じゃないですよね」

きっとその方はガンについて話すことができるようになるまで様々な葛藤《かっとう》があったことでしょう。このままガンで死んでしまうのではないかと悶々とした日々を過ごしたこともあったでしょう。でも布施という仏教の教えに出会い、ガンを患ったことにも感謝できるようになったのです。

お大師さまも仏法は不思議なものだと説いておられます。仏教に出会い泥沼から天に昇ったその方のように、私たちも仏法との出会い（ご縁）を大切にしたいものです。

（中村一善）

## 済度の船筏《せんばつ》　巨夜《こや》の日月なる者（性霊集五　越州節度使啓）

【苦界から悟りへ導いて長い夜の迷いを照らす】

**◉思い込みを脱する智慧**　いくら努力しても結果が出ないことがあります。またせっかくの尽力が逆効果になることもあります。長い停滞を経験すると投げやりになったり、さらにショックが加えられでもしたら、精神も倦んでうつ状態になります。現代はうつ病がとても多く、通院や投薬が必要な人も少なくありません。人生とは達成感に満ち溢れた瞬間より、倦怠感に満ちた、忍耐と努力を要するプロセスが長いもの、これは現実ですが、耐え切れなくなってきている人がたくさんいます。

仏道の道のりもまた、ようやく到達したかと思ったら、はるか彼方にそびえたつ峰が見えてまた歩き出す、そのような性質があります。仏道とは何かと言っても、一口に答えられる人は少なく、その教えは繊細で微妙であるため、回答があるようでないものです。

弘法大師の言葉をお借りすれば、仏法は、苦海から衆生を救う舟、そして舟から漆黒の空を見上げてみえる月の光にたとえられます。仏法に出会い、それを弘める位置に立った伝道者は、太陽や月といった自然界の一条の光になり、迷い苦しみの中にいる人を天空の河へと導いていかなければなりません。救う力のある者はかつて筏に手を伸ばした者、すなわち救われた者といえるかもしれません。

一条の光をじっと見ていると、自分が光の中に入って寛いでいるような気分になることがあります。そこには達成感も何もなく、ただゆったり息をしてぷかぷかと浮かんでいるだけ、一体何を悩んでいたんだろうと思えるような心地よさです。

私たちを苦しめているものは、「苦しい」「足りない」「不幸だ」と自ら思っていた思い込みであったことがわかります。思い込みの中に生きることが苦界です。自分は光の外にいるのでなく内部にいると気づいて安心すると、苦しみの世界から悟りの海へと渡ることができます。それは思い込みが解けた瞬間であり、人生の階段を一段上がったことの証明です。

（佐藤妙泉）

## 教は衆色に冥《かな》い　法は一心に韞《つつ》めり（性霊集九　諸有縁衆）

【仏教は人々の素養に応じて染まり、その真理は心の中に秘められる】

**◉美しい調和**　お大師様は弘仁六（八一五）年三月に「諸の有縁の衆を勧めて秘密の法蔵を写し奉るべき文」を撰述され、みずからご請来の真言密教の主な経論の書写を広く依頼をされました。依頼される以上、このいわゆる「勧縁疏《かんえんのしょ》」において、お大師様は当然、真言密教とは如何なる御教えか、宣揚されておられます。

冒頭と同じ趣旨の聖語でお大師様は「法海は一味なれども機に随って浅深あり」（『請来目録』）とお説きであります。海水はどこにあってもしょっぱい味であるが、その海自体は浅瀬も深海もある。つまりあらゆる教え（仏教以外の教えも含めて）は本来ひとつでありますが、人々の素質能力、環境、時代などの違いによって異なると し、と同時に師僧の恵果阿闍梨様の言葉を引いて「三心平等」なる御教えをお説きになります。自心を知ることは仏心を知ることであり、仏心を知ることは衆生の心を知ることであり、三つの心は平等一味であります。

この「勧縁疏」末においては、お大師様はありとしあらゆるもの、生きとし生けるものは、すべてが父であり母である、飛ぶ虫、うごめく虫にも仏さまの心があるとされ、真言密教を平易に表現されました。

時は新しく「令和」の時代となりました。「美しい調和」を意味する元号にあって、私たちは改めてお大師様の御教えを一心に学び一身に受け止めなくてはなりません。一方、格差や分断、偏見の時代とも言われます。他者への否定は自己の否定であり、つまりは仏さまへの否定となるのです。わたしがいま在る、あなたがいま在るとする、あるがままの「存在」を肯定することがお大師様の御教えであります。まさに私たちは様々なものにかざすことで、色彩豊かに光り輝く宝石です。尊くもかそけき存在を無きものとする事件が後を絶たない今、祖師はこの有り様に御心を痛めておられるに違いありません。

恵果阿闍梨様より伝わったこの「三心平等」の御教えを、今度は私たちがこの「令和」の時代に美しく調和のとれた後世となるよう伝える使命があります。（小野聖護）

## 教は是れ迷方の示南なり　衆生の迷衢《めいく》を開示す（性霊集九　諸有縁衆）

【教えは、迷いの原因を明かし、人々に正しい道を示す】

### ◉「ひたむきさ」を大切にする

今の世の中には、かつての「軍国主義」や「共産主義」または伝統的な「家族主義」のように、現代の尺度での良い悪いは別として「これは！」という心の拠り所にできる指針がありません。時代も二十一世紀に入り、個人主義的な考えは更に強くなり、誰もが自分自身の力を信じ努力しながら人生を歩んでいます。しかし、実際のところはその誰もが本当の意味で自信や安心を得ることができず、不安で仕方がないのが現状ではないでしょうか。

世間ではその心の隙間を埋めるために、次から次へと色々な考え方や製品が流行りものとして出てきます。ただ、それらもかつての昭和の時代のように社会全体でブームになるほどの勢いはありません。やはり今は個人主義の時代なのでしょう。しかし、人間はもともとお互いに支えあうという社会性をもって初めて人間たるところがあるがために、本来は頼りにできるものが欲しいものなのです。

ひたむきに教えを実践する。この気持ちはとても大切です。ひたむきな人というのは、失敗さえも成功の糧にするようなポジティブな思考で、ネガティブな気持ちや出来事を乗り越えていく強さを持っています。明るく前向きな姿勢とへこたれないポジティブさ。正しい教えはそこにこそ力を発揮します。

正しい教えとは、この世で幸せを実現するための方法論を説いてくれるものです。お大師さまはそれが密教の教えの中にあるとおっしゃっています。本当に頼れる何か、それは自身の心の在り方とそのひたむきな行動です。

実は、皆さまの身近でもひたむきに行動ができる教えが存在します。それは日本または各地域の「伝統」です。伝統というのは遠い昔から伝わる人と自然（仏）、そして人同士を強く結びつけ己を強くしてくれる一つの教えです。心から安心できる智慧です。

最近、お盆やお正月にちゃんと家族や大切な人と集まっておりますか？　毎年の行事の意義を、今一度振り返ってみてください。

（山本海史）

教法

三曜炳著《へいちょ》にして昏夜を迷衢《めいく》に照らし　五乗鑣《くつばみ》を並べて群庶を覚苑《かくおん》に駆《か》らん（性霊集十　種智院式）

【仏教・道教・儒教を学んで無知による迷いを晴らし、様々な仏法を学ばせて人々を悟りの世界へ導きたい】

**◉生きるための道しるべ**　この本を読んでいる方は、すでに仏教に関心がある人です。しかし、多くの人はそれほど深く仏教とつながった生活をしているわけではありません。ご法事やお葬式だけが仏教とのつながりという人もいるかもしれません。もしくはそんな縁すらも無い人もいるかもしれません。しかしその一方で生活の中に溶け込んでいる方もいます。オフィス街の真ん中にあるお寺でもぷらっと立ち寄るサラリーマンがいたり、ジョギング中に立ち寄る人がいたりと、お寺や神社が身の回りのスポットとなっている人もいます。

仏教はお釈迦さまの教えであり、膨大な経典の中には仏教の世界が説かれています。

ただこうした教えを知る機会というのは極端に少ないというのも現実です。残念ながらそうしたお経の世界を知るには本を読むとか、大学やカルチャーセンターなどで講義を受けないと「お経は何を言ってるのか分からない」ということになってしまうのです。

仏教すべてを理解することはなかなか難しいものがあります。ですからそれぞれに仏教の入り口を見つけて仏教の門を叩きます。それがテレビ番組であっても、漫画でも、御朱印でも、何かのきっかけがあれば良いのかもしれません。その人・その場所にあった法話をする「対機説法」という言葉もあります。それは私生活でも同じなのかもしれません。相手が何を考えているか、相手がどんな興味を持っているのかと考えることもありましょう。

仏教の世界は本当に奥深く、幅広い教えです。ですから私たちもすべてを伝えることは難しいのですが、それだけに仏教の面白さを感じております。仏教哲学も楽しいし、お寺巡りも楽しいものです。皆さんも何かをきっかけに仏教のことを考えてみてください。たぶん何か違った世界が見えてきますよ。

（赤塚祐道）

一切如来の法界に遍ずる最妙善の理智法身を普賢と名づく　三賢の賢と及び因位の普賢とには非ず（金剛般若経開題）

【普賢とは、すべての如来が真理の世界に広がる最高の善である理法と智慧であり、悟りを開く前の修行中の智慧ではない】

◉**おん　さんまや　さとばん**　手を合わせて目を閉じたまま、このご真言「おん　さんまや　さとばん」をただひたすらに唱えながら、暗い通路を長い時間かけて進んでいきます。行きついたところで目を覚ますと、極楽浄土を思わせるような仏さまの世界に包まれて、そこには生まれ変わった自分がいる。新しい道が開かれています。

何のことだか分からないかもしれません。真言密教には体験でしか得られない大切な時間空間があります。あまり詳しく書いてはいけないのですが、その時にお唱えするご真言に「おん　さんまや　さとばん」というご真言があります。意味は「仏さまとわたしは一つです。そのことを信じて疑うことはありません」という意味です。ご真言をお唱えする時間空間には何処でも、宇宙の理法と智慧を兼ね備えた仏さまがいらっしゃいます。このような場では、自然に仏さまの場として、力むことなく最大限の力が発揮されていきます。とても気持ちがよく、癒され、昇華していきます。

仏さまには「誓願」と言って、誓い・願いがそれぞれにあって、それをそれぞれのご真言に込めて、常に働いているのです。この「おん　さんまや　さとばん」というご真言は普賢菩薩さまのご誓願です。普賢菩薩さまは常に大日如来さまの願いを行じているのです。

一度、高野山にお参りして、真言密教の最高の秘法を受けてみてください。どなたでも資格は要りません。「結縁灌頂」と言います。空海上人が、千載一遇の勝縁によって、中国より命をかけて伝えてくださいました。宇宙の秘密と出会うことが出来るのです。宇宙の理法と智慧が満ち溢れています。人によっては一瞬で境地が変わる可能性があります。そして何かを感じた方も、その時は何も感じなかった方も、是非何度も受けてください。日常生活の中で、仏さまのご誓願をいつも覚えておくのは難しいと思います。何度も何度も受けて、自分の中に内在する仏さまのことを何回も何回も感じてください。仏さまの願いと私たちの願いは一つなのです。

（阿形國明）

如如如如の理　空空空空の智の如きに至っては　足断えて進まず手亡じて及ばず　奇なるかな曼荼羅　妙なるかな我が三密（平城灌頂文）

【あるがままを説く如の真理や、徹底的に否定した空の智慧だけでは、手足がなく進めない状態である。密教はマンダラを説き、仏の手足による活動を説くから、密教は不思議である】

**◉すべてを解決する自信**　私たちが生きていれば、色々な不満や愚痴がついつい出てしまいます。そして周りや社会のせいにして、自分自身がどうであるかということを見つめられない。私が高校教諭として生徒たちと接していると、つい自暴自棄になって自分をコントロールできなくなる生徒をなだめる場面があります。高校生の年代ならば悩むことがあって当然、どんどん悩んで青春を謳歌してほしいと世間の大人は無責任に言います。しかし、生徒の悩みは深刻です。馬鹿にすれば理解してもらえないと更に殻に閉じこもってしまいます。まずはしっかり聞いて、どうすれば悩みを取り去ることができるか、原因を突き止めます。そして解決法を一緒に考えるのです。

お大師さまのこのお言葉からは、当時の仏教では「唯識」や「空」という教えが主流だったのに対し、密教の見地からは人々が悩んでいることはすべて解決できるといった自信が見えます。「唯識」の思想である、あるがままを受け入れる「如」という言葉や「空」を四つも繰り返して、それで満足してはいけないといった密教の自信の表れと思えるのです。

密教の教えは様々なものに対応していますから、それを信じて私も密教的な視点で生徒の悩み解決に取り組みます。まずは生徒に共感し、受け入れられていることを理解してもらわないといけません。そうしていますと、周りだけへの不満から少しずつ自分の在り方にも気付いてきます。自分の足りなさや不完全さが見えてくると、周りが冷静に見えて、自分も変えつつ周りとの共存を前向きに考えるようになるのです。もちろん周りの足りない部分を補えるように私自身全力を尽くすことを約束します。このような展開に持っていくにはかなり時間がかかりますが、人の心の動きがこのようになっていくことは数多く経験しています。

誰にも仏の性質があり、心の中に問いかければ必ず共存しあえる解決が見出せる、これが密教なのだといつも感じさせて頂いております。

（富田向真）

理智

嚩日囉《ばざら》は智なり　鉢納麼《はんどま》は理なり　智はよく物を照らすに功あり　理はすなわち摂持して乱るること無し　摂持の故に大身法界を孕んで外なく　光照の故に広心虚空を呑んで中《うち》なし（性霊集八　笠左衛佐亡室）

【金剛は智慧、蓮華は理法である。智慧は善悪の判断があり、理法は乱れを統率する力がある。全世界を包むから外側がなく、すべてを照らして心も虚空も呑みこんでいるから中心がない】

**◉蓮華の峰に登る**　中国安徽省の世界遺産、黄山。その最高峰は蓮花峰という山です。天都峰、光明頂、始信峰、筆架峰など数々の名峰が雲海に屹立し、その中ひと際高く聳え立つ蓮花峰は、頂上付近の岩峰が蓮弁のように平坦な頭頂部を囲み、その名の如く蓮華の峰となっています。

一八六〇メートルの頂上へは、延々と石段が彫られていて多くの観光客が登頂しています。私も以前友人とこの山に登りました。遠くから眺める蓮花峰も素晴らしく、雲海に浮かぶ蓮華を拝して人間の微小さを感じ、これからあの峰に登るのだと思うと、何か崇高な思いが湧き起って来ました。登り続ける石段は徐々に急こう配になり、高い尾根に出ると左右は下が見えない断崖で、雲上の頂きをまっすぐ見据えて足を運びます。やがて蓮弁の中に入るような岩陰の道を登ると、それ以上は空しかない頂上部に到達しました。その時背後の雲間から日光が差し込み、目の前の空の中に虹光に囲まれた自分の影が浮かび上がりました。如来光（ブロッケン現象とも言いますが……）という現象です。あまりにも感動が過ぎて思わず自分の影に合掌しました。

自然の中で右往左往している私たちは、自然の本当の姿を知りません。驚き怪しむこともあれば、感動することもあります。私たちも自然の一部であることを知り、その中でいかに生きていくのかを考える智恵を持たなければならない、と思います。その智恵も、人間が作り出すものではなく、自然からいただくものなのです。つまりは理とは大いなる自然、智とはそこに生きる私たちの生き方とも言えるでしょう。そして理と智とは一体であるという。山から下りても蓮花峰の姿が今も私の心にずっと残っています。

（佐伯隆快）

理智他に非ず　即ち是れ我が身心なり　一三自の法　外に求むるは迷癡なり（性霊集八　笠左衛佐亡室）

【理法と智慧は別々ではない。我が体と心に他ならない。天台の一法界心や華厳の三自一心の教えは、悟りを外に求めているから、まだ迷いの法である】

**◉私も仏、あなたも仏**　仏さまは、いったいどこにいらっしゃるのでしょうか？　お寺の本堂の奥深く安置されたお厨子の中でしょうか？　西方十万億土の極楽浄土にいらっしゃるのでしょうか？　二千五百年前のインドにいたゴータマ・シッダールタという歴史上の人物（＝お釈迦さま）だけを仏というのでしょうか？　弘法大師さまがおっしゃるには、実は仏さまは自分の体の中、自分の心の中にいらっしゃるそうです。

真言密教の本尊である大日如来さまは、法身仏《ほっしんぶつ》と呼ばれ、真理そのものを身体とし、時間や空間を超越して、いつでもどこにでもいらっしゃるといわれています。そして大日如来さまは、われわれ衆生の一人ひとりを、余すところなく苦しみのない悟りの世界に導くために、さまざまな姿をとって現れるといわれています。

　大日如来さまは、時にはお釈迦さまになってお説法なさり、時には阿弥陀如来さまや薬師如来になって、時には観音菩薩さまや文殊菩薩さまになって、われわれの苦しみを除き、願いを叶えてくださいます。また時には、友人の姿となって現れ、愛を教えてくれます。時には、父母の姿となって現れ、試練をお与えになることもありますが、われわれはその試練を乗り越えることによって人間として成長し、悟りに近づくことができます。大日如来さまが与える試練は、幸せになるためのレッスンなのです。

　このように考えますと、自分自身も大日如来さまの現れであって、他者に対して愛情を与えたり、試練を与えたりして、他者を成長させ、悟りへと導いているのです。

　また、大日如来さまは心の中にもいらっしゃいます。われわれの心には、煩悩と呼ばれる「迷いの性質」もありますが、苦しい立場や弱い立場の者を哀れんで助けたいと願う性質や、他者の幸福を喜ぶ性質もそなわっています。そんな「良い性質」も、実は大日如来さまなのです。自分の中の仏を自覚し、それを育て、確立してゆくことが、私たちに課せられた修行です。

（川崎一洸）

## 理とは阿字本不生の理なり　この理は所有の本覚の智なり　智は理を離れず　理は智を離れず（真言二字義）

【真理は、阿字で表す大日如来の世界が真理である。この真理は我々が本来所有している悟りの智慧である。真理と智慧は相関している】

**◉表と裏は同じ面積で共存する**　この一文には難解かつ重要な真言密教のキーワードが満ちています。先ず「本不生」とは、宇宙大生命は永遠のものであり、およそ万物は生まれたり滅したりしないものであるということです。物理学に「エネルギー保存の法則」がありますが、これによく類する思想です。密教ではこの「本不生」の思想を梵字の「𑖀」一字で表現するので「阿字本不生」といいます。

この宇宙の中で揺るがず存在する「真理」とは、何かのタイミングで生まれたり滅びたりするものでもない、元より永遠に本不生の宇宙に備わっているものであるのです。このような真理の存在を「理」と呼び、また「本来所有している」ものであるので「本有《ほんぬ》」とも呼びます。

対して、その宇宙の真理の中に元から住していることを気付いていない私たちは、これを求めて努力した結果、ついに悟りを得ることが出来るのです。これを「智」と呼び、また「修行によって出生する」ので「修生《しゅしょう》」とも呼びます。

真言宗寺院で掲げられる両部曼荼羅がありますが、そのうち胎蔵曼荼羅は「理」を表し、金剛界曼荼羅は「智」を表したものといわれます。

先天的に真理はすでに存在するという考え方（理）と、後天的に修行によってこれを発見することが出来るとする考え方（智）は、一見、相反しているようにみえます。確かに別のものですが、これは車の両輪のようにお互い無くてはならない存在なのです。しかしながら智慧による修行なくしては真理が元からあることに気付くこともできず、また真理があるからこそ、これを求める智慧があり得るのです。

この世には二つのもので一つを構成することがあります。電気のプラスとマイナス、磁力のS極とN極、生物の雄と雌など、プラスとマイナスを和するとゼロになるように、紙面の表と裏が同じ面積で存在するように、両極のものがお互いバランスよく存在して物質が構成されるのだという思想です。

（大瀧清延）

認識

聖君に非ざれば以って其の賢を鑒《み》ること無く　智母《ちも》に非ざれば以って其の子を知ること莫《な》し（真言付法伝）

【立派な指導者でなければ人材を見抜くことはできない。賢い母でなければ我が子の才能を知ることはできない】

**◉教育の本質**　令和二年二月、プロ野球で戦後初の三冠王に輝き、監督としても日本一に三回輝いた野村克也さんが心不全のため亡くなりました。多くの選手を指導された野村監督の考え方や言葉には、野球論だけでなく人生に役立つ名言が数多くあります。その中に、「見つける、育てる、生かす。これが監督の基本的な仕事です」という言葉があります。様々な才能を持つ選手たちを、ひとつのチームとして強靭なものにしていく時にひとりひとりの個性や能力をまず見つけ、それを伸ばし、実戦で生かしていくことこそが監督の仕事だというのです。

グローバル化が進む世界で、人口減少が進む日本の最重要課題に「教育の再生」が掲げられています。情報通信技術の発展や人工知能の進化は、多くの仕事が人から機械へと代替されると予想されています。だからこそこれからの時代は、コンピュータや機械で置き換えることのできない人間の感性や創造性が一層見直され、多様な個性や能力を発揮し、生かし合い、多様性に富んだ社会を築いていくことが、個人の幸せにも国の発展にも不可欠と考えられています。多様な才能を見つけ、育て、生かすこと。すべての人材の能力を最大限に伸ばす教育の実現に、私は弘法大師空海の教育観、人間観がその土台としてあるべきであると考えています。

弘法大師は身分に関係なく誰もが自由に学べる開かれた教育の場「綜藝種智院」を創立しました。「種智」とは菩提心（ほとけを求める心）を指しています。植物の種子が光や水を吸収し、根を張り、芽を出し、最後にその実が成熟するのと同じように、本来誰もがこの菩提心を持ち、花開かせる心を持っているという教育観、人間観です。教育の本質とは本来私たち誰もが持つ心の種を見つけ育て生かすことに他ならず、「誰もが」「花開く」ためのものでなくてはならないでしょう。

さらには教育する人が常に自分自身の中に深い知性を養い、人間性を高めてゆく自制や自戒を忘れない心を持ちたいものです。

（伊藤聖健）

認識

火宅の八苦を覚《さと》らずして　寧《いずく》んぞ罪報《ざいほう》の三途なることを信ぜんや（十住心第二）

【火に焼かれる苦界に生きていることを自覚しなければ、罪の報いである地獄を信じることはできない】

**◉樒《しきみ》のイボコロリ**　私の住んでいる地域では、お墓にお供えする花と言えば、樒《しきみ》が一般的です。悪《あ》しき実《み》で、しきみ、という説があるように、実《み》に毒がある花です。

昔は土葬が一般的で、埋葬すると獣が寄ってきて地面を掘り返し、墓を暴いてしまう恐れがありました。お墓の近くに樒を植えておくと、やがて毒のある実が地面に落ち、獣は本能的に毒を嫌うから地面を掘り返すのをやめる。これが、お墓に樒をお供えするという風習につながっているとも言われます。

私が小学生の頃、地元の史跡見学に行ったことがあります。その時、イボを直すと言われるお墓があり、樒が入った花立ての水を塗るとイボが消えるという話を聞きました。私は首の右側に小さなイボがあったので、同級生に、けしかけられて面白半分、イボに塗ってみました。すると不思議なことにしばらくするとイボは跡形もなく消えてしまいました。地域で昔から言われる伝承だそうですが、考えてみると樒の毒によるものだったのかもしれません。

仏さまにお供えする花に毒が含まれているというのも奇妙な話です。しかし仏さまは毒であってもそれを受け容れます。ですからお供えした花の毒さえも、獣よけ、あるいはイボコロリとして、上手くお使いになられるのでしょう。

美しい、美味しい、香ばしい。私達はそうしたものばかりに心を奪われ、物事を判断してしまいがちですが、そればかりを見てしまうことは非常に危ういことである気がします。

獣を遠ざけ、イボを取るのが、見た目に美しい花々ではないように、一見、危ういものが、私たちに教えてくれることもあります。

今日、幸せであることを噛みしめる。それは昨日の不幸せを知らなければ実感できないことのような気がします。

（穐月隆彦）

## 躅《あと》を尋ねて形を知り　煙を見て火を悟る（宝鑰第四）

【足跡を見れば姿が判断できる。煙を見れば火の所在が分かる】

**◉こころの智火**　よく火のないところに煙は立たないと申しますが、仏教では「火」は仏の智慧をあらわす尊いものです。この名言も「仏の智火」を求めるためのさとりの記述です。この名言の直前に「たとえ山に玉（智徳の光）を蔵《かく》して草木で覆っても、一度その嶺に分け入れば玉は眩いばかりの光彩を放ってあらわれる」という一文があります。ではここでいう智火を求めるさとりとは何なのでしょうか。

この名言の出典は秘蔵宝鑰「第四」です。第四とは、さとりの深さによって十段階ある十住心論の第四番目のさとりを意味しております。簡単に説明すると、師の教えを説く声によってさとりを得る上座部仏教でいう「声聞」のさとりです。

さとりに深さなどあるのでしょうか。僧侶が行う行には「自利行」自分のための行と「利他行」人のための行があります。仏と同じ「大悲」という利他行に向う工程によってさとりに深さが生まれるのですが、声によってさとりを得た段階はまだ自利行のさとりなのです。僧侶になるための加行という百日の行の中で、さとりに深さがあることを感じました。毎日分刻み、時には秒刻みという中でもう無理だ、間に合わないと思う瞬間が何度か来ます。その中でやれるところまでやってみようと思うと、不思議とやり過ごせるのです。まさに「煙」を見た心地です。ある時加行を指導される先生に、何のための行かと問われ、信者さんの願いをかなえられるようになるためですと答えると、僧侶になるための行中に人のためなどおこがましいと叱られました。確かにまだ「火」の所在どころか「形」を知るために足跡を追って自らの行に必死である身だったのです。

考えなしに嶺に分け入れば、玉を見つけるどころか遭難してしまいます。迷わせないためにお大師さまは十住心論でさとりの深さをご説明なされたのでしょう。さとりは教えを聞く人のこころによって大きく変わります。さとりを一歩でも深めるために「火」を聞くこころが大切です。

（中村光教）

## 因位には識と名づけ果位には智という　智即ち覚なるが故に（即身義）

【凡夫は知識で留まるけれども、悟った者は智慧に変えている。智慧は悟りである】

**◉インフォメーションとインテリジェンス**　現代は情報化社会と呼ばれて、今時は老若男女問わず多くの方が電子情報端末で、雨に打たれるが如く多くの情報を浴びています。

情報にはインフォメーションとインテリジェンスの側面があると言われています。分かりやすく言うとインフォメーションは生の情報で、伝聞したそのままの情報のことであります。それに対してインテリジェンスとは加工された情報であり、集積された情報を評価分析して利用することです。

現代はネットを通じ情報拡散が速いですから、誤解や、デマが瞬く間に広がり、特に災害時などではかえって被害が大きくなることさえあります。

回答が一つのみで、すでに存在している場合はそのものずばりの情報で事足りますが、回答が複数存在する場合はさらなる分析が必要となります。

災害、台風の場合で考えると、進路と降水量や風速、また台風関連の災害にどれだけ耐久力があるのかなどの多くの情報から避難等の対策を練る必要があることを考えれば理解できると思います。

しかし分析も時には思い込みや、勘違いによる判断ミスで失敗することがあります。その結果、日頃より情報を分析して意志を決定するという訓練が必要になってまいります。

特に自分を知るということが非常に大切で、先ほどの台風で言うならば情報を知るだけではなく、その状況で自分はどんな対応が可能なのかを知っておかなければなりません。避難所の場所や経路、避難方法、現時点での自身の体調等を改めて省みてみると、自分の現状が思っていたほど理解できていないことが分かるかもしれません。

インフォメーションで知識を得るだけではなく、自分自身という存在をまずはしっかりと分析して知る修行を積むことが、智慧を得ることになるのです。（成松昇紀）

仏とは覚知の義なり　一切衆生にまた覚知あり　この小覚の喩を挙げて彼の大覚の法を標す（大日経開題　法界）

【仏とは悟りという意味である。すべての衆生にも悟りがあり、この小さな悟りが仏の世界を開く】

## ◉一つのきっかけによるさとり

あるきっかけであったり、アドバイスにより今までの悩みが解決できたりして、求めていた世界が開けてくるという事があります。

お釈迦様の弟子に智恵第一とうたわれたサーリプッタがいました。当初は仏教とは異なる外道の一つ懐疑論のサンジャヤの弟子でした。しかし、いっこうに答えのみえないサンジャヤの教えに疑問を抱いていたところ、お釈迦様の最初の弟子となった五比丘の一人アッサジと出会います。アッサジはお釈迦様から因縁についての教えを授けられ、いつも心に念じながら修行をしていました。この時も、因縁の教えを口ずさみ、托鉢のために王舎城の中を歩いていました。サーリプッタは、向こうから歩いてくるアッサジの姿が明らかに清く澄んでいるので、思わず呼び止めました。

「あなたの師は誰ですか？　もしよろしければあなたの師が説かれていることを教えてください」と。

　そこでアッサジはサーリプッタに語りました。

「友よ。私の師はシャカ族から出家した偉大な修行者で、かの尊師を仰いでいます。尊師の教えの要点ですが、お答えしましょう」と。

　アッサジは、詩の形式で唱えあげました。

「あらゆることがらは原因から生じ、真理の体現者である如来はそれらの原因を説いてくださる。また、それらの原因から生じた事物もまた縁によって消滅すると、大いなる修行者はこのように説かれる」

　そこでサーリプッタは、あらゆるものは独立して成立せず、たくさんの原因にもとづいて成り立ち、因縁によって生じては滅していくことを明確に理解出来たのでした。この教えによりサンジャヤから去り、すぐさまお釈迦様の弟子となりました。

　ひとつの真理の教えからすべての教えに結びついていくことは、理に適っているものなのです。因縁の立場から世界観が広がったこのアッサジとサーリプッタの場面は小さな悟りから大きな悟りへとつながる大切な教えなのです。

（阿部真秀）

認識

博《ひろ》く経史を覧《み》しかれども専ら仏経を好む　恒《つね》に思う我が習う所の上古の俗教は眼前すべて利《り》弼《ひつ》なきをや　一期の後この風すでに止みなん　真の福田《ふくでん》を仰がんには如かずと（御遺告）

【経書や史書を広く読んだけれども、とくに仏教書を好んだ。いつも思うことは、儒教の俗典はさして役立つものがなく、死後に影響されるものもない。真実の福徳は仏を仰ぐことである】

**◉仏さまと共に歩む**　「あんたの人生だから、好きにすればいいよ」。四十歳を過ぎて、突然僧侶になると言い始めた私に向かって両親は事も無げにそう言いました。反対されたかったわけではありませんが、あまりにもあっさりと認められたことに正直なところ肩透かしでした。現代人の感覚から言うと、出家というものもそれ程の重さは持っていないのかもしれません。

しかし、空海さまの時代であれば、出家するということは文字通り親子の縁を切って家を出ていくということでした。両親の期待を裏切り、中央の役人になるという出世コースを外れて、仏の道を歩もうとする空海さまの覚悟はいかほどであったかと思います。とはいえ、この一事を取って空海さまが親不孝と断ずるのは早計ではありません。空海さまはその教えの中で、父母、国王、衆生、三宝への四恩を説かれています。

衆生と三宝への恩はともかくとしまして、父母と国王に対する恩というのはどこか儒教の影響を感じずにはいられません。儒教は軽視していいものではないけれども、それでもなお仏教との比較には及ばない、とそのような空海さまの思いが込められているように私には思われます。

かく言う私も、中学時代に漢文で習った論語のいくつかの文章を気に入り、そらんじて、行動規範として取り入れていたものもあります。しかし、それらは確かに死後の世界にまで影響するものではありません。仏教においては、家族の中から出家者が出ると七代前のご先祖さままで遡って、救われると言われています。仏さまを真摯に拝むことにはそれだけの功徳が秘められているのです。出家とまではいかなくても、何かの折には日ごろの感謝を込めて仏さまに手を合わせてみてください。その功徳は巡りめぐって、きっと皆さまの心に豊かさをもたらしてくれると思います。

（髙田堯友）

認識

**その始めには　皆な視ることを収め　聴くことを反《かえ》し　耽り思い傍《かた》がた訊《とむ》らいて　精は八極に鶩《は》せ　心は万仞に遊ぶ　それ至ごときは　情は曈朧として弥《いよ》いよ鮮かり　物は昭晢《しょうせつ》として互いに進む**（文鏡秘府論南／文筆眼心抄）

【始めは視聴覚を集中させて思いに耽り、精神が極限に達してくれれば、心が高みへ、深みへと遊びはじめる。当初の心はおぼろげながらも、集中を続けることによって対象物が鮮明に現れてくる】

**◉すべては心の落ち着きから生まれる**　名言を簡単に解釈しますと、「最初は目と耳に集中して心にイメージしていき、集中力が高まってくるとさらに気持ちが高みへ深みへと入り込んでいき、最初はぼやけていたものも鮮明に心の中に現れてくる」ということです。私が師僧から指導された「阿字観」について書かせていただきます。

「阿字観」とは大日如来を表す梵字が描かれている軸を見つめながら行う真言密教の瞑想法の一つであり、その大日如来を表す梵字は月輪（満月）の中、蓮華の上に描かれており、その軸自体が大日如来の仏像と同様の物であります。姿勢と呼吸を整え、目を半分開いた状態で梵字を見つめ、心の中に満月をイメージしていきます。その満月はどんどんと大きくなり、きらきらと輝きを増していき、自分自身の体を包み込んでその軸と同じように蓮華の上に座し、月輪の中心に自分がいるイメージに変わっていきます。心が落ち着いていないと月を描くこともできませんが、梵字を見つめ呼吸を整えていくうちに心が落ち着き、深く、より深い所へ精神が高まっていくのが分かります。そして自分自身がここにいる存在ではないかのようになり、見つめている梵字の仏様と一体化している感覚になっていきます。それはお経を唱えているときも同じような感覚です。

長いお経を唱えているときは特にそうです。最初はいつ終わるだろう、といった気持ちで唱えていますがだんだんと気持ちが深く落ち着いていき、最初にあった迷いの気持ちはなくなり、お経を読むことだけに集中していきます。それは唱えていくうちにお経に書かれている仏様の感覚に入り込んでいくからです。

何事も慌てているときは見えてこないものが落ち着きを持って心を整えることで明確なイメージや新しい結論が導き出される、そういったことをお大師様は説かれていたのだと私は考えております。

（千葉堯温）

## 物よく人を感ぜしむ（性霊集六　式部笠丞願文）

【亡き人の品は深く感じるものがある】

**◉物や形をととのえる**　この言葉には少し説明が必要でしょう。ある人の今は亡き父親が地方を遊覧していた時、ひとかたまりの木材をみて「これは何ですか？」とたずねたところ、「昔ある人が、十一面観音の仏像を造ろうと木を伐ったのですが、できあがらないうちに、亡くなってしまったのです」という話でした。それを聞いた父親は、遺志を継いで仏像造立を発願し、その仏像は父親も亡くなってしまった今、完成し息子は涙を流しながら、この言葉「亡き人の品は深く感じるものがある」を口にしたのです。

「物」よりも「心」が大事だという話を聞くことがあります。特に仏教にふれていると、そういった話が本当のことだと実感する事が多いでしょう。しかしこの言葉から、私は人が作った「物」にも、人々が思いを込めた様々な「心」が表現されていることを思いました。「物」と「心」は常に表裏一体なのです。

ある僧侶に教えを受ける中で聞いた言葉を思い出しました。記憶ですが、それは、「体を良い方向に向かわせたければ、心のことに取り組みなさい。心を良い方向に向かわせたければ、体のことに取り組みなさい」という意味の言葉でした。通常、私たちは心が問題を抱えると、一心に心を見つめ、問題を取り除こうとし、体が不調を訴えると体を見つめ病院に駆け込みます。それは、当然のことでもあります。しかしその場かぎりの対症療法ではなく、もっと根本的な「治療」に取り組むためには、体と心の表裏一体を見つめなければなりません。お大師さまが日本にもたらした「密教」の教えを思い浮かべるならば、その「体」と「心」に「言葉」も加えるべきでしょう。

もしあなたの中で「心」が穏やかでなかったり、なにか満たされない気持ちを抱えているとしたら、心ばかりを見つめず、身体という「物」にアプローチしてみるのはいかがでしょうか。そして、自分のまわりの「物」を整えたり、不要な物を処分したり、時にはお気に入りの思いのこもった品を身近に置くことも大事なことかも知れません。

物を否定するよりも、物の持つ「力」に注目してみてください。

（白川密成）

## 物を観《み》てその人を想う（高野雑筆五六）

【遺品を見て亡き人が偲ばれる】

◉**おもかげ**　「物には想いが宿る」という言葉を聞いたことはないでしょうか。昔から言われているこの言葉は色々な場面で使われています。

私のお寺も時折、「人形の供養をしたいのですが、できますか」というお問い合わせをいただきます。聴けば、節句の際に健やかな成長を願っておじいちゃんおばあちゃんが買ってくれた人形だったのですが、大人になり人形を飾ることもなくなり、引っ越しに伴い飾る場所もなくなってしまうため供養をしてお焚き上げをしたいとのことでした。

私たちは想いのこもった品物には何かしらの畏敬の念を感じることがあります。それはきっと、その品物を贈った方の想いが私たちの心を動かしているからではないでしょうか。品物の背景にある物語がその品物に宿った時、それは物質を超え何かしらの想いの形として私たちは感じ取るのです。

先ほどの人形でいえば、健やかな成長を願った祖父、祖母の想いが人形を介してその方の心に届き、また一方で、品物を見るたびにその人の影を想い、その人に対する私たちの想いも同時にこもっているのです。想いは一方通行ではなく、互いの想いがそれぞれ交わり混ざり合い宿っています。

このことはすべての物に通じることです。ある物を観る時、その物を介して想い出がよみがえる。物を通してその向こうにある想い出を心で感じることができるのです。それと同時に私たちの心にあるその人も呼び起こすことができます。私たちは物を通じて、人を観ているのです。すべての物には背景があり、物語があり、そこに関わった方々の想いがあります。そして、物は物ではなくなり、そこにあった想いを映し出す鏡となります。亡き人が残してくれた遺品を見る時、そこには在りし日の姿、その人が残した想い、その人に対する私たちの想いが沢山詰まっていることを感じるはずです。

お大師様は「物」に込められた「人の想い」を大切にすることを私たちに教えてくださっています。

（岩崎宥全）

道理

## 因縁唱え随って合散するは物の理なり（性霊集八　笠左衛佐亡室）

【因縁によって和合したり離散したりするのは真理である】

**◉今を大事に**　常日頃、いろいろとご指導をいただいているご住職さまから、葬儀に出仕してほしいと依頼されました。聞けば、お身内の方とのこと。ご住職さまの義理の妹にあたる方で、お寺のお仕事をいつも手伝っていて、とても大事にされている方でした。突然のお病気の発覚で、あっという間に体調を悪くし、亡くなってしまったのだそうです。

そのご住職さまは、お若いときから住職を務め、学徳もご経験も豊かな方です。今までにたくさんのお別れに立ち会い、お葬式の導師を務めています。どんなときも毅然とされていて、私達もお檀家さまもしっかりと導いてくださる方。その方が、涙を堪えながらこのようにおっしゃっていました。

「我々は親しい人が、いつまでも一緒にいてくれると思い込んでいる。でもいつの日か、必ずお別れをするときがくる」

その言葉を聞いて、はっとしました。私も自分のお寺で年間、様々なお檀家さまのお葬式を行っています。時には突然の事故やお病気で、ご親族を亡くす悲しいお葬式に立ち会います。自分自身だって例外ではなく、親しい家族とある日突然、お別れするときが来る。当たり前のことなのに心のどこかで、そんなことはなく家族がずっと一緒にいてくれるような、そんな気になっていました。

親であれ子であれ、兄弟姉妹であれ、いつかお別れをしなければならない、だからこそ、今一緒にいることができるこの瞬間を大事にしてほしい。そのように話してくださったご住職さまの言葉が、今でも忘れられません。

「孝行のしたい時分に親はなし」ということわざがあります。親だけでなく、家族や友人など周りの方、一緒に過ごすことのできる時間は貴重なもの。もっと一緒にいればよかった、もっと話をすればよかった、そんな後悔をしないように、共に過ごすことのできる時間の一つ一つを大切にしていきたいものです。

(白馬秀孝)

## 世諦の事法は如来すら存して毀《やぶ》りたまわず（性霊集八　亡弟子智泉）

【生死という無常の法則は仏でさえも曲げることができない】

**◉奥之院廟窟開扉**　二〇二〇年、お大師さまは弘法大師の諡号を下賜されて、千百年の年を迎えています。

私は高野山に在山中、奥之院の御廟前で「弘法大師は何年生きていたのですか」という質問を何度もいただきました。「今でも生きていますよ」という回答に対して、「どうやって生きているのですか」と聞かれます。私は、「お大師さまの肉体が生きているのではなく、命が生きているのですよ」と答えると怪訝な顔をして去られます。

なぜこのような質問が多いのか初めはわかりませんでしたが、その背景に観賢僧正と淳祐内供の奥之院廟窟開扉があることがわかりました。

九二一年、観賢僧正は御弟子の淳祐内供と共に、お大師さまに大師号の下賜を伝えるため、入定される奥之院廟窟の扉を開かれました。このことを『弘法大師傳記集

『覧』の史料から読み取ると、髪が伸びていたので剃ったことと、御衣を着せ替えたことが書かれてあり、お大師さまの御身体が実在していて、睡人の如しと読むことができます。しかし、生死という無常の法則は仏でさえも曲げることができないと私たちに教えているお大師さまが曲げることはありません。これをお大師さまの御法体と私は読みます。

私たちは、観賢僧正はその御法体を罪障懺悔して感得し、淳祐内供がまだ若く感得できなかったため、手を取って、お大師さまの膝に触れさせたと教えられました。淳祐内供はその後、お大師さまの膝に触れた一生涯神々しい薫りが残る右手で聖教を著します。これが今も石山寺に残る「薫りの聖教」であり、私たち真言行者はこの聖教を修法の次第としています。真言密教の法流千年の歴史がこの右手から始まります。

お大師さまは今も奥之院の御廟で生きているだけでなく、その薫りまで今も残っています。本稿より、肉体の生死を超えた生命の存在があることを理解し、さらにお大師さまの存在や真言密教に触れていただきたいと思います。

(細川敬真)

紅華緑実は一株《いっちゅう》の物　君見よ　春秋顔色同じや　世理《せいり》無常　人かくの如し

心縁動ぜざれば大道に通ず（性霊集十　還俗の人）

【一株から紅い花が開き、緑の果実が結ばれる。春秋の変化も同じ無常である。しっかりと心を保てば、俗人も真理の大道に通じる】

**◉冥界答弁！　南方熊楠編**　黄泉の国を代表する全国紙『黄泉売新聞』の連載記事「冥界答弁！」。今回は、粘菌の研究で知られ、「知の巨人」「日本人初のエコロジー思想家」ともいわれる、日本史上屈指の奇人にインタビューを敢行します。

記者「肩書きがよく分からないので、まずは自己紹介をお願いします」

南方熊楠「まあ現代の維摩居士か、その前世の金粟如来といったところだ」

記者「自分で言っちゃうんですね。つまり俗世の仏教者ということでしょうか」

南方「空海さんは『俗人も真理の大道に通じる』と言うが、むしろ俗人のほうが通じているといえる。坊主を減らすほうが真の仏教の隆盛につながるのではないか」

記者「厳しいですね。土宜法龍師への手紙にもそう書いておられますが、その心は」
南方「僧侶はもっと科学を学ぶべきなのだ。米虫殿（土宜のこと）への手紙には、知識と背反することを基とした宗教が信を得ることは難しい、と書いた」
記者「しかし宗教と科学とは相反するのではありませんか」
南方「抱腹々々。真言密教とは大日の教え。大日とは大宇宙の原理なり。言い換えれば自然の摂理、生態系であり、マンダラとはすなわち生態系を図絵したものだ。宗教と科学とは『春秋顔色同じ』。もとを正せば『世理』は不二なのだよ」
記者「科学を学ぶことで、仏教をより深く理解できると」
南方「理解するだけではいかん。よき先導者となるべきなのだ。明治政府は神道による愛国心高揚のため神社の統廃合を進めたが、予はこの神社合祀に全力で反対した。千年を経てようやく育った神林巨樹は、一度伐ったらいくら金を積もうがすぐには再生しない。森が失われれば村落も成り立たなくなる。全てはつながっているのだよ」
記者「まさに生態系、エコロジーです。わずかでも森が守られてよかったですね」
南方「一番よかったのは、反対運動で捕まったとき、監獄で新種の粘菌を発見したことだ。あそこにはもう少し居たかった」（この文章はフィクションです）　（坂田光永）

**古人言えることあり　胡馬《こば》北に向い越鳥《えっちょう》南に巣くう　西日東に更《かわ》り東雲西に復《かえ》る　物の理《ことわり》自ら爾《しか》り　人に於て何ぞ無けん**（高野雑筆一七）

【昔から、胡国の馬は北風に向って故郷に帰り、越国の鳥は南側の枝に巣を作るといわれる。太陽は西に没んで東から再び昇る。東に流れた雲は西から帰ってくる。物事に理屈があるように、人間にも道理がある】

◉**「道理」と「無理」**　道理とは生きる上での善い道筋です。この世の如何《いか》なるいのちも、存在するに到ったからには、何かしらの道理に行き着く事で自分の存在意義が生まれます。そして誰もが互いに道理を果たす事でこそ、この世全体の為になる道理に通じていくのです。しかし、「無理が通れば道理引っ込む」と申します。

令和元年九月、神戸市立東須磨小学校で、生徒を道理に導く立場である教師の、同僚教師に対する悪質な「いじめ」行為の数々が発覚しました。現実は、道理だけでは運ばない側面があるのは理解できますが、「教師がいじめ」とは、なんと嘆かわしい事でしょうか。お互いの人としての「道理」の可能性を尊重していれば、起こるどころかそんな暇もなく、もっと出来る指導が幾らでもあり、教師も生徒も皆、明るく善い道筋を進み続けていたでしょう。相手の都合や善悪、社会全体の調和を無視し、「無理」矢理自分の都合を押し通すような「無理」は何も教育の現場だけではなく、社会の中全体で生じています。そして普通の人を、簡単に他人を傷つける加害者にしてしまうのです。

大抵の加害者は罪の意識も、恥ずべき事をしている意識もありません。悲しいかな、「無理」が始まると、人は自分だけではその過ちに気付く事も自身を改める事も出来にくく、後に引けず「無理」し続けなければなりません。もしこれを無くそうとするなら、早い段階で「無理」になる前に「道理」に導くよう、社会全体で取り組まなければならないでしょう。非理（道理の理解できない者）の前には道理なしとも申します。私たちは非理でしょうか。もしそうなら次世代を担ういのちは救われません。

今の世の中全体をどうすれば「道理」に適うか、気付いているいのちはどれくらい存在しているのでしょうか。目には見えぬ人の悲しみに、追い打ちをかけるような「無理」を私たちがつくり出さぬ為には、このお言葉の視点から「道理」という前提で個々、世界を捉え理解し、それを見失わない事も重要であります。

（村上慧照）

## 善悪の二法自性なし　染も無く浄も無く平等にして如なり（金勝王経伽陀）

【善悪や清濁に片寄った性質はない。すべては平等にしてあるがままである】

**◉絶対的ではない善悪**　日常的に両極端な善悪という観念について深々と考える機会というのはあまり多くはないと思います。皆様にとって何が善で何が悪でしょうか。そもそも、文化・社会・立場・視点等の様々な条件や要因によって人々が持っている善悪への観点は違うといえるのではないでしょうか。例えば、金子みすゞさんの作品に「雀のかあさん」という詩があります。そこには「雀の子が人間の子供に捕まえられても母雀は『なかず』にみていた」という情景が描かれています。なぜ母雀は「なかず」にいられたのかという事が大きな疑問になるのではないかと思います。また、この詩に登場する子供が雀を捕まえることはどうでしょうか。もし、空腹で困っていた場合はどうでしょうか。いけない事でしょうか。ではなぜ、いけないのかなどなど。様々な解釈や受取りかたがあります。それらは、それぞれが正解であり、なおかつ不正解がないといえるのではないでしょうか。これこそが相対的であり流動的な人の観点の例であるといえます。

人の観点が相対的・流動的であるという事は、善悪の規範となるものに絶対的な実体がないからです。日常生活を営むなかで、人間社会を形成するものとしての規範については、国家的に法律や刑法などの法規があります。そこには明確に規定された善悪が書かれているわけではありません。あくまでも法規の範囲の中で定められた約束事の世界です。極論では、法規に対しての抜け穴やモラルのぎりぎりの範囲でしている人すらいます。人にとって善悪という天秤はあくまでも個体差のある心の基準。人から押し付けられたり、感化されたり、連鎖したり、化学反応をも起こすものです。このような事があるからこそ世の中も揺れ動くのです。観方を変えれば、揺れ動かないという事は、実は薄情に観えたり、水臭く感じたりするものかもしれません。

自他の事に対して隔たり無く、同調・同情をしない。情動的に流されずに物事を素直にとらえる。そして、自己を見失うような感情に呑み込まれない。書き示す事は容易いながら、なかなかこの境地になれないものですが、少しでもそのような心持ちになれるように努めてみませんか。

（渡邉智修）

無記

始めより今に至るまでかつて端首《たんしゅ》なし　今より始めに至るまでいずくんぞ定まれる数あらん（三教指帰下）

【生命は、原初より現在に至るまで連続していて、しかも次々と生まれ変わっている】

## ◉絵本「三コ」にたどり着く

久しぶりに絵本を読むというのも良いものです。ふと思い立って、子どもの頃に母親が読んでくれた『三コ』という絵本を手に取り読んでみました。絵本作家の斎藤隆介《さいとうりゅうすけ》さんの絵本です。私の家には『モチモチの木』や『花さき山』といった斎藤隆介さんと滝平二郎《たきだいらじろう》さんの絵本がたくさんあるのですが、ふとその時に手にしたのは『三コ』でした。これは秋田県のお話で三コという大男がオイダラ山を山火事からいのちを懸けて守ったというお話です。この絵本は五十年も前に作られた絵本ですが、今生きる私たちに本当に大切なメッセージを残してくれている作品です。山火事を消す為に山より大きな「三コ」が自ら山に覆いかぶさるシーンはいつ読んでも涙が流れてきます。この物語の最後にこんな問いかけがありました。

「三コは死んだ。そのあと三コを見たものはもうだれもいない。三コはもういないか？　いいや、三コは、いる。三コみたいなオンチャ*たちがうんとそだった」

生命とは何か？　魂とは何か？　この身体が滅びたとしても、いのちをかけて守った山は生きており、山そして村を守ろうとした魂は、今も村人たちに受け継がれているのです。目には見えないかもしれないけれど、しっかりとそこにはいのちと魂はあるのです。連続するいのちと魂の螺旋の世界に生きる私たちですが、どうしても自分の目に映るものだけが私たちの世界だと思いがちです。この世に存在する生命は生まれ変わり死に変わりを繰り返し、常にカタチや姿をコロコロと変えながら今日も生きているのです。

『空海散歩』の原稿を書くにあたり、お大師さまのこのお言葉が私を「三コ」の絵本へと導いたこのご縁も眼には見えない不思議な力ですね。（加古啓真）

＊オンチャとは土地をわけてもらえない、次男坊・三男坊のこと（絵本『三コ』より）

# 第二章

# 仏との約束

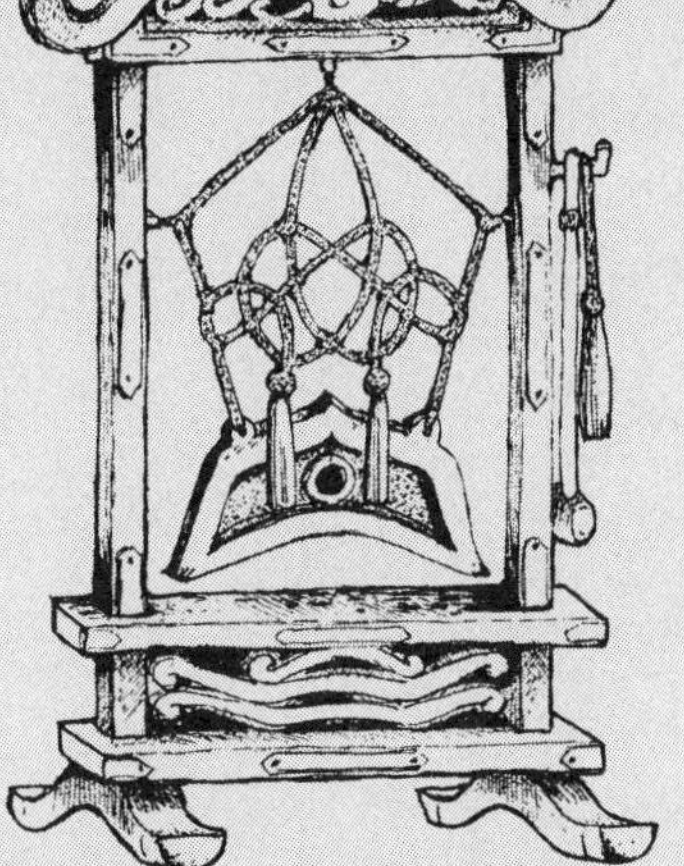

## 人あって衆善を修し　持斎すること転々《うたた》念忙《せわ》し（宗秘論）

【人は多くの善を行って戒を守ることに余念がない】

**◉利他の心で**　仏様の教えには、僧俗問わず守るべき戒があります。十善戒という戒律です。身の慎み、口の慎み、心の慎みの約束ごとが十あります。この善とは人が喜ぶこと好み求めることでもあります。反対語の悪になると人が嫌い迷惑にもなります。この十善戒は、人が喜ぶことを心掛け、悪いこと人の嫌がることをしないという教えです。

これは当たり前のことだと思うのですが、意外にも実行するのは難しいものです。「諸悪莫作　衆善奉行　自浄其意　是諸仏教」とあります。「悪いことをせず、善い行いをすることで自身も清らかになる、これが仏様の教えです」と、説かれています。

人に善い行いをするのはとても気分が良いものですが、はたしてその人にとってはどう受けとめられたのかと考えることがあります。

ある日、自坊に月参りをされる篤信の方が、寺務所の受付に祈願を申し込みに来られました。自分では精一杯答えたつもりでしたが、経験が浅く充分にその人の期待に答えることができなかったのでしょう。篤信の方の表情が少し残念そうに見えました。後でもう一度思い返すと、ここでこう伝えたら良かったのにと後悔したことでした。

また、別の篤信の方が護摩祈禱の祈願に来られ、私が対応をさせてもらいました。このお願いごとにはどの様な文言が良いのかと迷っていたらしく、私は適当な祈禱の文言を紙に書いて渡しました。篤信の方はとても嬉しそうにその紙を持ち、大事そうにしながら護摩木に書き写していました。充分な意思疎通ができ、善い対応ができたことに私も嬉しくなりました。

私は、自分の言動が知らず知らずのうちに、相手側にとって望まないものになり、また救いにもなると改めて気が付きました。相手の人の期待に答え、喜んでもらえるような善い行いというものは、充分に相手の気持ちを汲みとり相手の立場に立った行動が必要であると思いました。戒を守り、利他の心がもてるように、精進したいと思います。

（天谷含光）

## 衆生の貪と恚との毒には　戒品最も清浄にすべし（宗秘論）

【人間の貪欲や怒りの弊害に対しては、戒の教えが最も清らかにする】

**◉激流を制するは静水**　清らかに透明に見えている水でさえ腐ってしまいます。人間とて同じことであると私は思います。どんなに清らかな人間であっても、心のあり方は環境次第で腐ってしまうのです。

では腐らない為にはどうしたらいいのでしょうか？　時間に追われ、人に追われ、お金に追われ、そういった激流のような毎日の現代社会をどう過ごせばいいのか考えてみたいと思います。

十善戒という仏の教えをご存じでしょうか？　ざっくり言ってしまえば仏になるための心得です。この戒律を理解し、行なうことが出来れば、すべての人が静かに流れる水のようになるでしょう。激流の中でもぶつからずにかわしながら、滞ることなく流れ続けられるでしょう。

今の世の中は、不倫を繰り返し、ドラッグにおぼれ、嘘や隠し事にまみれ、金に目がくらみ、危険運転をし、人をいじめ、真実のわからない上辺だけのメディアに左右され、顔が見えないSNSでは他人の誹謗中傷をするようなことばかり見聞きします。人間は弱く脆い。なんでも手に入り連絡などもすぐにできる便利になった現代社会の人間はさらに脆く、そして危険にさらされています。だからこそ、このような「仏の教え」が今必要なのです。

中には「なんだこんなもん。ただの綺麗ごとじゃねーか」と思っている方もいるでしょう。それも結構です。しかし、この教えには実は特別な作用があると私は思っています。本当に自分に必要だと思わなければ、この教えは作用しません。

自分自身で必要だと思っていない人は何度でも同じ過ちを繰り返しましょう。自分自身で本当に「悪いことをしてしまった。相手に迷惑をかけてしまった。反省せねば」と思った瞬間にこそ教えが作用して静かな水になることができるのです。

（松本堯円）

## 仏戒は身《しん》を沾《うるお》して人多く益《やく》を得《う》ること甘露を飲んで纏痾《てんあ》を蠲療《けんりょう》するが如し

（十住心第二）

【仏の戒めは身体を潤して人々に多くの利益を与える。まさしく甘露を飲んで病気を治すようなものである】

**◉心に薬を**　右の名言は弘法大師様の著書の内の一つ「十住心論」より抜粋された一文です。「十住心」とは人が到達できる心のあり方を十段階に定めたものです。最下位の「異生羝羊心《いしょうていようしん》」（煩悩にまみれた心）から始まり、徐々に御仏の心、真言密教の境地へと進む心のあり方を示しておられます。この一文は第二段階の「愚童持齋心《ぐどうじさいしん》」（人間的な道徳に目覚めた心）ですので、まだ仏の道への一歩を踏み出したに過ぎません。ですが、その一歩というものが非常に重く、また私たちは自分の心が今どこに居るのかも知らないまま日々を過ごしています。

ちょうど先日、私が相談を受けた時、「私を含め、父母、親戚、この世の全ての人を恨んでいる。この世に生まれてきたことを後悔している」と言う方が居られました。詳細は伏せさせて頂きますが、他人のみならず、自分にも怨嗟の声を向ける様はまさしく「煩悩にまみれた心」を露呈しておりました。その方がご相談されたことは一重に生きることへの苦しみです。生まれてきた環境、生活、自分の体すらも思い通りにいかないことへの「怒り」から来る苦しみです。私は苦しみの根本である「怒り」を指摘させて頂きました。「他人のみならず自分をも憎む心があなたを苦しめているのですよ」という言葉でお諭し致しました。

今日、私たちの身体を治す薬は数多く世に出回っていますが、心の苦しみを治す薬は存在しないように思えます。しかし、その薬はすでにもう存在しております。それが御仏の戒めです。戒めとは今回の場合、「自分すらも憎むという心のあり方」に気づかせることでした。煩悩にまみれた心のままでは苦しいだけと弘法大師様もご自身の著書ではっきりと示されておられます。心の苦しみを治すためには御仏の戒めだけでは足りません。私たち自身が自分の心のあり方を自覚し、御仏の心のあり方を目指すことが必要となるのです。「仏戒」とはその一歩を踏み出す方向をお教え下さいます。

（伊南慈晃）

## 三業の雑穢を浄め　身心の熱悩を除き　一切の功徳を成長すること　戒に過ぎたるはなし（梵網経開題）

【心身の穢れや苦悩を除去して人格を磨くには、戒律を守ることが一番である】

**◉汚泥に咲く蓮のように生きるために**　人間が生きるためには、基本的生存欲求として「睡眠、食事、排泄、性欲」は欠かせません。心理学者マズローは、欲求（必要）の階段説として、①生理的欲求　②安全の欲求　③所属と愛の欲求　④承認の欲求　⑤自己実現の欲求の五つを解明し、肉体保存の本能的意識から高次の意識について説明をしています。⑤の意識は「トランスパーソナル」な意識で、宗教心理の意識でもあります。仏教で言えば、解脱意識であり、悟りの境地でもあるのです。

悟りの境地に至るには、煩悩を離れ、無我の境地を獲得とするのですが、初めから悟ることは容易ではありません。あやまちを犯すのが人間でもあります。汚泥に咲く蓮のように、その事実を直視して懺悔反省するこころが大切です。煩悩即菩提という言葉にあるように、懺悔反省は心の浄化につながります。

規律（戒律）を守る意味は、煩悩・悪の心を起こさないように戒めとして注意することです。すべての仏教の戒律を日常的に守って生きることは現代社会では難しいことですが、その精神を忘れないように、慈悲と智慧をはたらかせて生きることが肝要かと思います。

特に密教では顕教の戒に比べて「三昧耶戒《さんまやかい》」が独自なものとしてあります。三昧耶とは、サンスクリット語で瞑想的な静慮、普遍的な心境を意味する言葉です。真言密教の中心となる教えが「三密行《さんみつぎょう》と三密加持《さんみつかじ》」です。三密とは身密、語密、心密です。身体と言葉と精神作用を統合して修行することが三密行なのです。その身体と言葉と精神作用の行を通じて到達する目標が「即身成仏《そくしんじょうぶつ》」です。即身成仏に至るまでの修行の総称を「三密加持」といいます。三密加持の修行法は、「手に印契《いんげい》を結び、口に真言を誦しつつ、意（心）は精妙な世界に入って、仏と融合一体化する」ことです。この融合する意識や精神性のことを「入我我入《にゅうががにゅう》」（仏が我にはいり、我が仏に入る）という観念です。つまり瞑想的心境において実現する世界で、その瞑想のことを「瑜伽《ゆが》行《ぎょう》」といいます。

（大下大圓）

戒律

**大悲　勝義　三摩地を以て戒と為し　時として暫くも忘るること無し**（三昧耶戒序）

【慈悲と勝れた教えと瞑想を絶対に忘れてはならない】

## ◉初心忘れても

「今年は頑張るぞ」「今日こそちゃんとしよう」。誰しも最初は夢や抱負を思い描くものです。その真剣な思いは時がたつと忘れてしまいがちです。私もそんな人間の一人ですが、初心を思い出させてくれる出来事がありました。

年の瀬も押し迫ったある日、一通のメールに私は目を疑いました。

「Sさんが急逝されました」

学生時代にコーラスにのめり込んでいた私は、高野山で僧侶としての修行を終えた後、地元の男声合唱団に参加することにしました。その合唱団の指導者がSさんでした。Sさんは、コーラスの指導だけでなく、練習の連絡から演奏会、打ち上げの手配まで自分で行い、細やかな気遣いをされる方でした。そんなSさんが若くして亡くなられたことが、どうしても信じられませんでした。

Sさんの通夜で、私は導師様のお経に声を合わせました。彼の供養になるように一心に唱えました。通夜の後、合唱団の仲間に「あんなに心のこもったお経は初めて聞いた」と言われました。「あなたが声を合わせている気持ちがよく分かって、お経がとても心に沁みた。気持ちが分かる人の読経って、いいもんやね」。

私はありがたい言葉に感謝すると同時に、普段そこまで檀信徒と心と心で接してなかったことに懺悔の気持ちが湧いてきました。僧侶として人々と本当の意味で向き合っているのか。ロボットのように、依頼された仏事をこなしているだけではないのか。僧侶としての覚悟のなさに、恥じ入る気持ちが湧いてきました。そして、すっかり忘れていた、仏道に入門する時の初心を思い出しました。

先のお大師さまのお言葉には、真言宗の僧侶として、日常から心に留めておくべき覚悟が示されています。その言葉を胸に、これからは人々の悩み、苦しみと正面から向き合っていこうと決意を新たにしました。

皆さんも、忘れてしまった初心、自分の中にありませんか？

（曽我部大和）

菩提心戒の四種の戒相もまた是れ大乗の正法の命根なり　第一に正法を捨てて邪行を起すべからざる戒　第二に菩提心を捨離すべからざる戒　第三に一切の法に於て慳悋《けんりん》すべからざる戒　第四に一切衆生に於て不饒益の行を作すことを得ざるの戒（秘密仏戒儀）

【菩提心戒の四種は仏教の生命である。第一に正しい教えを捨てて邪な行為をしないこと。第二に悟りを求める心を捨てないこと。第三に仏法を説くことを惜しまないこと。第四に人々に不利益を与えないこと】

**◉本当のさとりとは**　菩提心戒は真言行者が入壇灌頂において授けられる戒です。得度式では師僧から、これこれの戒を守るや否やと問われて、一つずつについて「よく保つ」と応えます。けれど、緊張していて何も覚えていないのが実情でした。振り返ってみると、現実は、すべて満たしていないことに気づかされます。特に第二の菩提心は常に保ち続けなければならない大切な戒です。

菩提心とは、この上なく正しい悟りの心を得たいと願う心のことです。そのような心をもっているのは仏さまなので、仏さまのように生きたいと願う心ということになります。

そのための一つは、一切の生きものを救う、との誓いをたてて実行する行願心です。二つには、一切は因縁によって生じたものであるから、もとより空であると知る勝義の大智です。しかしながら、凡人にはこの二つを実行することは困難です。三つ目に三摩地（瞑想で精神状態が深まりきった状態）を修習する方法を示して一切の生きものを救う手立てを教えてくれているのです。

菩提心を起こす因となるのは、慈悲の心です。慈とは他者に利益と安楽を与えることで、悲とは他者の苦しみに同情し、これを抜済しようとする思いやりを表します。

現代は慈よりも悲のほうが求められていると思います。利益を与えることよりも気持ちに寄り添うことのほうが困難を伴います。死にたいとか、生きていてもしかたないとか言う人がいます。けれど本当に自死を選ぶ人は、誰にも打ち明けないで逝ってしまいます。遺族には、ただ寄り添うことしかできません。つらい状況をのりこえるのは悟りだと思います。ほんとうの悟りとは、悲しいとか辛い状況にあっても、気持ちの上で余裕をもってやり過ごすことではないでしょうか。

（丸本純淨）

戒律

三昧耶と言うは梵言なり　唐翻には本誓　平等　摂持等の義なり（平城灌頂文）

【三昧耶とは梵語である。訳せば真の誓い、平等、よく保つなどの意味がある】

**◉すいません！**　先日、小雨が止むのを待ちながら喫茶店でコーヒーを楽しんでいました。やがて隣の人が席を立ちましたが、テーブルには傘が立てかけられたままです。目敏《めざと》い店員さんが気づきました。

店員「すいません」（お客様、忘れ物しましたよ）

相手「すいません」（あら、これはご親切に。ありがとうございました）

店員「すいません」（どういたしまして。いきなりお呼び止めして失礼しました）

相手「すいません」（こちらこそ、助かりました）

日本語は実にファジーな使い方が可能です。「すいません」一つで色々な意味を持ち、会話が成り立ちます。

「三昧耶戒《さんまやかい》」もそうです。三昧耶という言葉は実にたくさんの意味があり、原始仏教の時代から密教に至るまでの、すべての仏の教えが込められたエッセンスともいうべき単語です。大日如来そのものです。そこに込められた一つ一つの意味に想いを馳せ、「三昧耶」と唱えれば、悟れるというほどのすごい言葉です。

さて、三昧耶戒といえば、密教の戒律です。「三昧耶」という単語には「誓い」という意味もあります。一方、戒律とはルールで、原始仏教の時代から徐々に成立しました。僧侶は二百五十、尼僧は五百の戒律を守って修行していました。これを俗に小乗戒と言い、主に行動を規制するものです。でも、「コレをしちゃダメ、アレをしちゃダメ」みたいな感じではなく、「私は絶対にコレをしません」と誓うものです。

時代が下り、大乗が盛んになると、大乗戒は菩薩戒と言って、行動よりも精神的な内容を重視していきます。菩薩としてどう生きるか、というわけです。これが密教になりますと、純粋に精神的な内容になります。つまり三昧耶戒です。密教の戒律は、単なるルールではなく、三昧耶つまり誓いであり、また大日如来そのものなのです。

（鈴木隆蓮）

十善とは身三語四意三《しんさんごしいさん》なり　末を摂《しょう》して本に帰すれば一心を本とす　一心の性《しょう》は仏と異なること無し（遺誡）

【十善には、身体について三つ、言葉について四つ、心について三つの戒めがある。この根本は心であり、その本質は仏と同じである】

**◉遅刻厳禁**　私の師匠のいるインドのヨガ道場では、時計は常に十分ほどインド標準時間より進んでいます。道場の時計を基準としてクラスが始まるので、生徒は普段から常に十分前行動です。

インドの人々は一般に私たちよりも時間に対しておおらかです。コンサートは必ず遅れて始まりますし、待ち合わせをして約束の時間に人が来ることはまずありません。服の仕立てを頼むと仕上り予定日から仕事を始めるなんていうこともザラなのです。

しかし、道場では遅刻は厳禁です。遅刻で道場に入ろうとすると、厳しい眼差しと共に「家へ帰れ」と言われるのが常。それは、時間に遅れることが他人の時間を奪うことと等しいと考えられるからです。つまり、遅刻をすることは「盗んではならない」という戒律に反する行為なのです。「他人の時間を盗んではならない」ので遅刻をしないように気をつけるべきなのです。また、遅刻をすることは、自分にとってもクラスの内容の一部を逃すことになります。人の時間を奪うのと同時に、自分の利益をも奪うことなのです。

仏教では不殺生戒に基づいて肉食が戒められています。また、十善戒には含まれていませんが、不飲酒戒という飲酒を禁止する戒律もあります。

インドを旅していると毒性のあるアルコールを含んだ密造酒を飲んで多くの人が命を落としたというニュースをしばしば耳にします。肉食に関しても、冷蔵庫というものが普及していなかった時代に、肉が腐敗しやすかったことは想像に難くありません。

そう考えると、これらの戒律が単に飲酒や肉食を禁じるために作られたものではなく、修行者を危険から守るために作られたということが容易に推察されます。

戒律は、私たちを縛りつけるものではなく、守ってくれるものです。私たちが心身健やかに日々を過ごせるようにという、親心にも似た慈悲の心によって作られたものなのです。

（小西涼瑜）

必ず須らく顕密の二戒堅固に授受して清浄にして犯《ぼん》なかるべし　顕戒とは三帰　八戒　五戒及び声聞菩薩等の戒なり　四衆に各々本戒あり　密戒とはいわゆる三摩耶戒なり　または仏戒と名づけ　または発菩提心戒と名づけ　または無為戒と名づくる等なり（遺誡）

【顕教と密教の戒を必ず受け、心身を清らかにして罪を犯してはならない。顕教の戒には、三宝の帰依、在家信者の一日に守る八戒や五戒、出家者の戒があり、在家出家にそれぞれに本来の戒がある。密教の戒は、私と仏が一体であるという三摩耶戒である。これを仏の戒、悟りに目覚める戒、真理の戒という】

**◉心身を清めるのが戒律**　仏教徒として入信する場合「仏に帰依したてまつる　法に帰依したてまつる　僧に帰依したてまつる」と三帰依の誓いをすることが定められています。しかし一度の誓いだけで人間は完成するものではありません。私たちは貪瞋痴の垢にまみれているのですから、何回も何回も反省し、懺悔していく必要があります。

そこで仏教では布薩をはじめ懺悔の会を度々設けています。布薩とは、新月と満月の夜、集団で集まり、皆の前で自分のあやまちを告白し、二度と再びしないことを誓うのです。自分一人の反省では徹底しないことがあり、言い逃れもありますが、大衆の前ですることは白日のもとにさらすことになります。もし自分が忘れておれば人に指摘してもらうことにしています。これが戒で、戒には五戒、十善戒があり、僧も在家も共に守るべしとされています。これに対して律は僧に対するいましめで、男の僧の場合は二百五十項目、尼僧の場合は三百四十八戒が定められています。

小乗仏教から大乗仏教になると、戒律という道徳的ないましめから、信の方が重視されるようになり、「弥陀の本願には老少善悪のひとをえらばず、ただ信心を要とすとしるべし」（親鸞）、「日蓮は……持戒破戒にも闕けて向戒の僧」（日蓮）のような言葉がみられます。

これに対して真言宗では一方に片寄ることを嫌い、仏さまと自分とが一つになる三昧耶戒をしっかりと心にきざみつけると同時に、自分の三業を正しくしていく小乗戒をも重視しています。両戒を併修することによって、正しく早く戒が成就するからです。

（小塩祐光）

## 四句を説いて毗尼《びに》を演《の》ぶ（性霊集序　真済）

【戒律は、悪を懲らしめ善を勧める四句の偈によって説かれている】

**◉思いやりのあるポジティブな生き方も修行の一つ**　四句の偈と言うのは、仏さまたちが説いた四つの教えです。「悪いことはしないようにしましょう」「善い行いをしましょう」「心を清らかにしましょう」「これが仏さまたちの教えです」という仏教徒が守るべき生き方のことです。修行の一つだと考えて良いと思います。悪いことをしないように努力すれば、善い行いが増えて、心も清らかになります。これらの行いは、周りの人や物に対するものなので「心を清らかにして、他の人や物を思いやる生き方」を説いていることがわかります。この生き方ができれば笑顔になり、心もきれいになり、これが仏さまの教えだということも実感できるでしょう。

お大師様がこの四句の偈で仏教の戒律を諭すと、それを聞いた人たちはみな仏教に帰依したそうです。その理由は、お大師様が単に教えを諭したのではなく、ご自身が誰からもわかるお手本だったからではないでしょうか。お大師様はいつも笑顔を絶やさず、慈悲憐みの心を持ち、善いことを率先して行う生き方をされていたのだと思います。だからお大師様に接した多くの方たちが、仏教に帰依したのです。

ある仏教宗派の管長様が、他の僧侶たちと寺院境内を歩いていらっしゃるときに、丸まって落ちているティッシュペーパーを拾われ、微笑みながらさっとたもとにしまわれたそうです。普通だったら汚いと思い、病気がうつることを心配して触ることは躊躇してしまいます。落ちていることが分かっていても、自ら拾うのはとても難しい行為です。管長様は何気なく善い行いをして、清らかな御心をお示しになられたのです。まさに四句の偈にある生き方を自らお示しになったのです。これを見た信者さんたちはさらに信仰を深め、自らを省みたことと思います。

四句の偈にある生き方は、電車内で躊躇せずに席を譲ったり、車列に入ってこようとする車を笑顔で入れてあげたり、毎日の生活でも出来ることがたくさんあると思います。周りの人々のお手本になるような思いやりのある生き方をめざせば、自分にも周りにも自然に笑顔が増えて、ポジティブな毎日になることでしょう。これは誰でもチャレンジできる修行の一つだと思います。

（雪江悟）

## 仏法を護持することは必ず綱維《こうい》による　衆徒を和合することは誠にその人を待つ（性霊集九　高雄山寺三綱）

【仏法を守るには必ず規則が必要であり、多くの弟子を和合させるには良き指導者がいる】

**◉適材適所の本質は**　私たちの日常において、いろいろの役を分担するということは当然のこととしてなされています。

規則に従ってという場合もあれば、お互いの話し合いでその人の長所を生かして決める場合もあります。その役の任務も解らずということは、まず無いでしょう。これが上に立つ人、長またはこれを補佐する人の独断とか無知のままに任されていたらどうなるでしょう。職務の内容と適性を十分理解されていないと、その任務はよく果たされないし、効果はもちろん期待できません。善くないことですが、今の社会でもみられることは残念なことです。

空海さまは、都に上られてから長い間、高雄山寺にお住まいになっていました。大勢のお弟子さんも一緒です。弟子たちにお告げになった文章ですが、単なる任命ではありません。三綱というのは、寺院経営を司る三役のことで、僧を束ねて統率する役、堂塔の管理運営をする役、日常の諸事を規則でもって整理する役などあって、それぞれに尤も適応できるお弟子さんを選んで指名しておられます。

この文のなかで、空海さまは「一味和合」という言葉を使っておられます。心を一つにして争うことなく、年長年少の秩序を守るということです。不満があると争いが起こります。不満を持たせない心遣いを上に立つ人に求めておられます。さらに詳しく、初志の所以を忘れず、上に立つ者は心を寛くもち、従う者は恭順なこころを忘れてはならない、賤貴の差別を言ってはならない、と、細かく説いておられます。僧侶の暮らしでも共同生活ですから、日常の細かい不満も有りましょう。でも心得として「一鉢一衣」があれば十分であることを常日頃忘れるなとも。

物が溢れ、余り捨てる現代、それでも不満が蔓延《つの》る今の社会、権利主張と欲求不満の人々にはどのような立場を与えてあげたらいいのでしょうか。また、上に立って権勢欲と私利から離れられない人にどう従ったらいいのでしょうか。空海さまの言葉は、後世の全ての人々に残されたものと心得て暮らしていきたいものですね。（野條泰圓）

## 真言は伝法の人に非ざれば課試を聴《ゆる》さず（官符等編年雑集二八）

【真言宗は伝法潅頂を受けていない者には年分度者の採用が許されない】

**◉清濁併せ呑む**　平安時代の各宗派は、朝廷により一年間に得度を許される定数が決められており、これを「年分度者」と言いました。真言宗は加行の後に伝法灌頂の壇に入ります。この灌頂を受けて一人前の密教僧となり、そこから秘密の口伝を聴くことが出来て修行が深まっていくのです。

口伝とは、いよいよ大事なところは記述されずに、口でしか伝えないというものです。灌頂を受けてない者に、大事な印契や真言等を明かすと「地獄に堕ちて出期《しゅつご》することがない」と経典に説かれています。ゆえに、密教僧は必ず灌頂を受けなければ年分度者の僧となることができませんでした。

お大師さまは、唐の長安において中国密教界の第一人者である恵果和尚より、胎蔵生と金剛界の両部の灌頂を受け、密教の第八祖となりました。帰朝後に多くの弟子達に灌頂を施して育てましたが、朝廷にこの年分度者の申請はまだ出しておりませんでした。承和二年一月二十二日に初めて年分の僧三名の申請を提出して許され、ここに真言宗と言う一宗派が出来たわけです。

お大師さまはその年の三月二十一日に御入定されてしまうのですが、最晩年に至るまで年分度者の申請をしていないということは、南都六宗に続く七番目の天台法華宗と並行する真言宗という一つの宗派を作るお考えはなかったのでしょう。一般仏教もその他の思想も、密教の原理に照らしてみるなら対立するものがありませんから、全て密教だとお考えだったと思われます。

密教を志す者は、自分と異なった思想や所作に対して、これは違うと非難排除するのでなく、こういう考え方ややり方もあるのかと自分の中に取り込む姿勢が大切になっています。胎蔵界曼荼羅を見ると、大慈悲の赤い色に染められた蓮華の中央に大日如来が坐しています。その一番外側の最外院には、悪者みたいな神々がいます。それも包摂しているのが密教です。

密眼を開いて、正邪、清濁を併せ飲む度量を密教は大切にします。


（篠崎道玄）

適法

一雨の潤に薄《あま》ねく群生を洽《うるお》し　百燈の伝うるところ遍ねく正覚を明らかにせり（付法伝第二）

【不空三蔵は人々を雨のように潤し、師の一灯は百灯にも匹敵して大衆に悟りを開かせた】

## ◉ひとりの人の行為が世間を潤す

『維摩経』の教えのなかに、「一人一人の善法を求める心が他の人々を悟りに向かわせ、それが無限に広がって行くのである」と、維摩居士が燃え尽きない灯火（無尽灯）という教えを説いてます。

高野山大学の故岡村圭真教授は、「奈良の仏教は、目に見える大仏を造立したが、空海は、仏が各自の心のなかにあると説いたといわれる。まさしく日本人の心のうちに、仏との通路が開かれ、伽藍や経典のなかでなく、ひとりひとりの心の中で仏と出会うという、未曾有の転換の道を示したのが空海だったのである」『空海思想とその成りたち』（二〇一九年、法藏館）と述べておられます。

このことは、『般若心経秘鍵』のなかに、「夫れ仏法遥かに非ず　心中にして　即ち近し」と説かれていることで証明できます。まさに、首題にある「師の一灯」であると考えます。この弘法さまの一言で、平安の昔から数え切れない人々が救われてきました。幸せはこころの内にあり、外景だけが風景でないことを、あらためて知ることができる弘法さまの教えであります。

四季それぞれに、花が咲くのも散るのも、鳥が鳴くのも飛び去るのも、その姿、そのままが真理を説いています。惜しいことに人間は、自分の身勝手によって、自然の説法も聞こえないし、また、真実・真理をわからなくさせています。

人生にも春夏秋冬があります。青春・壮年・老年・晩年が人生の四季にたとえられ、生・老・病・死も人生の四季と同じであります。これら人生の四季すべてが真実の流れであります。自然の星霜が平常心の風光になり、その折々の風光に、季節に、仏の教えを学ぶことができます。巡礼の旅路でさまざまな風光に出会ったら、これが人生の景色に通じると思うことが大切であるような気がいたします。

人間のはからいのないところに、仏のこころが示されます。四季の景観を心の中に眺め、さまざまにからみ合っている迷いがほどけた状態が「仏さまである」と教えてくれているように私には思われます。

（岩佐隆昇）

## 甘泉の水は少しと雖も　渇を救って功比《たぐい》なし（宗秘論）

【甘い泉の水は少量であっても、喉の乾きを救う効果は抜群である】

**◉真言・陀羅尼の力**　大峰山ボランティアに「新宮山彦ぐるーぷ」の人達がいます。その代表が玉岡憲明氏です。氏は在家でありながら、大峰山の修行道場に若い頃から多大な貢献をしています。行仙の大きな山小屋を建立したり、南奥駈道を千日間に亘って整備したことも有名です。またその中の功績の一つに、深仙《じんせん》の香精水《こうしょうすい》を溜める為の石櫃を作ったことが挙げられます。

大峰山七十五靡《なびき》（修行所）の中で唯一の霊水である香精水は、近年涸れつつあり、岩間からわずかに流れ出る状態です。この香精水は修験者が里人への土産として、峰から持ち帰ることのできる唯一の存在です。またこの霊水は万病不生、病気平癒、邪気消散等の法力のこもったものと伝えられています。その少なくなった霊水を溜める石櫃のお蔭で、我々は旅の喉を潤すことができます。山では水が命です。水がないと峰々を抖擻《とそう》することも、山籠りの修行をすることも難しくなります。まさに香精水は甘露の法水であり、わずかにても身心に生気が漲ります。

さて今のお大師さまの文中「甘露の水」とは、現実の水に喩えて実は真言密教の特徴でありますす真言・陀羅尼の功力を賛えています。真言とは呪文、陀羅尼とは精神統一して念誦すれば、不思議な効果が得られるところから、総持と漢訳されています。また明咒とも同一視されています。

お大師さまは『般若心経秘鍵』の中で「真言の一字一字には、無量無辺の真理が含まれている。従って真言を観想し、読誦することによって、この現実の生きている生身の体そのままに、そこに真実の世界を現出して、自身が仏に他ならないことを悟る」と述べておられます。

すなわち真言・陀羅尼を誦える功徳は計りしれません。とかく煩悩に縛られたり、人間関係で悩む生身の人間の心を浄化してくれます。その結果、煩悩を持ちながらも自在を得る心境に至ります。真言・陀羅尼は諸仏に直結していますから、諸仏の加持を蒙って諸願が成就します。普通には真言を七遍誦えますが、特別な祈願がある時には、百八遍あるいは千八十遍等、数を多く誦えることが肝要です。

（浅井證善）

## 仏演《の》べたもう所の諸法は　みな衆生の根に契《かな》う（宗秘論）

【仏が述べたまうことは、すべて衆生の大切な問題に適うことばかりである】

**◉阿《あ》吽《うん》の回帰に身を任せて**　弘法大師（空海）さまの師・恵果和尚（中国）は大師に密教を伝え終えたあと申し添えられました。「早く日本に帰り、貧困、病、障害、差別などに苦しみ悩む人々に寄り添い「蒼生《そうせい》の福《さいわい》」を増やすことに努めるよう……」。

私心（私の心）は衆生のこころや仏のこころと差別のない平等のものです。ことに衆生は自然の分野にも及び全ての世界観につながります。

大師の言葉の中に密教（真言）のおしえは仏のおしえの中心であり「仏《ぶっ》の心《しん》　国の鎮《ちん》なり」、仏のおしえが広く遍く行き渡れば安穏な社会、祉《さいわい》なる社会が生まれると述べておられます。

大日経に説かれる「如実知自心《にょじっちじしん》」は自分の心を如実に知り覚ることから仏のこころに触れ、知ることのできる将に「こころの宗教」です。

弘法大師（空海）さまの「阿字《あ》の子が阿字のふるさとたち出て　また立ち返る阿字のふるさと」は霖雨蒼生《りんうそうせい》に寄り添うほとけの真《まこと》を謳った「こころ」のおしえです。阿字はサンスクリット語のアルファベット最初の文字で大日如来が最初に発したことばと言われています。仏のご縁によって阿字の世界から生まれし私たちは喜怒哀楽の世情に翻弄され迷い、もがき、苦しみの果てにまたほとけに迎えられ安穏で如実な元の阿字の世界に戻っていく（回帰）のです。

将に「阿字の子が阿字のふるさとたち出て　また立ち帰る阿字のふるさと」です。始まりスタート（阿）があれば終わりに戻る（吽）阿吽《あうん》の大日如来に身を任せて安穏を願うことができる至上のおしえにほかなりません。

仏の「ことば」はこの世の一切の福《さいわい》に立ち返る「こころ」を内蔵していますから、衆生（この世に於ける全ての生きとし生ける存在）にとっては全てに適うことばかりです。

（湯浅宗生）

適法

観音女容を現じたもうに何ぞ中年の少を取りたもうや（中略）女は慈悲心を表し　中年はまさに怜好《れいこう》ならんとす（宗秘論）

【観音菩薩が中年女性の姿を現わされる理由は、女は慈悲の心を表し、中年は賢明な年齢だからである】

## ◉観音さまはなぜ女性か？

観音菩薩は四方八方に慈悲の眼をそそぎ、世間の苦しみを観察しておられます。うめき声に耳を傾け、苦悩の原因を神通力で透視して、人々の願いに応じ、瞬時にして十方世界に赴きます。衆生済度のために、三十三身に変化《へんげ》して娑婆世界で遊んでおられます。世間のいたるところに観音像が祀られていて、通勤や買い物の道すがら観音さまを拝む人が多くおられます。

観音さまのルーツは、口髭をたくわえたインドの古代神です。原名では「アバロキテイシュバラ」と呼ばれ、悪魔を退治する勇猛な男性神です。観音さまとして中国へ伝来したころにも髭があり、現在でも鼻の下にうっすらと髭の痕跡を認めることができます。しかし、観音さまは性を超越した仏格です。

手が千本、顔が十一面あるというあの奇異なお姿は、ヒンドゥー教のシバ神やヴィシュヌ神の形態とまったく同じです。その神々の持ち物や性格、信仰などが反映した菩薩が様々な変化《へんげ》観音です。二千年前に仏教がインドの民衆のなかへ同化していこうとする巨大な信仰エネルギーを変化観音から感じとることができます。

それではなぜ女性の姿をなされているのでしょうか？　慈愛の優しいまなざしを思い浮かべてください。女性のイメージが浮んできませんか？　育児を終えた婦人はなおかつ家族の細かいところまでしっかり眺め、いろいろな気配りを続けます。男の注意力では家族それぞれの心配に気づくことは困難です。細やかな観察は男には真似ができません。子どもは親父から離れてしまいます。女は柔らかく、男は硬いのです。

さらに、女性の注意力は繊細であり、直観力が鋭く、忍従もできます。化粧をして化けることもできます。また妬みも強く、旦那の浮気や嘘を見破る眼力が備わっています。女心は深く、あなどれば大怪我をします。観音菩薩は女の役目を果たし、男のはたらきもしますから、衆生を救う方便として中年婦人の姿をしておられるのだと思います。

（近藤堯寛）

適法

大覚の慈父明らかにこれを見たもうが故に病に随って薬を与え　種種の法門を説いてその迷津を示しその帰源を指す（平城灌頂文）

【仏は実態を正しく洞察されて問題に善処され、様々な教えを説いて迷いの原因を明かし、解決への道を示される】

**◉腑に落ちたとき、幸福感が訪れる**　「平城灌頂文」というのは、お大師様が嵯峨天皇に依頼され、一線を引かれた平城上皇に弘仁十三年、灌頂授与されたときのものです。上皇に、仏教一般とりわけ密教の真髄を説こうとされるお大師様の並々ならぬ熱意が伝わってきます。そのお陰で、この灌頂文を熟読すれば、仏教（密教）の大方が俯瞰できるという、とてもありがたい資料として活用させていただけるのであります。

「灌頂文」のこの部分は、いわゆる〝対機説法〟についてその内容を深めた説明だと思います。世界は多様と混沌に満ちているのですが、仏はそれらをつぶさに観察して、最適の処方をしてくださいます。私たちは各人の器量、環境、性格、立場、また迷妄の度合いなどによって、また同じ人でも、時々刻々と変化する状況の中で一生懸命生きています。しかし、一心に念じ励めば、仏さまは慈愛の目で見守り、苦難を乗り切る力と智恵を私たちに与えてくださるのであります。

論点が少し外れるかもしれませんが、「明らかにものを見る」ことの大切さについて、少し述べさせていただきます。心の病や人同士、国同士の争いごとなどは、その真実の原因を明らかにすることが大切です。ものが正しく見えていないと、世界は妄想の闇となります。世の中の仕組みや構造がわからなければ心の真の安らかさは得られません。逆に、すべてが腑に落ちたとき、幸福感が訪れるのです。しかし、私ども凡夫にとって、その幸福感もやがて次々と破られ、新しい局面が登場します。ある老師が、「七十、八十、九十になって、それぞれの年齢でわかることがある」と言われたように、この道には楽しみの花も咲きますが、満足したら終わりです。つぶさに観察しないのは、自我で見ているのと同じこと。正しい観察は自我を捨ててこそ可能だという仏教の視点に、正直、ギクリとします。「如実知自心」です。私は、この言葉を床の間専用ではなく、日々の観察に大切な現実的ツールとして、新鮮な気持ちで見直さなければと自分にも言い聞かせています。自戒を込めて。

（友松祐也）

## 狂酔に軽重あれば　法薬に浅深あり（平城灌頂文）

【煩悩に狂って酔いしれる程度に応じて、その対処方法が様々にある】

**◉カルネアデスの板**　「カルネアデスの板」と呼ばれる、遠くギリシア時代から投げかけられた問いがあります。難破船の漂流者が一枚の板をめぐって奪い合うといった極限状況下での正義の所在を問うもので、今日の刑法理論で自分の生命を救うために他者の生命を犠牲にすることが許されるかという緊急避難の限界を論ずる際にしばしば引用されると聞きます。

この際、容易に想像できるのは命をかけた板の奪い合い、といった自己中心《エゴセントリック》主義的な局面であり、正にそれは『蜘蛛の糸』（芥川龍之介）のカンダタが陥った心です。「三界の狂人は狂せることを知らず」して人の酔わざるを笑い覚者を嘲る心の姿です。しかし、映画『タイタニック』の中でジェームズ・キャメロン監督は、逃げ切れないと覚悟し、従容と死に赴く老夫婦や幼な子を寝かしつけ、添い寝をしながら死を迎え容れる若い母親も併せ描いてみせました。少しでも生き延びる可能性を増やす為二人で摑まっていた板を譲り、手を離して海に沈んでゆく人の姿もありました。彼が描いてみせたのは沢山の修羅や悪鬼と共に少なからぬ菩薩の群像であったといえます。

さて、狂言の演目に『月見座頭』というのがあります。シテ（主役）は中秋の名月を賞《め》でようと繰り出してきた盲人、そこで彼は同じく月見にやってきた男と意気投合し、酒を酌《く》み、歌を詠《よ》み交わします。相手の男が詠むのは無論名月の歌、一方座頭は耳に捉えた虫のすだき音《ね》を題材に歌います。一見共に楽しんでいるようでそれぞれが賞でている世界にはズレがあります。それが原因か、先にその場を立ち去った男は別人になりすまして取って返し盲人を罵倒し散々な目に遭わせます。盲人は呟きます。

「アァ、思えば今のやつは最前の人に引きかえ情《なさけ》もないやつでござる。世には非道な者もあるものじゃ、さて……」

狂言が表現しているのは、心変わりというより、私たちの心の中には仏も鬼も同居している（鬼仏同座）、それが人間なんだ、ということでしょうか。

（田中智岳）

適法

八部恭恭として法水に潤《うるお》い　四生念念に各々真を証せん（性霊集一　山中に何の楽）

【天龍の八部神は恭しく仏の水を頂戴し、生きとし生けるものはそれぞれに悟りを味わう】

**◉信心とは**　総本山善通寺の近郷のある信者さんは、毎日、朝勤行時に御影堂にお参りされています。その方は御影堂参拝所に立ったまま、十分から十五分お参りし、その後、境内諸堂を回られます。

そのお参りする姿を毎日拝ませていただいておりますと、お参り後のお顔の何とも言えない安堵の表情が印象的であります。この信者さんは、善通寺へのお参りを数十年来欠かさず続けておられます。この信者さんの家は、善通寺門前でお菓子屋を営んでおられます。ご本人、お嫁さん、お孫さんのお嫁さんと三人で接客されていますが、この方が一番元気な声を出し、素晴らしい笑顔で接客なさっています。お客さんからも好評で、その接客態度に「元気をもらっています」という声が聞こえてきます。善通寺の日参が、一日の活力源になっていると思うと、うれしい限りです。

このお大師さまの文章の前後を読み取ると、自然を友とし、その中で一人、修行する時、すべての生き物が、仏さまとの区別がなくなり、仏さまと一体となり、宇宙と一体となって行った感覚を、お大師さまは好まれておられたのだと分かります。私たちも自然と親しみ、仏さまと一体になる時を多く持ちたいものです。

リチウムイオン電池を開発した功績で二〇一九年のノーベル化学賞を受賞された吉野彰さんは、その年の十二月二十日に日本記者クラブで会見され、「十年後、二十年後、持続可能な社会が実現していなければ、ノーベル賞を自主返上するくらいの重責を感じる」と述べ、受賞の重みをかみしめたそうです。その吉野さんですが、ストックホルムに滞在中、現地の学校を訪問され、地球温暖化の影響など将来に不安を抱く子どもたちがいた点に触れ、「リチウムイオン電池は、今後も環境問題に貢献すると期待されており、大きな責務を感じた」とも話されています（「読売新聞」十二月二十一日付）。

記者会見の席には〝挑戦〟と書かれたボードが置かれ、企業や研究者に環境問題を解決すべきだと奮起を促されました。共々に自然を大切にしましょう。

（菅智潤）

## 利他時あり　虚心物に逐《したが》う（性霊集二　沙門勝道）

【他人を救うには時機があり、物事はすなおな心に同化する】

**◉他に支援をする時は、時と場所、変化するニーズにこたえることが大切**　この御文は、弘法大師の詩文を弟子の真済師が編集した性霊集の「沙門勝道山水を歴て、玄珠を瑩く碑幷に序」の中の一文です。この中には、勝道上人が日光山に登り神宮寺を建立したこと、雨乞をして民衆を救ったことなど業績と、すぐれた指導者であることが記されています。

「利他時あり」とは、人に援助するには「時あり」、この御文でわたしが思い出すのは、北海道の有珠山の噴火の時（平成十二年）、この近くの亮昌寺に被災した人々がたくさん集まり、何か月も避難生活を送られたことです。「時あり」、ちょうどわたしどもの徳島では鳴門金時芋の出荷の時で、このさつまいもを大量に亮昌寺に送ったのです。避難生活も長く、毎日食べ物を炊き出しするのが大変、同じものばかりというわけにもいかず、メニューを考えるのも大変、人数も多かったが、いもが大量に送られてきたことで皆が喜んでくれたそうです。もともとおいしい徳島の名産品で、しかも旬のもので「時あり」だったのです。わたしが思っていた以上に喜ばれたのを今も覚えています。しかし、他の時に、これは地名をふせますが、被災地に鳴門金時いもを送ったのですが、ほとんど喜ばれず、なぜ芋を送ってきたのかわからなかった、と後で聞いた時にはしゅんとしました。一時避難所にはなったが、宿泊も炊き出しもなかったのだそうです。

この御文では、前文に「桓武天皇より僧侶を指導する講師に任ぜられた」とありますので、この時「利他」は物ではなく、教えを説いて人を利する（法施）の意味が強く、勝道上人はすぐれた指導者で、その人の器や成長の度合いをはかって、ここぞという時にその人に必要な血肉になるような教えを説かれたのです。

「虚心物に逐《したが》う」とは、己を虚しゅうして自分の欲などを離れているので（虚心）、相手の貧、愚に応じて臨機応変に人々を利することができた、という程の意味です。まさに、お大師さまはここであるべき僧侶の姿を語られているのであります。

（畠田秀峰）

## 常理尤《あやま》ち寡《すくな》く　権道《ごんどう》益多し（性霊集二　恵果碑）

【不変の理法には過ちが少なく、菩薩が方便を使う道には利益が多い】

**◉聖者の入滅は人心を救うてだて**　全国のお寺では、二月十五日を仏教の開祖・お釈迦様が入滅された日として、涅槃会が行われ、お釈迦様のご入滅をお偲びいたします。高野山ではこの日、金剛峰寺に一山の僧が集まり、涅槃図を掲げて四座講式という和讃を唱え、夜を徹してお釈迦様を追慕する法要が行われるのです。この和讃を作られたのは明恵上人という鎌倉時代の高僧で、お釈迦様を大変慕われていました。何とか天竺（インド）に行こうとされるのですが、当時のことですのでついに叶うことはありませんでした。それだけにこの和讃には、お釈迦様に対する敬慕渇仰の思いが溢れ、上人の心情が切々と伝わってまいります。その中で繰り返し説かれるのは、「常住であるはずのお釈迦様が入滅されたのは、人々の驕り高ぶった心を懲らしめ、悲しみとか、苦しみを知って、慈悲の心を起こさせるためである」という意味あいです。

父とも慕う人を失くした時の人の悲しみは如何ばかりでしょう。お大師様が遠く長安の地で師と仰ぎ、灌頂阿闍梨と慕われた恵果和尚が亡くなられた時、並み居る弟子たちを代表して、碑文をしたためられたのがお大師様でした。その中の一文が冒頭の言葉です。恵果和尚の徳を讃え、言葉を尽くしてその恩徳に感謝されていますが、その高尚で高邁な文章はさぞ唐の才人達を驚かせたことでしょう。その悲しみの中でお大師様は、昼があれば夜があるように、また、出現があれば消滅があるように、人の生死も自然の摂理であり、仏菩薩が人を導く手だてとして有益なことだといわれています。恵果和尚のご入滅は数多の慟哭をもたらしたことでしょうが、その教えは確実にお大師様へと引き継がれました。

私たちは世の中の明暗や、物事の消滅に翻弄されて一喜一憂し、時には神も仏もあるものかと嘆いたりしますが、それこそ、自然の摂理であり、仏様の方便なのです。そのことがわかれば、大いなる仏心に抱かれた我が身を悟って心安らぎ、悲嘆や苦痛も和らいでいこうというものです。

（河野良文）

もしその能に当るときは事すなわち通じて快し　用その宜しきを失うときは労すと雖も益なし（性霊集三　勅賜屏風／高野雑筆一）

【能力と仕事が合致すればうまく運ぶけれども、適格でなければ苦労するばかりで利益がない】

**◉自分の適性ってわかってる？**　教育熱心な両親に育てられた子供が、入試や就職に失敗して引きこもりになり、うつ症状の発症や、家庭内暴力をふるう事件が報道されることがあります。親の思惑通りに子供を操作しようということからでた現象だと考えられます。子供の性格や能力を適切に判断し、的確な導きができたらこういったことは起こらないのではないでしょうが。

人の生き方として考えたとき、自分の能力を超えた、もしくは、自分の意志とは違う方面で頑張ったとすると、いずれ自分が壊れてしまいます。お大師様も釈尊も自分の能力を超えたことに〝頑張りなさい〟とは言っていません。かといって、今の自分の能力に甘んじていたのでは、将来の成長は望めません。現時点で人は自分の持てる力を精一杯出して生きていくことが本当の人間の生き方なのです。

企業経営においては、社員を適材適所に配置することが求められます。しかし、実情としてはなかなかうまくはいかないようです。例えば細かい作業が求められる経理部門に、おおらかで社交的な人がいるのはもったいない感じがします。この人は会社の外で、積極的に営業活動をした方が向いています。それが結果的には会社に利益をもたらし、本人の意欲にもつながります。

ではその能力や適性は誰が見つけるのでしょうか。本人ができれば一番いいのでしょうが、必ずしも自分ではわからない場合も多いようです。

人前で話をするのが苦手だと思っていた人が、ある時友人から「あなたは話をするのが上手ですね」と褒められました。十分に事前準備をしたからには違いないのですが。それからその人は、人前で話をするのが苦にならなくなり、今や講師として活躍されています。自分では自分の適性がわからない場合もあるということです。

(大咲元延)

適法

**良工の材を用うるはその木を屈せずして厦《か》を構う　聖君の人を使うはその性《しょう》を奪わずして所を得しむ**（性霊集四　小僧都を辞する）

【腕前のいい大工は、それぞれの材質を損なわずに立派な大きな家を建てる。聖人や君子は、人々を採用するにあたり、人材の性格や能力を見抜いて適材適所に配置することができる】

**◉居場所は必ずある**　お笑い全般が好きです。ＹｏｕＴｕｂｅでＭ－１をサーチしたらカジサックの部屋に「オール巨人師匠がＭ－１を総括」がヒット。まことに当を得た評価でした。ほかに何かないかとスクロールしてサーチしたら「伝説のお笑い講師が部屋へ来てくれました」がヒットし、出演された伝説の講師の本多《ほんだ》正識《まさのり》先生が終わりに著作『笑おうね　生きようね』を紹介されました。吉本のタレント養成所ＮＳＣの講師を勤める先生は著作で、自身のいじめられた体験、度重なる闘病経験、家族からの言葉による虐待体験、偶然から始まった成功体験などを通じて「生きていたからこそ、いのちを絶たなかったからこそ、たくさんの貴重な体験ができたのだということを伝えたい。人は一人では生きていけない。君にも居場所は必ずある」と書かれています。

一九七八年の秋、たまたまラジオで「Wヤングが漫才台本を募集中、賞金あります」の案内を聴き、台本を書いて番組に送ると採用されて、台本を書くとすべて採用され、「本多さん、プロの漫才作家になったら？　テレビの台本書いてみてよ」とWヤングにラジオから呼びかけられて台本を書くと採用され、自信を深めました。その後、大阪シナリオ学校通信教育課に入学し卒業後はオール阪神・巨人の座付き作家として研鑽を積んで吉本に入社。多くの漫才師の台本や新喜劇の台本提供。一九九〇年にNSC講師に就任。お笑いの高い分析力、才能を見抜く目、理解しやすい講義で人気を集め、最も怖い先生と恐れられるも「すべては挨拶から。最低限のマナーを守る。常識を知らないと非常識は作れない。世間の動きに興味のない人間が世間の人を笑わすことはできない。この世界に向いてないと思ったら一日も早く次のことを探そう。君にも居場所は必ずある」と深い愛情を注いで指導されています。こういう人の生かし方にお大師様の教えと相通ずるものがあります。

（伊藤全浄）

適法

## 曲直用に中《あた》って損ずること無く　賢愚器に随って績《いさお》あり　名匠の誉《ほまれ》これによって顕れ　能官の詠ここに於て興る（性霊集四　小僧都を辞する）

【曲線や直線の持ち味をそのまま活かせば、賢者と愚者はこれに応じた成果を現わす。名匠や仕官の腕もこれによって評価される】

**◉適材適所の人材登用を**　天長元（八二四）年、弘法大師空海さまは小僧都に任命されます。当時の僧階は日本国から認められた官位でもありました。国家のための仏教だったので、国の管理の下に置かれていました。東寺を賜った翌年のことですが、お大師様がいかに重宝されていたかがわかります。ところがその小僧都を辞退したいと申し入れた文章の中にある言葉です。

曲がった木は曲がったなりに、まっすぐな木はまっすぐなりに利用してこそいい結果を生む。それと同じく人間も適材適所の利用方法がある。自分は仏道に励みたいので役人としての仕事をするには適していないと言っているのです。名誉ある国の仕事をするよりも、自分のしたいことをするという、なんとも無欲の申し出でしょう。出世のためには嘘で塗り固める、どこかの政治家や官僚に聞かせてあげたい言葉ですね。

空海さまは仏教の修行をし、本を書き、弟子を育て、布教をするという僧侶の仕事のみならず、書画に優れ、満濃池の修築に見られる土木技術、綜芸種智院を創設しての教育、さらには疫病退散の医学知識も兼ね備えたスーパーマンだったことは疑いの余地はありません。それでも役人には適していないと言っているのです。

昔、高野山の僧侶は学問をする「学侶」、行法を司る「行人」、一般に布教して回る「聖」の三種類の僧侶が居ました。それぞれの分野で競い合ったのですね。そして生きるためにはお百姓さんから食物を頂かなければなりません。着るものも、住むところも、それを作ってくれる人に頼らなければなりません。

人にはそれぞれ得手不得手があります。勉強ができる、機械の扱いがうまい、芸術が得意、体力には自信があるなどなど、その個性を生かしてこそ、いい仕事ができるというものです。高級官僚になるだけが出世の道ではありません。もちろん、したいことだけをして生活できる人はわずかです。人から頼られてしなければならない仕事もあるでしょう。みなさまも得意な分野を生かしていきましょう。

（柴谷宗叔）

道の興廃は人の時と時に非ざるとなり　物の貴賤は師の別《わ》くと別かざるとなり（性霊集四　李邕屏風）

【人の道は時代の適合いかんによって興廃する。物の価値も認識力の程度によって決まる】

**◉物の価値は見る人で変わる**　『李邕が真跡の屏風の書一帖』という唐代の書家の真筆を太上天皇に献上する際の文章の一節です。道が弘まるのは人により、人が道を見て法を広めるかどうかを判断する、物の貴いとか賤しいとかいうことは、見る者の判断によるのであってその物自体が持っているのではないということを述べています。

楚人和氏が得た玉がはじめて文王によって美しい玉だという価値が認められ、その玉が車の前後を照らすぐらい素晴らしくすぐれた玉だったという故事を引用していきます。弘法大師自身も手遊び習っていたこの妙を極めた秘蔵の真跡を、八種の書体に精通した仙境に至っている上皇に差し上げるとつなげています。

日本でも骨董品の価値を専門家に鑑定してもらう番組が、長寿番組となっていますが、結果は悲喜こもごもで、一般の方が高い評価をつけても、鑑定結果は非常に低い場合も多いようです。それでは、真贋を見極める目は、どのようにして磨けば良いのでしょうか。博物館、美術館に行って、出来るだけ多くの本物を見ることだと鑑定者はアドバイスしています。知識と経験が認識力を育てるといえるでしょう。鑑定作業とは、一種の照合作業だといわれることがあります。それは、これまで本物とされてきた膨大な情報と照らし合わせて、真贋を判断するということです。その作業は現在の人工知能に対して、膨大な猫の写真を入力し、映像を認識させる作業と似ています。そのためには、あらゆる種類の、あらゆる角度からの大量のデータを入力する必要があります。非常に手間のかかる帰納的な手法なのです。

一方、一枚の猫の写真を見ただけでその後ろ姿や、一部分の映像からも同一の猫だと判断できる人間は、演繹的な思考を持っているといえるでしょう。しかし、多くの情報を総合的に判断し、類推ができるために、例えば骨董品だと、来歴、価格、付随する箱書き等の情報により、物を見る目は曇ってしまいます。すべてを忘れてそのものと対峙することができなくなるのです。人工知能のような、地道な努力が人間にも求められているのかもしれません。

（花畑謙治）

適法

## 或は行われ　或は蔵《かく》る　時の変なり（性霊集五　越州節度使啓）

【教えが盛んになったり、衰微したりすることは、時代の要請による変化である】

**◉時代に合った事をすれば受け入れられます**　右の言葉は、お大師様が越州（現在の浙江省紹興県）の地方長官である節度使にあてた手紙の一部です。唐長安の青龍寺恵果阿闍梨より密教の奥義を授かったお大師様は日本に帰国する際、越州で船待ちをしておられた時に、仏教の経典や当時の工芸技術、医術、薬学など日本の文化や人々の暮らしに役立つ書物の収集の協力を依頼されました。

「物事が流行ったり廃れたりするのは、世の中が変わるからである」という意味で、機が熟して人が興味を持つときに物事が進展するということです。越州の節度使は、留学僧のお大師様が高名な恵果阿闍梨の正統な後継者で、その手紙を見て、文字が美しく教養ある文化人が書く文体であることに感銘を受け全面的に協力したのでした。お大師様が学んだ真言密教と大陸の文化は、当時の日本にとってまさに必要なものでしたので、後の日本文化の基礎となりました。

自坊では、約百二十年前に四国八十八か所に倣って田川四国八十八か所が開かれました。順々に札所のお堂を参拝するので「順拝《じゅんぱい》」と呼ばれ、当時は「千人参り」といわれるほど大勢が参拝しました。しかし時代が変わり、炭鉱の閉山による人口減少、大師信者の高齢化、加えて公民館活動の充実化、趣味や娯楽などの多様化により、参拝者が年々少なくなっています。

ある時、檀家さんから手作りの網目の四角いコースターのような物をいただきました。それはペットボトルの蓋を開ける際に使うものです。誰でも高齢になると指に力が入らず蓋が開けづらくなるので、自作して皆さんに配っておられるのです。滑り止めのシリコンシートを四角く切り、周囲を毛糸で編んであります。私も試しましたが、滑らず蓋が開けられてとても便利です。簡単に作れ、手編みの会でも採用されて好評だそうです。実はこれが「人が喜ぶことをしなさい」というお大師様のみ教えの実践の一つなのですね。小さなことから始めましょう。世のため、人のためになるようなことを。

（藤本善光）

## 一芸これ立つ　五車通し難し（性霊集五　橘学生啓）

【一芸に秀でれば身が立つものである。しかし、五台の車に積載するほどの多芸であっても、これを学んで実行しなければ無益である】

**◉得意なことを一つ見つければ、道が開けていく**　学校で通知表を渡される時のドキドキ感、今でも忘れる事が出来ません。中にはオール5と言う素晴らしい成績の人もいました。到底真似の出来ない事と落ち込む一瞬でもありました。

イギリスの素人オーディション番組「ブリテンズ・ゴット・タレント」で一役有名になった女性歌手にスーザン・ボイルさんがいらっしゃいます。二〇〇九年四月に当時四十八歳で初参加し見事合格点を得たのでした。

彼女は九人兄弟の末っ子として元兵士として出兵経験のある炭鉱夫の父と、教師を志したことの有る母の元に生を受けたそうです。子供の頃から学習障害により教師や同級生から多くのいじめを経験されたそうです。彼女は両親と暮らし父の死後は母のお世話をしながら、母亡き後は愛猫のペブルスと暮らしていたとの事です。生前の母の「あなたの上手な歌を皆に披露しなさい」の助言があり、自身の歌を披露する決断に到ったそうです。

オーディション番組の舞台に現れた垢抜けないスーザンの外見、身なりを見て審査員、観客も驚きを隠しません。審査員からの質問に答え、「プロ歌手になりたい」の言葉に観衆からの失笑も聞こえ、審査員も驚愕の眼差しで見つめる中、彼女の歌が始まりました。そして彼女の歌声が場内に響き渡ると審査員をはじめ会場内の人達もその歌声に魅了され、聴衆一同総立ちになりました。三人の審査員から合格点を与えられた事は言うまでもありません。

彼女の新しい人生のスタートの開幕となった瞬間でした。「好きこそものの上手なれ」とも昔から言われています。あなたの素晴らしい才能は目覚めていますか？あなたの「得意」な事で、自信を持って周りの人も自分自身も幸せになるような行動をしていきましょう。

（中谷昌善）

適法

国十善を行い　人五戒を修すれば　すなわち五穀豊登して万民安楽なり（性霊集六　天長皇帝雩《あまごい》）

【国民が十善と五戒を行なえば、五穀は豊かに実り、万民が安楽に暮らすことができると、守護国界主陀羅尼経が説いている】

◉**統治の常道**　国家の危機管理能力は為政者がいつも民の声を聴き施策を実行する力です。空海は雨の少ない讃岐に生まれ、たえず干ばつと飢饉を体験しています。水を治めること、治水事業が国家の発展と民の安寧の一大課題であることを空海は幼き時より熟知しています。讃岐の国の農民の悲痛な声を聞き入れ短期間で満濃池を改修し、以後今日に至るまで優良な農地に作り変えたことは大きな出来事です。

讃岐は雨の少ないところであり、そのため多くのため池がある土地です。農民はみな水に困り争いが絶えません。干ばつの時は竜神に祈り雨を待つ人々がいました。是が非でも農民を助けたい思いが空海にはあったはずです。

空海は唐に渡り隋の煬帝が築いた大運河を目の当たりにした時、治水の必要性は思いから確信に変わりました。為政者が民の声を聴き己の身を慎み政治することはいつの時代でも治政の肝要です。

それと共に国家の発展と人民の幸福には労働生産性の向上が不可欠です。農業に最も生活の重きを置く古代では治水は最大の悩みであります。すなわち五穀豊穣に気を配り、食を満たすことが国家の最重要な責務となるのです。

空海の行動は鎮護国家の繁栄の上でも重要でした。空海の説いた真言密教はただ教義上の教えだけではなく、国家の発展のための事業とともに密厳国土建立を目指しています。空海の幅広い視野と構想は同時代の日本人だけでなく、現代人をも凌駕します。空海は和漢の書籍を熟読し広い知識を有しています。その彼をしても中国での体験が幅広い視野と構想力を育てました。「国十善を行い　人五戒を修せれば　すなわち五穀豊登して万民安楽なり」は空海からの優しい遺訓です。

（長崎勝教）

適法

宝珠　砂《あらがね》に在れども瑩《かざ》らざればすなわち雨宝の功なし　智鏡心に処すれども縁なきときはすなわち利物の力を闕《か》く（性霊集七　和気夫人）

【鉱石に混じっている宝珠は、磨かなければ宝の雨を降らすことができないように、心にひそむ智慧も仏縁に会わなければ人々を救う力にはならない】

**◉磨いて瑩く**　この名言は、性霊集の「和気の夫人法華寺において千燈料を奉入する願文」の冒頭です。意のままに宝物を作り出すと言われる如意宝珠も採掘した鉱石のままでは宝珠になりません。瑩《みが》いてはじめて宝珠となるように、人の智慧も心の中にひそんでいたのでは人を救う力にはならないという意味です。

瑩いて宝珠とする。言葉だけ聞いていると、みがく努力さえしていれば宝珠になっていくように思いますが、実際はそう簡単ではありません。

私は雅楽の笙《しょう》という楽器をやっています。笙は、和音で演奏するのが特徴で、吹き口から息を途切れることなく吸ったり吐いたりしてリードを振動させて音を出します。

パイプオルガンと同じ原理です。大きさは随分違いますが、重厚で神秘的な音色は、天から差し込む光にもたとえられます。とても繊細な楽器で、誰の音色か遠くで聞いていてもすぐわかるのが怖いところです。

始めた頃は奏法をマスターするので精一杯。いくつもの壁を感じながらも練習を積み重ねるしかありません。こつこつと自分なりに腕を磨《みが》いていたと思います。そうやって何年か経った頃、笙作りの名人に楽器を作ってもらえることになりました。雅楽器は作り手が少ない上に、すべて自然の素材からできています。何よりの驚きは、作って欲しい人はいくらでもいるのに、私が作ってもらえることになったことでした。名人の家は師僧のお寺の近くでした。偶然とはいえ不思議な縁を感じました。

三年後、私の笙が出来上がってきました。その間、私は素晴らしい演奏とはどういう事かを考え続けていました。いろいろな人の演奏を聴き、自分との違いを考えました。なにか共通点があるだろうと優れた美術展にも熱心に通いました。そして気がついたのは一流のものには、表現を支える高い精神性が備わっているということでした。技術だけをみがいていたのでは、人の心には届きません。礦《あらがね》を宝珠にするチャンスを逃さず精進いたしましょう。

（森堯櫻）

適法

もし病人に対《むか》って方経を被《ひら》き談ずるとも痾《やまい》を療するに由なし　必ずすべからく病に当って薬を合わせ方によって服食すべし　すなわち病患を消除し性命を保持することを得ん（性霊集九　宮中御修法）

【病人に対して病理学を語るだけでは病気を治すことはできない。必ず病状にあった薬を処方して服用すれば、病が除かれて生命を保つことができる】

**◉教えは人格を形成して初めて用をなす**　空海様は顕教と密教の違いを強調されています。ここでは顕教は「ただその文を読み空しくその義を談じて、かつて法によって像を描き、壇を結んで修行せず」と批判します。理事不二と言って理屈の理解と行為による事実が合致することが求められます。「あの人は言うことは立派だがやってることがねえ」と揶揄されないように言行一致ですね。密教は特に三密といって、①思うこと、②言うこと、③行為の三つが一致していて善行であることを強調します。また「菩提心を因とし、大悲を根とし、方便を究竟すべし」といい、動機と思いやりと結果が伴うことを第一とします。

実際にすべきことは仏様を供養することと、真言をしっかり読んで心に刻み込むことです。陀羅尼の読誦と保持です。陀羅尼はサンスクリット語で保持するという意味です。保持とは一つ一つの陀羅尼が意味を持っているということです。たとえば大日如来の真言である「オンバザラダドバン」は金剛界大日如来の心境と働きと言葉をその陀羅尼に含有するのです。加藤精一先生が「大日如来は人格を持たれる」と断言されたのを覚えています。私は毎朝立体曼荼羅の面前で陀羅尼を読誦していてもその真実はまだ獲得できませんが、おそらく一つ一つの仏様を三密の活動する人格として念じ、そのものに限りなく近づいて遂には入我我入（如来の三密を得る）して一体化することが大事なのです。病気を治そうとするなら処方箋を論じるだけでは無意味であり、治癒に当たらねばならないということ。仏様を感じ体得しその御利益を得るということは病気治癒とは違って成果が顕著でないだけに奥深い言葉と感じます。

経を読む、ではなく、如来の人格を獲得する。人格として成長して如来となるというべきでしょうか。人格という言葉は最近死語となっていますが、人格の完成ということと即身成仏の類似性を再確認すべきと存じます。

（加藤俊生）

## 顕教密教機に逗《かな》って滅を証す（性霊集九　諸有縁衆）

【顕教と密教の違いは、人々の能力に応じて悟りへ導く点にある】

**◉法は人を見て説く**　私が仏門に入った頃、老僧から次のようなお話をお聞きしました。ある時、旅人が道端で倒れていました。そこへ浄土門の僧が通りかかり旅人の様子を見て「南無阿弥陀仏」と念佛を唱えれば極楽往生できると諭して去って行かれました。

次に、禅宗の僧が通りかかり、同じように旅人に声をかけます。何故此処で倒れることになったのか、経緯や原因を聞いて、旅人の至らなさを諭して去りました。

しばらくして真言宗の僧侶が通りかかり、旅人に何故こういう事になったのか理由を尋ねます。旅人は道に迷いさまよってしまい食糧や飲み物が無くなってしまい、ここ数日苦しんでいる事を話しました。真言宗の僧侶は飲み水や食べ物を施し、元気を取り戻した旅人と一緒に道を歩み、その道中で仏法の話を説きました。

この話を聞いて、真言密教の教えの極意をお聞きしたような気持ちになり、次のように考えました。

浄土門の御本尊は「阿弥陀如来」です。極楽往生を説く一仏信仰。

禅宗の御本尊は「釈迦如来」。お釈迦様の教えを聞き、それを自然や社会の中で体験し悟りを開くということに特徴があります。

どちらの教えも個人的な悟りだと感じました。

真言密教寺院の御本尊様は、「地蔵さん」「観音さん」「お薬師さん」「お不動さん」「諸天部さん」等色々な仏様がお祀りされ、参拝される方々は「商売繁盛」「家内安全」「交通安全」「安産祈願」等々自分の意に応じて御本尊様へ祈願され、安心感を頂いて御本尊様を心の拠り所とされておられるように感じます。

密教は、お釈迦様の説かれた教え「仏教」をどのように実践し生活に生かすかを追求した教えだと考えます。その人その人の求める「欲望」や「目標」を叶え、心を満たした上で、自分だけの悟りで終わらずに周りにおられる方々の幸せを願う「菩薩」になって行動する悟りへと教えを説いていきます。

（糸数寛宏）

越法罪

寧《むし》ろ日夜に十悪五逆を作るべくとも　一言一語も人法を謗すべからず　殺盗を行ずる者は現に衣食の利を得　人法を謗する者は　我れに於て何の益かあらん（宝鑰第四）

【たとえ日夜に極悪非道なことをしていても、一言たりとも仏法を謗ってはならない。強盗殺人をすれば実際に金品が手に入るが、仏法を謗った者はなんの利益も得られない】

**◉仏法の有り難さを知る**　我々の命は、数多の力によって生かされています。自然や地球の存在、人々の協力等々。それに神仏の力を忘れてはいけません。仏様の誓願は明らかで、我々を救済するが為の法です。仏様の存在は、決して虚しいものではありません。とても耐えきれない苦心、努力を経て得た成道です。悟りの世界です。それは仏様の境地ではありますが、菩薩として我々に手を差し伸べてくださいます。我々の苦心を見て助けてくださるのです。慈悲と言われる行為です。我々は素直にそれらの慈悲にすがることが必要です。

お大師様は、若い頃より自らの生きて行く道を模索されました。そして仏法を見いだされ一心に追い求められ、遂に中国の恵果和尚のもと究極の法を得ることができたのです。それはお大師様のみならず衆生をも済度する道でした。そうして同じ道を歩む弟子を育てるだけでなく、多くの人々を救済することができたのです。しかもそれは現代でも続いています。今もお大師様に至心に懇願することによって、大きな助けを得ることができます。不可思議なる三密加持力といわれるものです。実際に経験した人でないとわからないのですが、今もお大師様の力は存在します。それが仏法というもので、我々を救済しようという慈悲があまりにも大きいということです。

我々の命は、自らの力だけでは到底維持することができません。仏法は目に見えない、理解できない法ではありません。人間として生きていくべき最良の道です。目標とすべき人々や自然界に感謝する道理であって、また究極的には人々を救済する有り難き慈悲の世界です。仏様にはもっと頼り、慈悲を乞う事も必要です。そんな仏法を謗ることは自らの命の否定につながります。

（後藤瀞興）

越法罪

一一の句等に浅略深秘《じんぴ》の二義を具す　帥爾《そつじ》に談じ難し　もし実の如く説かば小機は疑を致し謗りを生じて　定んで一闡提《せんだい》無間の人とならん（宝鑰第十）

【各経文には数々の深い意味がある。これを軽率に説けば、初心者は疑念や誹謗、不信などを生じて地獄に落ちてしまう】

**◉間違いの悲劇**　先日、近所のコンビニの横を通ると、ガラスが粉々に砕け、大きな事故が起こったかのような様相を呈しておりました。聞くところによると高齢者の方が店の前に駐車しようとしたところ、ブレーキを踏むつもりが誤ってアクセルを強く踏んでしまい、車止めを乗り越えてコンビニに突っ込んでしまったものでした。この件については不幸中の幸いでけが人もなく、物損被害のみで済んだようです。このように連日のように高齢者によるアクセルとブレーキの踏み間違いによる交通事故のニュースが流れています。まだ自分は若者には負けていないから大丈夫といった過信から事故が起きることが多いのです。

しかし、すべての高齢者に自動車を運転しては駄目だと決めつけることも出来ないのです。現代社会は、車社会と言い換えることが出来るほど道路は整備され、様々な施設は分散し、到底、車がないと買い物や病院へ行くことすら出来ない現実があるのです。とくに若い者と一緒に住んでいない高齢者のみの家庭にとって、車がないと生活困難に陥ってしまいます。

生活になくてはならない車ですから、事故が起きないように警察や行政、自動車製造会社は、さまざまな工夫を凝らし、対処策を講じています。事故に遭ってしまった側のみならず事故を起こした側にとっても一瞬にして自分の人生をドン底へ突き落としてしまう事故。ですからその罪には、大変厳しい罰が適用されるのです。

仏法に於いても事故の加害者への刑罰のように、誤った教えを行った者へは大きな罪となり厳しい罰が下されるのです。そうやって正しい仏の教えは何世紀にもわたって現代へと受け継がれ我々はそれを安心して享受することが出来るのです。

（瀬尾光昌）

**是れ一切衆生の父母の遺財なり　独り一《ひと》りの為に非ず　もし慳悋《けんりん》して与えざれば三宝物を盗むに同じ**（秘密仏戒儀）

【仏の教えは人々のために父母が遺した財宝であるから、独り占めしてはならない。仏法を惜しんで説かなければ盗人と同じである】

**◉出し惜しみ**　この文は、三昧耶戒と言う真言密教独特の戒を授ける時の一部分です。一、正法を捨てず、邪行を行わない。二、菩提心を捨てない。三、一切法を相手の器に応じて惜しみなく与える。四、衆生の救済に努力する。この名言は第三番目に当たります。

「仏法は代々受け継がれてきた財宝と同じであり、独り占めして名利を貪ったり、出し惜しみすれば、三宝物（仏、法、僧の持ち物）を盗むのと同じである」と言っています。

勿論、戒を受けたならば守らなければなりません。この三昧耶戒を破ったならば最も罪が重く、必ず地獄行きとなる越法罪《おつぽうざい》になります。

ここで大事なのは、相手の器に応じて惜しみなく与える、というところです。真言密教の戒ですので、むやみやたらに与えたら反って相手を苦しめてしまうこともあります。これは世間でも同じで、持ちなれない大金をいきなり渡されても心穏やかに過ごすことは出来ません。必要のない大荷物を戴いても置くところさえないのと同じです。あくまでも相手に応じて必要な分を出来るだけ与えるのが衆生済度の心得です。

お釈迦様も同じように工夫されています。お悟りなされた内容を初めから総て説かれたわけではありません。対機説法をしながら相手の心の成長に順じて説法の段階を深められたと考えられます。私達も、未就学児には未就学児用に、小学生には小学生用に、中学生には中学生用に、大人には大人用に……、言葉や内容、態度、語気など臨機応変に変化させているのと同じです。年齢的に大人でも精神的にはそれぞれの段階がありますから、その段階を見極める力を蓄えるためにも戒を守り続けることが肝要です。

（大塚清心）

## 諸戒具足せざれば慧眼闇冥なり　この意を知って眼命を護るが如くすべし

（遺誡）

【様々な戒を身に付けなければ、智慧の眼は開かれない。戒の意味を正しく知って守ることである】

**◉戒律を守る大切さ**　鑑真和上は奈良時代の名僧で、日本に仏法を伝えるために自ら船に乗り込まれ、大変な苦労の末に来日を果たされました。無理がたたって失明までされてしまったそのご苦労は、井上靖の『天平の甍』などにも描かれている通りです。その鑑真和上の来日の目的が、日本に戒律を伝えるためであったことは意外に知られていません。伝教大師こと最澄さんは奈良仏教と対立することが多かったのですが、最大の対立点は大乗戒壇の設置をめぐってでした。

このように、古来から戒律を授けたり守ったりすることはとても大切なこととされてきたのですが、最近はその重要性が若干薄らいでいる感があります。真言宗でもよくお唱えする「十善戒」には、生き物を殺してはならない、嘘をついてはならない、などと書かれていますが、本当に守るべき戒めとして浸透しているかというと、少々心もとなかったりします。

それに対して他の宗教は、決められた戒律を厳密に守るものが多いです。ユダヤ教徒は旧約聖書に「血の出る肉を食べてはならない」と書かれているため、肉を血が全く出なくなるまで水洗いしてから調理します。キリスト教でも日曜日は神の定めた安息日であるため、日曜日に働くことはタブーの時期が長くありました。イスラム教も戒律に非常に厳格で知られており、ラマダーンという断食の月には、日の出から日没まで食事を取りません。

我々日本人がこのようなことを見聞きすると、「なんと不自由な」とか、「それはちょっと、こだわりすぎなのではないか」などと思ってしまいますが。考えてみればルールは守るためのものであって、守らないで口先で唱えているだけなら、それはルールでも何でもありません。日本人は信仰心が本当にあるのか疑問だ、などと言われたりすることも多いですが、戒律の対応一つとってみても、やはり適当な感じがいなめません。よい戒律ならば守るべきですし、信仰についてまじめに考えることも必要なのかもしれません。

（佐々木琳慧）

越法罪

寧《むし》ろ身命を弃《す》つるともこの戒を犯することなかれ　もし故《ことさら》に犯する者は仏弟子に非ず　金剛子に非ず　蓮華子に非ず　菩薩子に非ず　声聞子に非ず　吾が弟子に非ず　我れもまた彼が師に非ず（遺誡）

【戒は命よりも大切である。戒を犯す者は仏弟子ではない。金剛界や胎蔵界の灌頂を受ける資格もない。修行者でもない。仏法を聞く資格もない。吾が弟子でもなければ、私も弟子として認めない】

**◉「アウト」という厳しい制裁**　オリンピックの五輪の旗マークは白地に五色（青黒緑赤）を配して、世界の五大陸を象徴していると言われます。ちょうど密教の仏さまが五色に分けられ、それぞれにお持ちになっている五つの智慧が象徴されるのを想起いたします。

ところでオリンピックの発祥の地はギリシャと言われます。今でも神々が宿るオリンポスの丘で聖火が灯され、世界の五大陸を巡り最後には開催国全土を経て、オリンピックのメイン競技場へと運ばれ閉会の日まで大会の無魔成就を見守るごとく耀き続けるのです。

　オリンピックはスポーツの祭典と言われますが、その根底に神々への「選手宣誓」がなされていることを私たちは忘れてはいけない、と思います。「健全な肉体にこそ健全な精神が宿る」と説かれるギリシャ思想に根ざしたオリンピックのスローガンは二十一世紀の現代に於いても、大会をとおして私たちの心に多くの感動と共に確かな頷きを与えてくれます。

　ところが、そのような機運のなかで近年いくつかの国や選手の中には、記録や勝敗の結果にこだわるあまり違反薬物の投与などの不正行為に手を染める事例が後を絶たないようです。大変残念なことですが、そのような国や選手はオリンピック出場停止は勿論、選手生命をも失ってしまう悲しい末路が待っています。

「スポーツを通じて心身を向上させ、文化・国籍などさまざまな違いを乗り越え、友情、連帯感、フェアプレーの精神をもって、平和でよりよい世界の実現に貢献すること」と唱えた近代オリンピックの父クーベルタン男爵の言葉をいま一度かみしめたいと思います。

（山田弘德）

越法罪

我が教誡に違うは即ち諸仏の教に違うなり　これを一闡提《いちせんだい》と名づく　長く苦海に沈んで何れの時にか脱るることを得ん　また永く共に住して語《い》わず往き去れ住することなかれ　往き去れ住することなかれ（遺誡）

【私が遺言する戒に背くことは、諸仏の教えに逆らうことである。これでは成仏の可能性がなく、永く苦しみに沈んで救われることがない。戒を守れない者とは、住むことも、語ることもできないからここを去るがよい】

**◉怒れるお大師様**　皆さんは高野山金剛峯寺に祀られています秘仏の「お大師様」をご存じでしょうか？　調べてみますと、一六八〇年十一月二十一日に検校文啓師が大仏工に命じ高祖大師尊像を彫刻し、青巌寺《せいがんじ》にて開眼という記録があります。明治二年、青巌寺・興山寺《こうさんじ》の二寺を合併して、総本山金剛峯寺と称するようになりました。

私が金剛峯寺でお大師様のお姿を拝見したのは今から数年前のご遠忌《おんき》でした。そのお姿は半跏座で座られ、お顔の表情は、眉は大きく、への字に吊り上がり、両目は大きく見開いて、眼光が光り、口は大きく開いて、大きな怒鳴り声が聞こえてきそうな迫力のある大忿怒《だいふんぬ》のお姿でした。まるでお不動様になられたかのごとくのお大師様のお姿に驚愕し、自分が叱られているように感じました。

何故、検校文啓師様が「大忿怒」のお大師様を作ろうと思われたのでしょうか。当時の青巌寺は学侶が住んでいたお寺であり、また学侶だけにかかわらず、多くの僧侶・仏弟子が仏の教えを学ぶ場所であり、また、お大師様の教えをいかに後世に残すべきかを考えて、この「怒れるお大師様」の像を造られたに違いないと感じました。

お大師様は御入定される前、「深く穀味をいとい、もっぱら座禅を好む、皆これ令法久住の勝計ならびに末世後世の弟子門徒等の為なり、もろもろの弟子等諦かに聴き、諦かに聴け、仁等好く住して慎んで教法を守れ」と云々。また、お大師様の遺言である御遺告一条には「吾れ入滅せん三月二十一日寅の刻なりもろもろの弟子悲泣することなかれ、もし滅すれば両部の三宝に帰信せよ」とあります。

怒れる大師像は、全ての真言宗の僧侶に対し、またお檀家様や信徒様にお大師様の遺言である教え（遺戒）を守りなさい、諸仏の教えを守りなさい、襟を正しなさいと強く強くおっしゃられ、時間を超えて私たちに訴えておられます。

（吉森公昭）

越法罪

もし仏の教に随わばすなわち必ず須からく三昧耶を慎むべし　三昧耶を越すればすなわち伝者受者ともに益なけん（性霊集十　理釈経答書）

【仏の教えに従うには必ず誓いを守るべきである。誓いを破れば伝授者も受法者も利益がない】

**◉ほんとにそうなの？**　「厳しい事言ってるけれど、ほんとにそうなの？　僕の爺ちゃん、お坊さんだよ。でも毎晩、お酒飲んでるよ」

孫の厳しい言葉に世間では一流と言われている大僧正も、返す言葉がありません。二の句が継げない、そんな状況です。殊に真言密教では師匠から弟子へと大切な秘法を受け継ぐ法、伝授を大切に致します。如何なる伝授でも最低限護るべき法が、「十善戒」であります。戒律をとことん厳しく守る小乗仏教では、日本には僧侶たる姿をしている優婆塞のような方が居るという事になりましょう。しかし大乗仏教が伝わった日本では、戒律を厳守すると言うより、戒律に寄り添い活動することを主として参りました。殊に我が国では明治五年に出された太政官布告以後、本来師匠から弟子へと受け継がれていたお寺の形式が大きく変わっております。

しかし何から何まで全て形式化されたかというと、これは違います。「不易流行」という言葉の如く、絶対に変えてはならないものも当然あり、時代の流れに対応して変えていくべきものもございます。その中でも戒律を大きく形式化してみる、そういう事は絶対に許されたものではありません。真言宗では特に「三摩耶戒」という戒律を重んじ、我もまた御仏と同じ仏性ありと説きます。この戒律を曲げてまで僧侶であるという事は、絶対に許される行為ではありません。もしそのような不埒たる者が出現する事態になれば、その法を伝えた師匠たる者も同罪であります。故に大師は「人観て　法説け」と仰せです。誓いを護るという事は大変不自由に感じますが、所詮我々は枠組みされた中での自由を謳歌しているだけであります。生まれたその瞬時に、生きる事と死ぬ事を条件提示されております。生きる事に大切な使命を見付け、命帰る折に安堵を得たいならば、必ず須からく三昧耶を慎むべしであります。最低限の慎むべき誓いを大切にしてこそ、大師仰せの仏弟子と言えるのではないでしょうか。

（宮地賢剛）

越法罪

秘蔵の興廃はただ汝と我となり　汝もし非法にして受け　我もし非法にして伝えば　すなわち将来求法の人　何によってか求道の意を知ることを得ん（性霊集十　理釈経答書）

【密教の興廃は汝と私とにかかっている。もし非法に伝授したならば、これからの弟子は求法の信頼性に迷ってしまう】

**◉教育の責任を持つということ**　「教育」とは私達がよく使う言葉です。文字通り後輩や子供達を教え育むことに他なりません。職場で、地域で、「それ教えてあげるよ」とは誰でも使う言葉ですが、改めて考えてみるとこの行為には大きな責任がついてまわるものです。もし間違ったことを教えてしまえばそれを訂正する大変さ、それを起因とする事故などが想像されます。また、正しく教えたにもかかわらず、教わった側の間違った理解に伴う事件事故など、考えただけで恐ろしくなってしまいます。めったにここまでは起こらないのでしょうが、お大師さまはそこまでお考えになられているのです。

越法罪という言葉をご存知でしょうか？　僧侶となる為に高野山で修行した我々はこの戒めをいただきます。師僧から伝えられた通りに行法（本尊さまをお作法に則って特別に拝むこと）すること、教えられたことを自分勝手に解釈したり、改変しないことをお誓いするのです。もし越法罪を犯したならば全ての功徳は一瞬で消え果てるにとどまらず、たちまちにして悪趣に堕すと言われるほどの重罪であります。

実はこの聖語はお大師さまが理趣訳経を貸して欲しいと頼まれたことに対し、お断りになられたお手紙に書かれているのです。恵果阿闍梨から密教を伝授されたお大師さまは次の方に伝授するには、ご自分が行って来た通りの修行をした者に伝えなければならない。実践せず読書だけの勉強では真意が伝わらず、後の弟子たちが密教の真髄がわからなくなってしまうという、後世の弟子への大きな愛情の表れなのです。このような思いで脈々とお伝えいただいた密教の教えは、現在の弟子である我々はもっともっと重い責任を持って次の世代へ伝えていかなければならないと思います。

（亀山伯仁）

## 非法の伝受これを盗法と名づく　即ち是れ仏を誑《あざむ》くなり（性霊集十　理釈経答書）

【非法の伝受を盗法という。これは仏を欺くことになる】

### ◉真似と猿真似

絵手紙の展示会に伺いました。以前から書を嗜まれ、絵手紙に出会われ研鑽されておられる檀家さんのお誘いです。見事な作品が並び、楽しい展示会ではありましたが、正直、鑑賞できる作品は三割ほどでした。芸術を語るつもりはありませんが、やはり書道を習われ、日頃から筆に親しまれておられる方と、そうではない方との線は、明らかに違います。落款の位置から違うのです。

「日本絵手紙協会」は、絵手紙のキャッチフレーズを「ヘタでいい　ヘタがいい」と提示して、心を込めて書くことが相手の心を打ち、上手に描こうとせずその人らしさが出ることが大切としていますが、展示されるものは、厳しく見てしまいます。

書家の榊莫山先生に、何度かお会いしました。初めて作品展に伺った時、ビックリしました。前衛的な書画のイメージがありましたが、青年期の書の達筆なこと。教科書を見ているような美しさで、その下地があるから、ヘタに見えるような文字でも、抜群のバランスなのだと感服しました。書家で詩人の相田みつを氏についても同じことが言えます。ヘタが味わいになるのは、それなりに研鑽された上で到達するものであって、指導も仰がず努力もしないで「コレでいい」は、単なるヘタでしかありません。努力もなしにサラッと描いて惹きつけられる子供の作品などは、欲がないからです。大人がそれなりに子供の振りをしてもダメ。良く見せようとか、可愛いらしく描こうなどの計算があれば、素直な心では描けないのです。

一時期、梵字がブームになって、ペンダントやキーホルダーなどの小物やステッカーなどに多く使われました。しかし、それは梵字がもつデザイン性が重視されたもので、本物ではありません。本来の梵字の持つ意味も通らないし、どう崩せばその形になるのか解らないものもありました。何でも真似て良いものではないのです。

絵画や陶芸、演芸などの芸術の世界は、師について学ばなければ、薄っぺらいものに成り下がります。優れた師匠に憧れ、師匠の指導を仰ぎ、師匠を真似、自分の技を作り上げる。猿真似は哀れしか感じません。出家修行者の世界も然りです。（吉田宥禪）

毒鼓の慈しみ広くして無辺なりと雖も　干将《かんしょう》の誡《いまし》め高くして淬《かと》うすること有り（性霊集十　理釈経答書）

【懲悪のために毒を塗った太鼓の響きは仏の広大なる慈悲である。干将の名刀は使い方を知らなければ自分が傷を負ってしまう。そのように、妙法をみだりに伝えることは慎まなければならない】

**◉国家神道がもたらしたもの**　宗教は人々を幸せにするためにありますが、戦争の正当化にも利用されるなど、使い方ひとつで大きく正邪曲直《せいじゃきょくちょく》が分かれます。それは、国家神道によって戦争への道をひた走った歴史を持つ私たち日本人には、とてもよく理解できるのではないでしょうか。

鹿児島県の知覧特攻隊記念館には、昭和二十年五月三十日に幼い妹大石静恵さんを残して戦死された特攻隊員大石清さんの遺書が保存されています。「おわかれの時がきました。兄ちゃんはいよいよ出撃します。この手紙がとどくころは、沖なわの海に散っています。幼い静ちゃんを一人のこしていくのは、とてもかなしいのですが、ゆるして下さい。もう、プロペラがまわっています。さあ、出撃です。では兄ちゃんは征きます。泣くなよ静ちゃん。がんばれ」（要約）。

また、この遺書を郵送した同僚大野《おおの》沢威徳《さわたけのり》さんの手紙も保存されています。「大石伍長どのは、静恵ちゃんのつくった人形を大へん大事にしておられました。いつも、その小さな人形を飛行服の背中に吊っておられました。伍長どのは、いつも静恵ちゃんといっしょに居るつもりだったのでしょう。同行二人。仏さまのことばで、そう言います。苦しいときも、さびしいときも、ひとりぽっちではない。いつも仏さまがそばにいてはげましてくださる。伍長どのの仏さまは、きっと静恵ちゃんだったのでしょう。けれど今日からは伍長どのが静恵ちゃんの仏さまになって、いつも見ていてくださることと思います。伍長どのは勇かんに敵の空母に体当たりされました。静恵ちゃんも、りっぱな兄さんに負けないよう、元気を出して勉強してください。さようなら」（要約）。

私はこれほど悲しく切ない「同行二人」の説明を見たことがありません。いつの時代においても、宗教が戦争の正当化になることはありません。妙法が誤った目的で利用されないよう、目を光らせて行きたいものです。

（愛宕邦康）

## 貪ることあって素飡《そさん》すれば誡《いましめ》を尸食《ししょく》に遺《のこ》す（三教指帰下）

【貪って徒食をすれば、過分に得たことによって罪を被る】

**◉後で悔やまないために** 日々の生活を送る中で、私たちは様々な選択をしています。選択をするとき、それが自身にとって明確な答えをもたらすものであれば、躊躇なく自分の望むものを選択しています。

ところが、どちらを選べばいいのか、迷ってしまう時が実は往々にしてあります。特に人生の岐路ともいえる重大な選択をする時、様々なことを考え、それぞれの選択を行った後に起こりうる状況を想像し、最終的に自分が決めるわけなのですが、毎回、よい選択をするとは限りません。なぜなら、その時はベストな選択と思えたことでも、後日、あるいは数年後、いや、数十年後にその選択が間違いだったと気づくことがありえるからです。

その時に、人は「あの時、あっちを選んでいたら……」と、その時の自身の選択を悔やむのです。これが、後悔というものなのですが、果たしてそうでしょうか？

自身が選んだことは、いくら他の人の助言を受けたとしても、誰かに強要されたとしても、選んだのは自分です。選んだことを悔やむのではなく、選んだことで自身がどう変わったか、また周りがどう変わったか、それを検証することがまず必要なのではないかと思うのです。

検証してみて、どこで変化があり、どこで何を間違えたのか、その部分を見つけ、それを今後の糧にすることが大切なのではないでしょうか。

この文言に書かれていることは、「後悔するぞ」との戒めと言えます。

欲にまみれて、奪うだけ奪う、貪るだけ貪ったあとに残るのは、真っ当ではない生き方の結果として、様々な形で罰を受ける、あるいは法を犯すことによって罪を被り、その償いをしなければならない状況に陥る。そういったことが起こりうる。そうした戒めです。

そういう状況になった時に、あの時、こうしていれば……と、自身の行いを悔やむのです。そうならないように、生きていきましょう。

（中村光観）

後悔

珍《たから》を以て贖《あがな》わんと欲すれども曾《かつ》て一の瓊瑤《けいよう》なく　逃げ遁《のが》れて免れんと欲すれども城高くして超ゆること能わず（三教指帰下）

【地獄では、宝で買収しようと思っても財産を持っていくことができない。苦痛から逃げようとしても塀が高くて超えることができない】

◉**逆修《ぎゃくしゅ》の時代**　逆修とは預修とも称し、自らの死後に修する仏事を生前にあらかじめ行うことです。具体的には、古来、七七日の仏事、自らの墓の建立（俗名や戒名を朱書）、十王供養などを、生前にあらかじめ修して功徳を積んでおくことです。通常、遺族が追善供養をする場合は「七分一獲」と言って功徳の七分の一だけが亡き人に届いて、残りの功徳は供養した人に帰すと言いますが、逆修の功徳は本人に全てもたらされると言います。古来、人々を逆修に動かした思いは何だったのでしょうか。戦乱などで世の中に満ちる先行き不安な思いと決して無関係ではなかったでしょう。

現代社会でも、「終活」という語句が現れて久しく年月が経ちます。今後の人生を自分らしく生きるために積極的に不安要素を除いておきたい人もあれば、自分が煩わしく感じることを遺族や他人にできるだけ残したくない人もあり、終の棲家や家族のこと、葬儀や相続のこと、先祖伝来のお墓と自分のお墓のことなど、取り組む課題はさまざまです。「天下の総菩提所」と呼ばれた高野山奥之院に詣でる人々のお話にも、終活の話題は見え隠れしています。例えば、子孫がおらず自分が急に死んだらペットや家はどうなるのか苦しくてとか、決まった菩提寺がなく今特段に関わりたくもないけれどお大師さまへの信仰心はあるので高野山への納骨について尋ねにきたとか、認知症などで今の自分がたもてなくなったら怖いのでお大師さまに健康をお願いしてきましたとか、現代人なりの問題を抱えつつ、それにとらわれない安楽を求めてお大師さまの元に参拝されています。

古来の逆修と現代の終活は、前者は自らの死後における安楽実現のための善行、後者は世間的事情と、関心の方向が異なるようでいて、両者の根底にあるのはともに不安です。もしも今生に、過去世からの罪障を仏に懺悔し、善行による功徳を積もうと願って読経・写経・供養・喜捨・参拝・聴聞などを行うならば、それは常住遍在の仏さまが必ず知るところであり、きっと善き果徳を生むことでしょう。

(中原慈良)

吾れもし生日に勉めずして　けだし一苦一辛に罹《かか》りなば　万《よろず》たび歎き万たび痛むとも　更に誰人をか凭《たの》まん（三教指帰下）

【生前の怠けで地獄の辛苦を受け、いくら嘆き悔いても、誰からの助けも得られない】

**◉後悔しないための妙薬**　人は誰も後悔などしたくありません。後悔しないで済む妙薬のようなものはあるのでしょうか。残念ながら一度してしまったことをないことにするような手段はありません。

お大師さまのお言葉の最後に「誰人をか凭《たの》まん（誰からの助けも得られない）」とあります。『三教指帰』という書物は、お大師さまが仏道修行を志されたお心を著された、いわば「決意の書」ともいえるのですが、このお言葉の前には恐ろしい地獄の光景が描かれています。「地獄に堕ちないようにするには、生前に努力しなければいけないのだよ」と書かれています。「地獄に堕ちてしまったら誰も助けてくれない」ということは、努力していなかった姿がしっかり見られていたかもしれませんし、もし努力を続けていたら、どこからかの助けがあるのかもしれません。

ところが努力というものは、決意と根気のいる作業です。「石の上にも三年」ということわざがあります。「たとえ冷たい石の上でも三年も坐っていれば暖かくなる」のが直接の意味です。が、これは「三年は頑張ろう」ということではなく、「長い時間（年月）をかけた継続が成果を導く」という意味を表しています。また英語の格言にも「ゆっくりでも着実に進めば勝利を得る」というものがあります。考え方に洋の東西は問いません。

「言葉では分かっているけれど、実際にコツコツと積み重ねるのは面倒だなあ」と思われますか？　コツコツ積み重ねるのは誰かと言えば、それはもちろん私たち自身になります。では他には誰も関わっていないのでしょうか。実は直接にはかかわっていなくとも案外多くの方が、努力を積み重ねている様子を見ているのです。そして記憶してくれているのです。人だけではありません。私たちの目に見えない大きなちから（仏さま）もご覧になっているでしょう。

いずれにしましても、即席ではなく、コツコツと時間をかけて積み上げることが、後悔しないための一番の妙薬かもしれません。


（小野崎裕宣）

過《あやまち》を知って必ず改むるは君子の行　途《みち》に迷うて速やかに返れば痛をなさず（金勝王経伽陀）

【失敗に気がついて改められれば賢い人である。道に迷ってすぐに戻れば悔いは少ない】

**◉失敗したらどうする？**　人生はうまくいくことばかりではありません。うまくいくこともあれば失敗もあります。ドイツ帝国の初代宰相のビスマルクは「愚者は経験に学び、賢者は歴史に学ぶ」という名言を残しました。過去の歴史にある失敗に学ぶのは賢者であり、経験による失敗を隠すのは愚者であると言いたかったのでしょう。ですが、気がつかないうちにしてしまった大きな失敗もあります。

お釈迦さまにはたくさんの弟子がいました。その一人に目蓮さんがいました。目蓮さんの母は優しい人でしたが、自分の子ども以外には無情で無慈悲だったことから餓鬼地獄へ落ちてしまいました。自分の子どもと同じように誰とでも慈悲深く接していればよかったのですが、無慈悲な行いによって人生を失敗してしまったのです。神通力に優れた目蓮さんの力をもってしても餓鬼地獄に落ちてしまった母を救うことができませんでした。目蓮さんも母も嘆くばかりでした。目蓮さんは師匠のお釈迦さまに餓鬼地獄に落ちた母を救う方法を相談しました。するとお釈迦さまは一つだけ方法があると言いました。

「七月十五日に百人の僧侶を集め、食事を供養して母に祈りなさい。そうすればそなたの母を救えるかもしれない」

母を助けるために一心に祈る目蓮さんや僧侶たちの姿を見て、目蓮さんの母は悔い改めて餓鬼地獄から天へと成仏することができました。

目蓮さんの母は深い罪により道に迷ってしまいました。しかし、お釈迦さまの教えや目蓮さんのひたむきな心が届き、正しい道を見つけることができました。餓鬼地獄へ落ちてしまった罪はあっても悔いは少ないことでしょう。

過ちを知ったなら自分の教訓として改め、すぐに正しい道に戻ることができるようにしたいものです。

（中村一善）

## 古を稽《かんが》えて今に擬し　遠きを柔《やす》んじて近きを能くす（三教指帰下）

【古い時代を学んで今の状況を考え、遠方の民を安んじて近くの民を良くする】

**◉宗教ばなれ**　大師の出家誓願の書『三教指帰』に出てくる、師と仮名乞児の問答の一部です。忠孝、忠義という儒家の思想は、昔を考えて今の政治を行うこと、遠くの民に争いの心を起こさせないようにし、近くの民には君主に対して反逆の心を起こさせないようにすることが大切であると説きます。仮名乞児は次の段で、いかにも忠孝は大切ではあるが、それができない不肖者の苦しみについて切々と語ります。それは翻って、一筋縄ではいかない世の中の複雑な有様を表現したのです。そして仏道で六波羅蜜を行うことによって、直接的ではなくとも結果的に、忠・孝を実現できると考えるのです。

儒教の過度にも思える正しさを受け止めてなお、それでも解決できない問題があることに気づき、ただ慇懃に礼節をたもつことではなく、仏教の深秘で対処しようとする大師の強い決意と仏教への帰依が現れた箇所です。自らの生き方を模索し、真摯な心で他の宗教・思想と比較しながら、最終的に仏門を選んでいます。

宗教離れが著しい現代日本、そもそも宗教とは何でしょうか。本当の宗教（宗となる教え）とは通常の目に見える現象とは別な場所にあります。

人にはそれぞれ切実な願いがあります。どんな願いなら神仏は叶えてくださるのか。自分だけがよくなる望みや利己的な願いごとは聞き入れられることは原則としてありません。

密教の誓願の特徴は、願いごとが広くたくさんの人々のためになり、結果的にそこに自分の利益も含まれてくることです。大師は、広く人々に慈愛を及ぼし、不足のないようにするにはどうすればよいかを考えていました。本来の仏門とは、自分が滅びても、他の人々のことを願うものであり、その決意の瞬間に自分もまた予期せず救われていくものです。常識的なものではなく、また簡単な境地でもありません。処女作はその作者のすべてを物語るといいます。大師は『三教指帰』ではっきりとそれを目指したのです。

（佐藤妙泉）

## 宜しく汝等二三子等　熟《つらつ》ら出家の本意を顧みて　入道の源由を尋ねよ（性霊集九　高雄山寺三綱／遺誡）

【弟子たちよ、出家をした動機を思い出し、仏道入門の真意を忘れてはならない】

**◉初志貫徹のためには……**　いざ一つことを決めて、それに邁進していたとしても、なぜかいつの間にかその気持ちは薄らいで、なんとなく日々を過ごしてしまっているということは、おそらくはすべての皆さまが経験していることではないでしょうか。

人は得てして熱しやすく冷めやすい。もちろんそうではない方もいらっしゃると思います。しかし、思いを継続させ続け、そして初志を貫徹することは本当に難しいものです。

仏・法・僧という言葉があります。聖徳太子のかの有名な十七条憲法には「三宝を篤く敬え」という条文もあります。三宝とはその仏・法・僧を意味します。

なぜ、三宝の中に僧があるのかと申しますと、それはグループでの活動の大事さを意味しておりまして、人は人格をより向上させていく、または悟りを目指す過程において、多くの仲間と共に修行に取り組むことが大切であると仏陀は説いていたからです。一人だけではどうしても道を間違えやすいですし、相談もできません。道半ばで断念する可能性も高いものです。しかし支えあえる仲間がいれば、たとえそういった諦めの気持ちに陥ったとしても心強いものです。つまり、初志貫徹のためには仲間を作ることが大事だと仰っているわけです。

お大師さまは京都の高雄山（現在の神護寺）にて、三名の後任を決める際このお言葉を弟子たちに残されました。その三名を中心にして、お互いにしっかりと支えあいながら切磋琢磨していくことで、各々の初志を貫徹してほしいというお大師さまの願いだったのでしょう。

悟りへの道はとても深遠で、大変なものかもしれません。しかし、同時にその逆もまたしかりです。すべての物事には二面性があり、即身成仏という言葉を通じてお大師さまは現世での本当の幸せの獲得を説いております。人一人の力はたかが知れています。しかし、互いに支えあえば、その力・意思は何倍にもなります。初志を省み、より良き人生に向け支えあえる仲間をぜひ見つけてください。

（山本海史）

持念して世福を求め　多聞にして利養を得　もし如来を具せんと擬せば事すべからく諸相を離るべし（宗秘論）

【心よりこの世の幸福を求め、多くの教えを聞いて利益を得よう。もし如来の姿になりたければ、すべての物欲から離れよう】

**◉欲もほどほどに**　人々は物欲や食欲といった欲を持ちながら生きています。欲は無いと思っていても少なからず欲を持っているのが人間です。この欲をどのようにコントロールするかが重要なわけです。たとえ欲望のままに生きていたとしてもさらに欲を求め、欲を追求してもおそらく欲は尽きないと思います。また欲を満たすことが幸福なのかという疑問も生じてきます。

生命が生きるということは欲そのものなのかもしれません。欲は生命の根本ですから自分の欲をよく見つめ考えないといけません。例えば、欲しいと思うこと、そのものに触れること、愛着をもつこと、自分のものにするということ、こうした欲は何から発生するのか、人はそんなことを考えながら生活しているわけではありません。ただそうした欲の上に生命活動があるのです。

このような欲はそれとして実体があるものではありません。人の心の活動によって作られるものです。欲は本来的に存在するものでなく人間が作り出すものですから、欲をどうするかは自分次第ということになります。

仏教の歴史では般若波羅蜜といった智恵の実践を行うことが説かれます。ものごとを正しく見て実践していく智恵が必要なのです。欲も必要だけど、欲だけでは駄目ですね。その一線を超えるかどうかを見極める必要があるのです。

さて、これからの世の中、人間はどのような欲からどのような世界を作っていくのでしょうか。どのような欲が生まれてくるでしょうか。不安もありますが、良い方向に向かう欲なら時としては良いのかもしれません。欲もほどほどに、楽しみながら人生を送りたいものです。

（赤塚祐道）

無欲

たとい財帛《ざいはく》軫《あと》を接《まじ》え　田園頃《うね》を比ぶれども　受くること有って貯ること無し　資生を屑《もののかず》にせず（性霊集二　恵果碑）

【財宝や反物、田園のおびただしい布施を受けても、これらを蓄えたり、私財にしたりはしないこと】

◉恵果阿闍梨さまのお人柄から学ぶ　私たちが生活するのに収入を得なければなりません。収入が多ければより物にあふれた豊かな生活になると思って更に収入を得ようと貪欲になります。仏教ではこの貪欲さを断ち切り、最低限の生活の中に本当の幸せがあると考えます。最低限の生活からは失うものがありませんから、失うことへの苦しみもないということです。私たちは物が豊かにあることを感謝せず、失うことだけを恐れるから苦しみとなると考えるのです。

まず、収入や頂いたものに感謝して、失うと思う前に自分から与えることを実践すれば、与えることへの互いの喜びが幸せになるのです。お寺という所はまさしくそういったことを実践する場であります。お米がとれればまずはお寺の本尊さまにお供えするというような古き良き時代がありました。まずはお寺の本尊さまと共有するという気持ちが物質的に貧しくあっても人々の心を豊かにしていたと思うのです。現代でその風習が薄れていたとしても、お坊さんが進んで質素な生活を実践し、進んで与えることをしなければいけませんが、時には高級車に乗ったり立派な装飾品を身に付けているお坊さんを見ると、がっかりしてしまいます。世間からお坊さんがこうあってほしいと思われていることを分っていないのだなと悲しくなります。

お大師さまが師の恵果阿闍梨さまを讃える碑文に書かれた冒頭の文章は、恵果阿闍梨さまのお人柄を表すために書かれたものです。お大師さまの教えを受ける私たちには戒めにもとれるお言葉です。恵果阿闍梨さまは頂いたものを私物化せず、密教を広めたり人々が幸せになることに使われたと文章が続き、その結果、恵果阿闍梨さまを訪ねる人はみんな幸せな気持ちで帰って行ったと続くのです。つまり、私物化せず喜んでもらえるように活用すれば、みんなを幸せにでき、その幸せに囲まれた恵果阿闍梨さまも幸せであったであろうと思われるのです。お大師さまは御文章をもって、私たちへの戒めと幸せになる秘訣をお示し下さっています。

（富田向真）

許由が小子なるなお万乗を脱かる　況や沙門なんぞ三界を願わん（性霊集九　大僧都辞職）

【かの許由が天子を辞退したことは現世の些細な出来事である。出家者は現在と未来に向けた救済の願いをしっかり持とう】

◉**地位や名誉に価値はない**　天長八（八三一）年の五月、お大師さまは悪瘡（できもの）が生じて体調がすぐれず、死をも覚悟なさっていたようです。そこで朝廷に対して、大僧都の職を辞することを願う書状を提出しておられます。「許由が小子なる……」の文言は、その書状の中の言葉です。

文言のはじめに出る許由は、清廉潔白な人格者として知られた、古代中国（三皇五帝時代）の人物の名前です。彼は徹底して官職につくことを嫌い、堯《ぎょう》という皇帝が彼に帝位を譲ろうとした時もそれを断り、「汚らわしい話を聞いた」といって、潁水《えいすい》という川で耳を洗い、山の中に隠れてしまったそうです。

お大師さまは、許由の故事を持ち出して、許由は小国の皇帝になることさえはばかったのに、ましてや、「三界」と呼ばれるもっと大きな世界を相手にし、そこに住むすべての生きとし生ける者たちの幸福を実現しようとしている出家者（僧侶）にとって、官職など取るに足りないものだ、と言い放っておられます。

ちなみに、この文言のあとには、「永く所職を解いて、常に無累に遊ばん」という言葉が続きます。すなわち、役職から解放されて、自由な身になって、修行と人々の救済に専念したい、というのです。謙遜する意図もあったと思いますが、これが、お大師さまの本音だったのではないでしょうか。

われわれは、人の価値を肩書によって判断しがちです。また、地位や名誉を得た人は、自分が偉くなったように思いこんで、ついつい偉そうに振る舞ってしまうものです。さらに滑稽にも、地位や名誉ばかりに執着し、それらを得ようとして、不必要な努力ばかり続けている人もあります。

実力や人徳のない人に限って、地位や名誉を欲しがるものですが、本当に偉い人は、地位や名誉になどこだわらないのです。また、真に自分がやりたいことに懸命に取り組んでいる人は、地位や名誉に関係なく、輝いて見えるものです。

（川崎一洸）

## 菩薩は自性によって住して妄想《もうぞう》を降伏する（一切経開題）

【菩薩はものごとの本質を知っているから妄想を制圧することができる】

**◉正しい判断力で**　自性とは「先天的に備わっている」という意味です。密教ではよく「自性清浄心」といい、私たちの心は、本来清らかで澄みきったものであると考えるのです。菩薩というと観音さまやお地蔵さまのような仏様のことでありますが、広くは悟りを求める仏教徒を全て菩薩と呼ぶのです。

私たちは既に菩薩の「自性清浄心」を有しておりますが、その綺麗な宝石のように澄んだ清浄心は普段の生活の中では見えていないことが多いのです。それは生きていくために必要な欲望、また妄想に取り囲まれていて常には確認できていないのです。清浄心が無いのではなく、見えていないだけなのです。綺麗な宝石を包むガレキを剥離して、磨き磨いて磨きぬいた奥底に宝石が発見されるように、心の中に渦巻く欲望や煩悩、悩みとか苦しみを取り払えば、「なんだ、私の心の中には、既に何ものにも汚されず揺るぎない堅固な心があるじゃないか」と気付くことが出来るのです。

このような心を研磨する作業こそ仏道修行であり、その修行法とは、先ずは自身の罪業を懺悔して、自分の個人的な欲望を満たすだけのような小さな願いでなく、世界全体が満たされるための大きな願望をもって祈ることなのです。

私が法事の席で「仏道修行の第一は懺悔することだ」と申しますと、「俺は今まで懺悔しなければならないような事をしたことがないから修行しなくていい」と返事された方がおられました。これは懺悔する必要のない善人であるのではなく、自分が生きていくために知らず知らずのうちに犯してきた罪に気付いていないのです。自分が犯した罪を認めて至心に懺悔できる人こそ勇気ある菩薩であり、心を磨くことができるのです。「自分は罪を犯したことがない」というのは妄想です。

妄想とか欲望の世界に溺れるのは楽しいことかもしれません。欲望が無ければ生きていけないのも事実です。悩み苦しみ欲望を満たすことも人生の醍醐味でありますが、それは真実の安楽ではないのです。私たちが生まれもって有している清浄心にまとわりつく欲望に打ち勝つ勇猛心によってこれを降伏してこそ、正しい判断力を身に付けることが出来るのです。

（大瀧清延）

慧刀揮斫《きしやく》して全《まつた》き牛なし　智火纔《わずか》に放って灰留まらず（性霊集一　山中に何の楽）

【智慧の刀は、料理人が牛を完全に解体するように煩悩を断ち切る。智慧の火は、少し灯すだけで煩悩の灰さえ残さずに清らかにする】

**◉鯨の光**　私が小学生だった頃、大好きだった給食のメニュー。揚げパン、カレー、鯨の竜田揚げ。うちの子供たちに聞きますと、揚げパン、カレーは時代を越えて健在ですが、鯨の竜田揚げは姿を消しました。

理由はご存じの通り、商業捕鯨が禁止されたからで、近年、捕鯨は欧米を中心に野蛮、環境破壊であるとして、激しい批判にさらされています。鯨の数が減少していることは事実ですし、時代の流れから、捕鯨禁止、鯨が給食から消えたことも寂しくはありますが、やむをえないことかもしれません。

日本史の大転換となった出来事のひとつに、ペリーの黒船来航がありますが、ペリー来航の目的のひとつは、当時、太平洋で盛んに行われていた米国船による捕鯨のために、物資補給の寄港地を確保することでした。産業革命後、アメリカは大量の油を必要とするようになりますが、石油が一般的になるまで、それはもっぱら鯨油に頼られており、大量の鯨の捕獲が必要でした。しかし必要とされたのはあくまで鯨から採れる油。その他の部分は捨てられる運命で、アメリカには鯨の竜田揚げは存在しなかったようです。一方、日本では、油はもとより肉、骨、皮、果ては髭をカラクリ人形のゼンマイ部分にというように、一頭まるごと余すことなく利用されていたようです。

仏様は私達に智慧を与えてくださいます。これは単なる技術革新の手段としてではなく「よく考えて、上手く使いなさいよ」と、与えてくださいます。

産業革命の外にあった、日本の寒村で、古典的な手段で行われていた捕鯨。アメリカ式の近代捕鯨のように多くは望めず、油の大量生産もならなかったでしょう。わずかに採れた鯨油で細々と灯された光は、決して明るくはなかったはずです。しかし、当時の日本人は鯨の生命をいただくことで得た明るさに感謝し、必要以上を望まない、謙虚な日常を送っていたはずです。

暗闇を照らすほのかな鯨油の光。懐かしい給食の鯨の竜田揚げの味。それらは仏様の智慧の火であったのだと思います。

（稙月隆彦）

# 第三章
# 心の表白

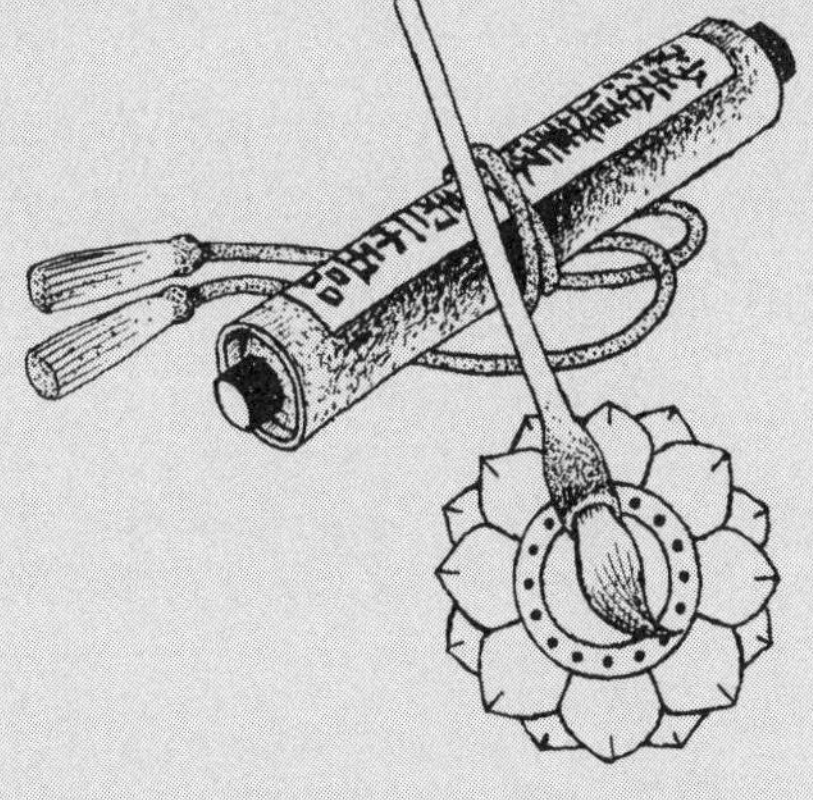

貧道幼にして表舅《ひょうきゅう》に就いて頗《すこぶ》る藻麗《そうれい》を学びき　長じて西秦《せいしん》に入ってほぼ余論を聴く　然りと雖も志は禅黙に篤くしてこの事を屑《こまか》くせず　ここに一多の後生あり　閑寂を文囿《ぶんゆう》に扣《たた》き　詞花を詩圃《しほ》に撞《と》る　音響黙し難くして巻を函杖《かんじょう》に披《ひら》く（文鏡秘府論序）

【私（空海）は、幼少から叔父の阿刀大足公から文章を学び、長安にて文章論に接したが、瞑想に専念するために創作を避けていた。ここに幾多の若人から、深淵な心境を文章に述べたり、華麗な作詩法を学びたいと求めてきたので、それに応えてみる】

**◉世界調和**　この名言は嵯峨天皇にこの文筆論を上奏するに至った理由について書かれたものです。文芸について上奏できるほど、天皇はお大師さまの心に響く文章に全幅の信頼を置かれていたのでしょう。お大師さまが遣唐使団一員として入唐したおり、なかなか許可の下りない入唐が、お大師さまの書一つで許可されました。不協和音のない文章が中国の役人の心を動かしたのです。

「文鏡秘府論」では詞などの文章を創るときの決まりごとや韻の踏み方などを解説指

摘されています。とりわけ文章内の「音」について驚くほど細かく指摘されています。ではなぜ瞑想に専念されていたお大師さまが、あえてここまで熱く韻や四声など「音」について論じられたのでしょう。それはあえてではなく、必然なのです。

その理由は同じく序文の中にあります。仏はことばで人々をさとりの世界へ導くと説いておられます。確かに説法、読経など仏教はことばの音で成り立っています。真言宗の瞑想法である阿字観の導入部にあたる阿息観は、大日如来をあらわす梵字「ア」の音と一体となってこの身このままで仏であるという「即身成仏」を体観する瞑想法で、まさしく音によるさとりの一例です。また声律の調えについても指摘されていますが、それはそのまま僧侶が経に節をつけてお唱えする声明に通じます。

宗教とことばの関係は仏教に限ったことではなく、キリスト教でもヨハネによる福音書に「まず言葉ありき」、すべてはことばから生まれたとあります。世界は音の響きによって生まれ、その力に救われているのです。音の調和は文章の調和のみならず、こころの調和をも生み出し、さとりの一助となるのです。

（中村光教）

諸家の格式《きやくしき》等を閲《み》て　彼の同異を勘《かんが》うるに　巻軸多しと雖も要枢《ようしゆ》はすなわち少し　名異なるに義同じく繁穢《はんあい》もっとも甚だし　余が癖《くせ》　療え難くして即ち刀筆《とうひつ》を事とす　その重複を削ってその単号を存す　総じて十五種の類あり（文鏡秘府論序）

【諸氏の理論を考え、その違いを検討してみると、参考書は多いけれども要点は少ない。表現が違っているだけで内容はほぼ同じ。しかも雑然としている。癖はなおりにくく、加筆したり、重複を削ったりして、それぞれの趣旨をまとめ、声譜、調声、八種韻など十五種に分類した】

**◉検証と発見**　株式会社インフォバーン取締役京都支社長 井登友一さんの書かれたインプレスビジネスメディアというＷｅｂサイトの記事によると、あらゆる職業や団体や組織においての消費者や利用者・参加者の意識調査方法として「定量調査」と「定性調査」という方法があるそうです。

「定量調査」とは、明確な〝数値や量〟で表される「定量情報」で集計・分析する調査方法です。代表的な定量調査は、「アンケート」です。世の中で用いられている調査でもっとも広く使われている方法でしょう。利点は現時点で「何を選ぶか?」「何を選ばないか?」を収集・集計することによって明快な「数値情報」を可視化でき、一つのこと知る、つまり「検証」することが得られます。

「定性調査」は、個人の発言や行動等、数量や割合を表しづらいモノの意味を調査し、少ない情報から担当者の解釈で、新しい理解やヒントにつながる「質的情報」を主に得るためのものです。対象者の考え方・経緯や理由等の数値にできない価値観・情緒的な心理構造を知る為の方法で、この調査では少数の情報を詳しく検証して「発見」に繋げるということです。「検証」と「発見」を通して、物事の真理を見極め、更なる「理解」を得られるということであるのです。

この二つの調査方法を参考にしてみるならば、古来からの多くの教えを「検証」して、その中から今の自身に必要な教えを「発見」することができると思います。まずは多くの先人や偉人の教え・教訓・言葉に触れて、その意味などを味わってみることから始めてみてはいかがでしょうか。

(成松昇紀)

思いもし来らずんば即ちすべからく情を放《ほしいまま》にす　却《かえ》ってこれを寛《ゆるや》かにして境を生ぜしめよ　然して後に境を以てこれを照らすときはすなわち来たれ　来たれば即ち文を作れ　もしそれ境思来らざるときは作る可からずなり（文鏡秘府論南／文筆眼心抄）

【文章の言葉が浮かばなければ、心をゆったりとさせて感興を待つ。しかる後、対象に注目して文章を作る。もし気分が乗らなければ書くことを止めよ】

**◉戦地からの一枚のハガキより**　先日、北海道旭川市の森武夫さんから、「七十年前に戦死した兄からのハガキを読んでもらえますか？」という相談を受けました。私は二つ返事で引き受け、手渡されたハガキを手に取りました。全体にシミと黄ばみがあり、朱色の軍検閲印が押され、達筆なくずし字で書かれた絵ハガキでした。私はハガキを一旦お借りしゆっくり読ませていただきました。

先ず、そこには「森政春様」と宛名され、差し出し人は「沖縄県那覇郵便局気付山三四八〇部隊土門隊　森弘」と書かれおり、二段目に文章が認められていました。「拝啓　暫くの御無音に打過ぎ、誠に申し訳有りません。其后母さん始めお前達にも元気との由、自分も喜んで居ます。自分も相変わらず元気にて軍務に邁進して居ります。故に無事ながらご安心ください。（中略）では皆元気にて新春を仰がれん事を祈ります。元気にてお暮らし下さい」（消印は不明ですが、昭和十九年暮れ発信）

弘さんはこのハガキの半年後、昭和二十年六月二十三日に沖縄県真壁にて二十三歳という若さで戦死されました。この文章はまさに激戦地となった沖縄での奮闘で亡くなられた弘さんが、故郷の北海道の両親・姉弟家族への今生最期の音信だったのです。私は何度も読み返しながら、たった数行の中から、不安や寂しさを微塵もみせず、安心と気遣い、そして家族の清福をひたすら祈り、与えられた戦地での任務を遂行している様子を想像し目頭が熱くなるのを覚えました。後日、関連資料を含め十枚ほどになった手紙の資料を依頼者武夫さんにお渡しすると、涙を浮かべて喜んでくださいました。

このたび、有り難くも心のこもったお手紙に出会うことができました。あらためて故人を偲び、ご遺族とご宝号をお唱えし、ご冥福をお祈りいたしました。（阿部真秀）

山林日月風景を真として以てこれを歌詠す　猶し水中に日月を見るが如し　文章は是れ影なり　物色は是れ本なり　これを照らしてすべからく了《あき》らかにその象を見るべきなり（文鏡秘府論南／文筆眼心抄）

【山林や日月、風景を正しく観察して描写をすることである。しかし、水中の月を見るようなことであってはならない。文章は水面の映像であり、風景は実像である。このことを念頭にいれて、実像をしっかりと見るべきである】

**◉帰依するということ**　牛乳という飲み物を私はそのまま飲みますが、温めると表面に薄い膜ができ、牛乳よりもこの薄い膜だけを好まれる方がいます。膜は牛乳の栄養素ですが、牛乳そのものも一緒に飲むことが重要であると思います。牛乳を飲むということは、仏教に帰依するということに例えます。仏教に帰依しない方が、高野山や真言密教に興味関心を持ち、山林で風が吹き、太陽や月の光が自然や私たちを照らすことを加持と言い、壇上伽藍や曼荼羅を宇宙と言い、大日如来と私たちの菩提心を一体にして即身成仏と言うことは、正しく観察した描写であると思いません。用語は牛乳の膜だけで水面の映像です。私は水中の月を見るようなことであってはならないと、常に自分に言い聞かせています。

牛乳は発酵してヨーグルトになり、バター、チーズを精製します。牛乳がこのような酪、蘇、醍醐という長時間かけて熟成する秘薬を精製することに同じく、仏教もより濃くなり、大乗仏教、密教となり、その教えの深さの最高を醍醐と例えます。文章の仏教は水面の映像であり、お大師さまの真言密教の教えは醍醐の風景の描写です。醍醐は実像であり、牛乳を飲まずに膜だけで見ることはできません。風景を正しく観察して描写をすることに、帰依するということなく、加持や成仏はありません。

お大師さまの即身成仏の教えは醍醐の中の醍醐です。阿耨多羅三藐三菩提心を発した真言行者が真言密教の修行にしたがい三密加持して大日の光を見るのです。用語だけを個人の自由な思い込みで移しても映像であり、帰依して、修行して、成仏することが風景です。牛乳の膜だけで描写することはできません。私はこのことを念頭にいれて、実像をしっかりと見るべきであると、常に自分に言い聞かせています。

（細川敬真）

文芸

九夏《きゅうか》奏して陰陽和し　六楽陳《りくらくつらな》って天地順なり　人理を和し神明に通じ　風移り俗易《かわ》って　鳥翔《か》けり獣《けもの》舞う　雅詩雅楽に非ずよりは誰か能くこの感通を致さんや（文鏡秘府論西）

【様々な音楽が陰陽を奏でて、六代の音楽が天地の秩序を定めた。人の道や神の心に通じ、風俗が整い、鳥獣が踊るような描写は、詩や音楽のほかの手段で感動させるものがあろうか】

**◉冥界答弁！　岡倉天心編**　ワンマン経営で知られる日刊紙『黄泉売新聞』のインタビューコーナー「冥界答弁！」。今回は日本美術史に残るあの傑物に話を聞きます。

記者「弘法大師の『文鏡秘府論』は、中国の文献を引用して詩文のセオリーや書き方を述べた著作です。東洋美術が専門の岡倉さんはこれをどのように読みましたか」

岡倉天心「序文は一種の文章経国論だな。つまり文章こそ国家の要諦だと空海さんは言ってるんだよ。公文書をすぐシュレッダーにかけるどこぞの政治家とは違うな」

記者「国家論と美術論を結びつけた岡倉さんの思想とも共通点を感じますか」

岡倉「自然の描写から詩や音楽、つまり芸術が生まれたという空海さんの指摘はまさに慧眼。国家も自然の摂理に反してしまったら成り立たない。本質的に同根だろう」
記者「ええ。でも普通は芸術の振興より国益が優先されるでしょうね」
岡倉「私は全国を回って、明治維新の神仏分離や廃仏毀釈の影響で仏像が無残に破壊された姿をたくさん目撃したよ。『仏陀を殺し、達磨を殺し』と言うが、別の意味で明治政府はそれをやった。後はひたすら西洋化一辺倒だ。日本美術を重視する私も追放された。でも西洋近代文明は必ずしも万能じゃない。二項対立的な西洋の発想は早晩行き詰まる。東洋の不二一元論的世界観が必ず求められる時が来ると思った。西洋の近代を東洋の愛が包み込むべきなんだ。東洋の美こそが世界を救うんだよ」
記者「ですが当時の日本はさらに西洋化を進め、戦争へと突き進んでいきます」
岡倉「西洋人は初め日本を野蛮国とみなしていたのに、日本が戦争で勝ち始めると文明国と呼ぶようになった。私は、そんなことで文明国に仲間入りするぐらいなら野蛮人でいい、我々の美に敬意が払われるようになるまで茶でも飲みながら待つと言ったんだ。で、ほら、いまだに飲んでるよ」

（この文章はフィクションです）

（坂田光永）

## 文芸

凡《およ》そ高手の作勢は一句ごとに別に意を起す　その次は両句に意を起す　意は湧煙《ようえん》の地より天に昇りて後に漸漸に高く高くして階《はしだて》て上《のぼ》るべからざるが如し　凡そ下手は　下句は上句よりも弱し　向背《こうはい》を看ず　意宗《いそう》を立てず皆堪えざるなり（文鏡秘府論南／文筆眼心抄）

【一流の文筆家は一句ごとに趣旨を入れる。二流の作家は二句にわたって趣旨を入れる。趣旨はあたかも雲が大地より天に昇って、さらに高く高く上昇し、階段でも登れないほどに絶頂に達する。ところが下手な人は、下句は上句よりも趣旨が弱く、前後の文脈も、趣旨も、何もかもが力不足である】

**◉優れた文芸は私たちの心を高揚させ、その「先」に……**　文芸は、時にこの世での表現の枠を超え、思い通りにならぬこの世と向き合い続けた人に、私たちが真に救われる道筋、世界を示してくれるのかもしれません。私たちの人生でも、大変な出来事が続いた後に、心を満たす「絶頂」があれば、どんなに救われる事でしょう。

私が感銘を受けた、徳島県出身の歌手、米津《よねづ》玄師《けんし》さんの楽曲の歌詞を紹介します。

胸に残り離れない　苦《にが》いレモンの匂い
雨が降り止むまでは帰れない
切り分けた果実の片方の様に
今でもあなたは私の光　（「Ｌｅｍｏｎ」より）

この歌は亡き御祖父様への想いが歌詞に込められています。

「レモン」は果実に強い酸味があり、食べると苦《にが》みが強く残る事を御祖父様の死を受けての苦《くる》しみと重ねられ、また「レモン」を切ったその断面、鮮やかな黄色と車輪状に入った筋を神や仏の背中から指す光背《こうはい》と捉えられ、神仏が目の前に現れなくとも絶対的な希望である様に、私にとって貴方は光なのです――。

私はこの詩を通じて、最初解釈が解《わ》からず、浅はかな自分に嫌気がさす程でした。しかし同時に、人の心の世界は深いもので、簡単に推し量る事は出来ないし、妄《みだり》にしてはならないけれども、正しく理解しようとする事は、他人を理解する事にも通じ、皆それぞれ出来る詞《ことば》、境地があり、そして「死」との向き合い方もあり、達すれば以前と世界が違って観《み》えてきて、時代が移り変わっても人間同士が、互いに心の深層を尊重し、理解しあえる事があれば素晴らしいなと感じました。

（村上慧照）

情に溺れて語を廃するときはすなわち語朴にして情暗し　語を事として情を軽するときはすなわち情闕《か》けて語淡し　巧拙清濁以て賢人の志を見ることあり（文鏡秘府論南／文筆眼心抄）

【心情に溺れて語句をおろそかにすれば表現が粗野になって描写が弱くなる。その反対に、言葉にこだわって心がこもらなければ心情が伝わらない。巧拙や清濁の変化を取り入れてこそ、名手の腕前といえる】

**◉K点越え**　これは私が、とある塾で講師をさせて頂いていたある夏の頃のことでした。高校三年生の鈴木さん（仮名）とそのお姉さんの二人で塾に来られました。実はこの二人は、中学校時代に地元のこの塾に通っていた元生徒でした。

なぜ訪ねてきたのかを聞くと、鈴木さんが志望している大学よりも一段階上位のK大学に行ける可能性があり、その入試に小論文があるので指導をしてもらいたいという事でした。私としては、試験本番まで実質二か月を切っている状況で合格できるのかという不安はありました。ただ、鈴木さんの模擬試験成績と学校の成績を見れば不可能ではありません。とはいえ、小論文はお題との相性や自身の知識量が大きくかかわる試験科目です。得意分野のお題であればスラスラ書けますが、不得意分野であれば全く書く事が出来ずに絶望的な結果になる可能性があります。そこで私は、短期決戦という事で、鈴木さんが不得意分野の小論文問題を中心に可能な限り数をこなし、不得意克服中心の入試対策にしました。そして鈴木さんは、来る日も来る日も制限時間内に当意即妙に自己の考えや意見を書く鍛錬を繰り返しました。指導で注意した点は、本人の思考のパターン、論点の展開方法、矛盾の検証、文章の表現の傾向の分析。そして本人が持つ文章作成におけるよい習癖を殺さないことでした。これと同時進行で、表現や言葉遣いで文字数の調整はどうするかなどの方法論も日々の小論文を通して学んでもらいました。こうした鍛錬と研鑽によって短期間で格段に向上した鈴木さんは、無事にK大学に合格しました。

このように黙々と真面目に向き合い、好き嫌いや得手不得手を超えて自己の研鑽と能力の練磨に努めると必ず結果がついてくるのです。周りからもたらされる他動的な要因だけではありません。他ならない一番近くにあり制御できないときもある自身の心ひとつで、結果という大局が変わるのです。

（渡邉智修）

## 巻に面して紙を舒《の》ぶれば柳下歎《りゅうか》を興し　文に臨んで句を味えば桑門営動す

（聾瞽指帰）

【張文成の書物は、賢者の柳下恵も嘆息し、僧侶も心を動揺させるほどの美文の艶本である】

### ◉写真は真実を写す物か？

今、この原稿を書いている時、世界は新型コロナウイルスで大騒ぎをしています。日本でも感染拡大を防止するため全国の学校が休校になり、プロ野球や大相撲は無観客試合を行い、アーティストのライブや各種イベントも中止になりました。そんな混乱の中で、あるデマの情報が流れスーパーやドラッグストアのトイレットペーパーが品薄になり商品の棚から無くなってしまいました。実際、私も買い物に行ったらお店の一角の棚がスッカラカンでそこにはトイレットペーパーの値札しかありませんでした。

さて、このお大師さまのお言葉に戻ります。このお言葉をそのまま文章の通りに理解しますと「張文成という方の書物は賢者さえも感心し、僧侶の心も揺さぶる、それはそれは素晴らしい書物です」と張文成の書物を評価しているように聞こえますが、実際に聾瞽指帰に書かれてあるこのお言葉の前後の文章を読みますと、「但恨むらくは濫に淫事を縦にして曾て雅詞無し」「未だ後誡の準的とするに足らず」。現代語訳しますと「張文成の物語は非常に美しい文脈で書かれてあるが、官能的すぎて内容は後の世に残す物としてはふさわしくない」と批判されているのです。

遣唐使が唐から日本へと持ち帰る書物として当時は張文成の本は人気があったようで、後の世に残すにはふさわしくないというお大師さまのお気持ちとは裏腹に今でも張文成の『遊仙屈』は現代語訳にされており私たちも読むことが出来ます。

私たちはふと他人から言われた事を本当かどうか確かめもせずに、すぐに鵜呑みにしてしまう事があります。真実を写す写真も現代では好きなように加工できますし、都合の良いように切り取ることも出来ます。現代を生きる私たちだからこそ、本物を見抜ける、真実を見つめる眼を持ちたいですね。

（加古啓真）

## 人の憤《いきどお》りを写す　何ぞ志を言わざらん（三教指帰上）

【人生の憤慨を著述するにあたり、どうして私の心の内を吐露せずにおられようか】

**◉伝えたい思いを**　この聖語は「三教指帰」の序文にある言葉です。人が文章を書くには必ず意図があります。お大師様は、これから進む道に対して、私は私なりに心に思うことを書かずにいられないと、感情の動きを伝えようとしています。

私達は、他人に自身の思いを伝えるのには、なぜそのような心情になったのかという心の動きを述べる必要があります。その思いを通してこれからどうするのかを伝えて、理解をしてもらえるように努力をします。

文字や言葉の表現は人それぞれで、見る人によって様々な角度から色々なものを感じ取ることができます。自分の思いをぶつけて書かれた文章には様々な表現方法が見うけられます。先人が遺した書物に目を通すとその表現に心が奪われます。その言葉の意味、筆者の考え方を知ることで興味が湧き、人生の目標や心の支えになるものと思います。言葉によって人は教導されるものです。また自分の思いを伝えるのに、それまでに到る動機や経験から培った考え方がいかされます。

お大師様は、「三教指帰」の著書の中で、出家を宣言しています。ご自分は学問に励み研鑽しましたが、世間の教説に満足できず、次第に仏教に惹かれて大学を中退し仏門へと志したのです。三つの教えを比較し、否定せずそれぞれの価値を認め、儒教より道教、道教よりも仏教が最上であると説きます。そして、この仏教のお教えをもって人々を導き、迷いの世界から救いたいという思いが見えてきます。

誰でも個人の思いを文字で表現すると、それぞれの個性が出ます。自分の心をそのまま表現出来るのが理想であります。心の中に先を見すえた思いというものがあります。会話をする時でも自身の体験や物事に対する姿勢や期待を話すと、より真意が伝わり易いと聞いたことがあります。

ただ理想へと考えを廻らすだけでなく、自分の人生の指標となる考えを文章にしたり、会話をしたりして伝えることは大切なことであると思います。

（天谷含光）

## 物に体して情《こころ》に縁《めぐ》らすは先賢の論ずる所（三教指帰上）

【物事に対して心をめぐらすことは、昔より賢者たちが文章にしていることである】

**◉今日まで、そして明日から**　人は歳をとればとるほど様々な物、例えば人や音楽や宗教や杖などに支えられ助けられ生きてきていることに気づいてきます。もちろん逆に傷つけられ、裏切られ、虐げられ、辛い思いをして死にたくなる時もあったでしょう。実際に私は、「このまま明日が来なければ。このまま死んでしまった方が楽なのでは」と考えたことがあります。

私の師匠はよく法話をするときに、「人生とは重き荷を背負って遠き道を行くが如し」と言う徳川家康の遺訓をお話しされるのですが、まさにその通りです。でも今、私はこの『空海散歩』の本を手に取り、この文章に出会っていると言うことは、辛いことや悲しいことがあっても、誰かに助けられ、支えられて生きて来たと言うことの証明だと思っています。

人は傲慢であるがゆえに、あって当然、してもらって当然と思いがちですが、あなたの側にあるものは全て「あって当たり前」では無いのです。

この地球全体に満たされている酸素が突然無くなったらどうしますか？　酸素無しでは生物は生きられません。だとしたら、当然としてそこにある空気、呼吸という当然の行為を行えることに感謝しなければなりません。

例えば道端の石ころ。その石ころが無ければあなたはこの世にいなかったかもしれません。逆に言えば、あなたが存在するお陰でその石ころはそこに存在することが出来るのです。

ルパン三世がいるから銭形警部がいる。また銭形警部がいるからルパン三世は成り立つ。

この世の全ての物や生物は、お互いに作用しあってそこに存在していると言うことです。自分は他人の為に、他人は自分の為に。他の物や人を大切にすることによって自ずと自分を大切にすることに繋がっているのです。

（松本堯円）

アイウエオ　カキクケコ　サシスセソ　タチツテト　ナニヌネノ　ハヒフヘホ　マミムメモ　ヤイユエヨ　ラリルレロ　ワヰウヱヲ（五十音図）

【あいうえお　かきくけこ　さしすせそ　たちつてと　なにぬねの　はひふへほ　まみむめも　やいゆえよ　らりるれろ　わゐうゑを】

**◉五十音のルーツ**　五十音図のルーツがインドのサンスクリット語にあるという事をどのくらいの日本人が知っているでしょうか。五十音の配列はサンスクリットの伝統的な音韻表の配列に大きな影響を受けています。五十音図は母音の並べ方も、子音の並べ方も、ほとんどがサンスクリットの音図の順番通りなのです。小学校に入学するとまず習うのが五十音の読み書きですが、そのルーツについては学校ではほとんど教えてくれません。

仏教の生まれた国、インドでは経典はもともとサンスクリット語やパーリ語で書かれていました。中国でそれが漢訳され、日本には漢訳の経典が輸入されましたが、漢訳経典においても一部の言葉や陀羅尼、真言の部分については漢訳されず、そのまま音写されました。

例えば、『般若波羅蜜多心経』という般若心経のタイトルの部分だけでも、Prajñā（般若）-pāramitā（波羅蜜多）という部分は音写された部分、「心」の部分はhṛdayaという言葉が漢訳されたもの、「経」については原典には存在しない字句なのだそうです。

サンスクリットは「正しく構成された」という意味を持つ、紀元前千五百年頃まで歴史をさかのぼることができる古い言語です。古くから聖なる言葉として、その響きは宇宙のなりたちや働きに対応するものと考えられていました。インドではヴェーダをはじめとする数多くの聖典や大乗仏教の経典がサンスクリットによって綴られ、今でもヒンドゥー教の礼拝言語として使われています。

サンスクリットを語源とする日本の言葉は、仏教用語にルーツをもつものが多いようです。三昧、旦那、お盆、奈落、ダルマ、阿修羅などの言葉は全てサンスクリットが語源となっています。私たちの身近にある日本語が、遠くインドにそのルーツを持つと思うと不思議な気持ちになります。

（小西涼瑜）

天　吾が師に仮して伎術多からしむ　中について草聖最も狂逸せり　不可得にして再び見難し（性霊集序　真済）

【天はわが空海大師に託して多くの技芸を与えた。特に草書はひときわ優れ、即興の能書は二度と見ることができない】

**◉お大師さまは万能の天才**　お大師さまは真言宗を開かれましたが、それだけではなく、日本文化の親として多くの文化事業をしてこられました。その当時、日本で使われていた文字は漢字ばかりでした。しかし漢字ばかりというのは、書くことも、読むことも大変です。そこでこれでは文化の発展に支障があると、漢字を略してひらかなをつくられました。これによって日本人はどれだけ助けられたかわかりません。

また、日本で誰もが行ける庶民の学校「綜芸種智院」をひらかれたのもお大師さまですし、日本最初の辞書をつくられたのもお大師さまです。

産業の発展につくされた功績も大きく、日本で一番大きいかんがい用の溜め池がある満濃池を修築され、またお大師さまが直接手をつけられたものではありませんが、大和の益田池はお大師さまの指揮下でできたものです。

病人のためには「だらにすけ」という妙薬をつくられ、修善寺という温泉をはじめ、各地の温泉を開発して療養の道を示されました。そのほか中国において、日本にない衣食住のすべてを学び、筆のつくり方、墨のつくり方、石炭、石油のもえることまで学んで帰られました。

芸術面での名声も高く、今でも三筆の大家としてたたえられています。三筆とは嵯峨天皇・橘逸勢・お大師さまをさし、この中でもお大師さまが最も有名です。お大師さまは生まれながらに書道の才をもっておられ二十四歳の時に書かれた『三教指帰』は国宝に指定されており、中国に渡られてからは彼の地の大家の書法を学ばれ、恵果和尚の碑文を書かれ、皇帝より五筆和尚の称号を賜り、帰朝してからは嵯峨天皇と親交を結ばれ度々揮毫を頼まれています。

これだけの大家ですから、人々はお大師さまの書かれた文字を一字でも得たいと争うように求めつづけ、うかうかするとすぐになくなってしまう状態でした。弟子真済はこれを憂い、お大師さまの詩文を集め『性霊集』十巻としています。

（小塩祐光）

煙霞《えんか》に臥して独り嘯《うそぶ》き　意に任せて賦詠す　或は天問に對《こた》えて以て獻納し手に髄《したが》って章を成す（性霊集序　真済）

【空海大師は、渓谷にたなびく霞に臥して心のままに独り呟けば、それが立派な詩歌となる。また、天皇に献納する品に添えて綴られる文章も、即刻に書いてしまわれる】

◉**自己ちゅう人間から他幸ちゅう人間へ**　言葉の天才弘法大師様のお言葉は、我々を始め真言密教に帰依するものにとっては宝物であります。菩薩の世界におられる空海さまの天分、修行、世直しの実践が、天から降りてくるつぶやきと調和して、庶民をはじめ世のミカド様の心をも癒してしまわれます。

動物と違って群れでしか生きることが出来ない人間にとっては、言葉は命の必需品であります。言葉は人と人とをつなぎ、人を発奮させ、人間社会の進歩発展に大きく貢献してきています。また言葉は言魂とも言われ、そのエネルギーは計り知れないものであり、たった一言で人間も七変化させてしまいます。

私の造語である「他幸ちゅう」という言葉に今熱く燃えています。「自己ちゅう」の反対語です。「他幸ちゅう」で人間関係の苦難からも解放されます。

弊寺の寺子屋塾等で多くの若者に向けて叫んでいます。この「他幸ちゅう」が世に広まり流行語大賞になればすべてが変わり日本も変わる、と大風呂敷です。

今日、逆に自己ちゅう人間が増え、離婚や家庭崩壊が激増しており、この人間にとって最も大切な慈悲の心が育ちづらくなっています。特に子供達は愛情欠乏症に陥り、人間嫌いで問題児になりやすいです。大人にとっても大問題であり、憩いの場となる暖かい家庭〔暖家〕づくりが最重要です。

私の創作言葉「人間繁盛」「他幸ちゅう」「暖家」を全国に広める事が私の使命と考え、熱き同志と共に「人間繁盛くらぶ」を立ち上げました。

最後になりますが　近藤堯寛住職さまが人生をかけて取り組んでおられる『空海名言事典』と『空海散歩』の膨大なる編纂には頭が下がります。

天分を鍛え天脈と通じられた空海さまの輝ける二千余の言葉はまるで宝石箱のようで、我々に道を示し、仏道を教え、安らぎを与えてくださいます。我々人類の貴重な財産でもあります。令和五年の大完結心待ちに致しております。

（井本全海）

## 侍坐して集記するに略《ほぼ》〃五百以来の紙を得たり（性霊集序　真済）

【空海大師の側に坐り、師の文章を集めて記録した紙がおよそ五百枚になった】

**◉短文でも心は満たされる**　空海さまのお弟子真済僧正が、空海さまが書き残されたものを遍照発揮性霊集として纏められたのは、一言一句無駄にしてはならない、後世に伝えなければならない尊いお言葉であったからです。それらは公に記述されたものの他、述懐のことば、自然の中でふと心に映ったものなど、紙片に書き留めて文箱に入れておられたものなどで、そのまま捨てられるかもしれないと、空海さまの側にお仕えしている真済僧正だからこそ察知できて、改めて別紙に写し取ることができたのです。それがすでに五百枚にもなったというのです。

空海さまの側面を親しく感じさせられる記述は、「高野雑筆集」「拾遺雑集」などに多くみられます。一つを紹介しましょう。

「我　鏡中を見れば　吾　また鏡に在り　吾　我に非ず　是れ何れか真」と、私が鏡をみる、鏡の中に私がいる、鏡の中の私は　鏡を見ている私ではない、どちらの私が、真の私なのだろう、という意味です。感じられたことをその場でついメモされたことばですが、その時捨てられなくてよかったですね。空海さまは、言葉、文字を選んでお使いになります。「我」は、人に対して自分を著す場合、「吾」は、自分そのものを指す場合に使い分けます。鏡の中の自分は、様々に姿をかえても表情をかえても、本当の自分は、そのまま真実の自分でしかないということです。化粧しても剝がせば同じということでしょうか。

記述して残してよかった、後の役に立つということは沢山あります。行政の一方的手法によって生涯を苦しみながら農業と短歌に生きた近所の老婆のお話です。ダム建設で村人の意見は対立し、一方で着々進められる行政への憤りと不安、家族などの行く末の心配、これらが自然と日記のように綴られてきました。ずっと農業と主婦と体も心も休まる暇もない毎日を綴って残していました。地方紙にも投稿され、これがきっかけで歌集発刊となり、住まいしていた地名「土生《はぶ》」から「土生草」と名付けてあげました。歌集を残してくれてありがとう。その中から一首。

三十七年　堪えしは何ぞ　いま老いて　同志も吾もいかに生きなむ

（野條泰圓）

文芸

金玉の谿石《けいせき》の糅《まじわ》らんことを憂え　蘭桂の秋の艾《よもぎ》に圧《おそわ》ることを歎く（性霊集序真済）

【黄金の文章が石ころの雑文に交わったり、芳しい華の詩歌が蓬に間違えられたりすることを恐れ、空海大師の詩文章を蒐集した】

**◉お大師さまの多くの著作**　弘法大師さまは密教の特色を表明する為に数々の書を執筆されて居ます。密教の根本経典として、「大日経」と「金剛頂経」を根本経典とされております。その他に自分に即して成仏が出来る事を論証した「即身成仏義」と悟りへ到る心の状態を十段階に述べた「十住心論」をお書きになっています。晩年には独創的に解説した「般若心経秘鍵」があります。

更にお大師さまは密教書だけではなく文芸などを通して宮中や文壇の人々とも交流をされています。多くの漢詩をもお造りになっています。文学などを通して宮中や文壇の人々と文通をされて居られます。詩文の作り方を説明した「文鏡秘府論」六巻、これを一巻にまとめて「文筆眼心抄」として、本書は六朝唐代の詩文論指南書で、文章の作り方について懇切丁寧に述べられております。

　弘法大師さまが編纂された日本最初の漢字辞典である「篆隷万象名義」三十巻では、漢字の意味が解釈されています。全六帖にまとめられた写本が、現存し国宝に指定されています。

　お大師さまは中国から請来した書道に関する書物に関する内容を丹念に観察されたと思われます。王羲之や顔真卿などの筆法が基礎にありますが、独自の書体をものにされています。弟子の真済は、お大師さまの文章を集めて「性霊集」十巻を編集しました。

　お大師さまが書く手紙や調誦文、詩文などは草稿がありません。たちどころに書いて、すぐに手元から消えてしまいます。真済はこれを惜しみ、脇から文章を写し取りその都度原稿をものにしてこれを「性霊集」十巻にまとめました。

　真済さまはお大師さまの文芸を評して、「天はわが空海に託して多くの技芸を与えた。とくに草書はひときわ優れ、即興の能書は二度と見る事が出来ない」と、「性霊集」の序文で感嘆されています。

（安達堯禅）

衆芸沙《いさご》を弄《もてあそ》んで始めて已《すで》にその極に会《かな》えり（性霊集三　勅賜屏風）

【どのような芸術も、無数の砂粒と遊ぶように、幾度も訓練してこそ極意が得られるものである】

**◉無常に立ち向かう繰り返し力**　芸術の道は奥が深く、到達点は無いといわれていま す。また基本が大切で、しっかりとした基本の上にしか花開かないとも言われていま す。

スペイン生まれでフランスにて活躍した、皆さんもご存じの画家のパブロ・ピカソがいます。訳のわからない子供でも描けそうな絵で有名と思いますが、ピカソは父親の美術教師から徹底的にデッサンの教育を受け、十五歳の時に描き上げた「科学と慈愛」と言う作品は画力の高さで有名です。子供でも描けそうな絵は、しっかりとした基礎があって初めて生まれてきたのです。

茶の湯の精神を「茶道」まで昇華させた千利休の教えに、「稽古とは一より習い十を知り十よりかえるもとのその一」と言う歌があります。

初めて一を習う時と、十まで進んで再び一を習う時とでは、その心はまったく変わっていて、こうしたことを繰り返しているうちに茶道の真意も理解できるものだと教えています。

達人や名人と呼ばれる人達ほど、日々の修練を大切にしています。繰り返しの中から新たな気付きや学びを発見するもので、修練を重ねれば重ねるほど、自分の無知や未熟さを思い知らされるものです。

仏教の世界も決して例外ではありません。悟りの境地に至るために、十善戒を守りながら、少しずつ功徳を積み重ね、六波羅蜜の修行を実践し、毎日の繰り返しの中から正しい方向性を会得するしかないのです。

この世は変化してやまない無常の世界で、永遠不変のものはありません。しかし形を変えながらも、同じ方向性を保つことは可能です。悟りに向けて強い信念を持ち、正しい修行を繰り返すことによって、必ず悟りに到達すると思います。大切なのは、到達するまで繰り返す強い意志と行動力を持つことです。

（大西智城）

窟観の余暇時に印度の文を学び　茶湯坐し来てたちまちに震旦《しんたん》の書を閲《み》る
蒼史《そうし》が古篆《こてん》　右軍が今隷《きんれい》　務光が韭葉《きゅうよう》　杜氏《とし》が草勢を見る毎に　未だ嘗《かつ》て
野心憂《うれい》を忘れ　山情笑《えみ》を含まずんばあらず（性霊集四　梵字を献ずる）

【禅観の余暇にインドの文字を学び、茶を呑みながら中国の書を鑑賞する。蒼史の古篆、右軍の今隷、務光の韭葉、杜氏の草勢を見ていると、世俗の心配事を忘れ、心は微笑みに満たされる】

**◉密教は真理を可視的にします**　お大師さまは長安において密教の受法だけではなく、当時入唐していたインド僧の般若三蔵や牟尼室利《むにしり》三蔵等からも梵語悉曇《ぼんごしったん》を学ばれました。さらに瞑想の余暇には、古代中国に完成された書の達人たちの書風や筆跡の鑑賞を通して、諸文化の探求のために不眠不休で学習されました。世俗の憂いなどに心を奪われる暇など無く、求法と修学を大いに楽しまれたものと推察いたします。

密教は総合主義でありますから、仏教や哲学だけの教えではありません。ヒンズー教やバラモン教の神々に仏教的な意味を与えて密教に取り込み、それを美しい図絵にしています。いわゆる「曼荼羅」です。また、煌びやかな仏具や法具を用いて、荘厳された道場にて儀式や儀礼を行います。これらの荘厳を通して、目には見えない真理を象徴的に表現し、これによって仏の世界を伝える方法をとるのが密教の特徴です。

色彩ゆたかなこの密教形式は、私たちの心の奥深い処に在る目には見えない宝物に気づかせるためです。仏の世界を目に見える形にして、人間の本心に気付かせる事に狙いがあります。ゆえに、密教において芸術の分野が著しく発達しました。

私は子供の頃、自宅が空襲で焼失したので菩提寺の臨済宗寺院に居候をさせてもらっていました。そこの本堂には装飾というものがありませんでした。その疎開の後、私は奈良の叔母に連れられて高野山の宿坊に泊まりました。そこで見た本堂では、金胎両部の曼荼羅や大壇に整然と並べられた法具、それらを使った僧侶の儀式や儀礼に感銘を受けました。これがきっかけになって、密教に想いを致すことになり、真言密教の僧侶になりました。

可視的であり可触的な勝れた方法をとる密教に親しんでもらいたいものです。

（篠崎道玄）

作詩

詩はもと志なり　心に在るを志とし　言に発《あら》わすを詩と為す　情中《こころ》に動いて言に形《あら》わる　然して後にこれを紙に書《しる》すなり（文鏡秘府論南／文筆眼心抄）

【詩は志である。心の内にある状態を志という。それを言葉に表わせば詩になる。心情に触れて言葉という形になり、その後にこれを紙に書く】

**◉言葉は、心の足音である**　弘法さまは、詩は志に基づくものであるといいます。そして、心に在る状態を志といい、言葉に表れたものを詩といわれております。心情は内面において動き、言葉となって表出され、そののちに紙に書き付けられると述べております。

私は、最初にはどんな詩がいい詩というのだろうと、詩のことばかりを考えていました。しかし、近藤先生の解説を読むうちに、弘法さまは、詩のことばかりをいっているのではないと感じるようになりました。それは、心・語・行の三つ、すなわち、三密の修行のことを説いていると思うようになったのであります。

自分の幸不幸を決めてゆくのは、自分自身のあり方であります。ここで言うところの紙に書くという行為は、身の所作であり、振る舞いであると思います。口は言葉であり、言葉は調子が大切であります。人を楽しませるのも、自分が苦しむのも、言葉と言葉の出会いということになります。そして、昔の人がいっています。「心清ければ　声香し」と。

ここでいうところの、心は志であり、心の据え方、心のすわりといえます。人間だれもが美しい心を持っています。ただそれが咲いていないだけのことです。このように「身」「言」「心」の三つのあり方で、私たちのしあわせとふしあわせが分かれるような気がいたします。

釈尊の言葉、『法句経』（九十六）に、こんな詩が書かれております。

こころしずかなり　語《ことば》おだやかなり　行いもゆるやかなり　この人こそ

正しきさとりを得　身と心の安らぎを得たる人なり

「正しきさとりを得」とは、それは、「自己の心をありのままに知る」ことでありま す。お大師さまのこの名言によって、いい詩を書くためには、豊かな心の支えが必要であることを私は学びました。

（岩佐隆昇）

意《こころ》を置き詩を作るには　即ちすべからく心を凝らしてその物を目撃すべしすなわち心を以てこれを撃って深くその境を穿つべし　高山の絶頂に登って万象を下し臨み掌の中に在るが如くなるが如し　これを以て象を見れば心中に了《あきらか》に見る（文筆眼心抄）

【心して詩を作るには、対象をしっかりと観察し、それを深く見つめるべきである。山頂から景色を眺めるように、描写する全体を明瞭に見るとよい】

**◉作詩の極意**　周知のごとくお大師さまは能筆、また名文で有名です。

冒頭文では詩の作り方として、要点を二つ挙げています。すなわち、一、詩《うた》う対象をしっかり観察する。二、対象を山頂から眺めるように、全体的立場で把握する。

以上の二点は古今を問わず、かつまた漢詩のみにとどまらず、和歌、俳句等にも言えることです。ちなみに私は若い時から俳句を詠んでいます。

今少し詳述します。詩ができるのは、何よりも感動あってのこと、その感動した対象を徹頭徹尾よく観察する。穴が開くほど対象を見つめた結果、表面的な印象と違った把握が自心に生ずる。これが作者のオリジナルな印象であり、その把握を五七五の詩型にまとめます。もっとも表面の印象をそのまま詠うこともあります。

あるいはまた、見つめた対象を、ふっと趣きを変えて、そこの風景の中に位置していることを確認します。すなわち、作詩にとって前述の一と二の要点は、欠かすことができません。

また、作者が感動したように、詩を読む人達にその感動を伝えることのできる詩でなければなりません。案外独善に陥る詩も多いのが現実です。

したがって詩のもつ客観性も大切な要素です。客観的に感動が受け入れられなければ、詩のもつ価値は下がると見做されます。また作者の感動もさまざまであり、その中自己発見と重なることも多々あります。例えば、「雉子の眸《め》のかうかうとして売られけり　楸邨」。売られゆく雉子の眸の輝き、これは野性の鳥にとっては自然の状態ではありますが、作者はそこに感動し、野性の鳥の命を再確認したのです。

（浅井證善）

作詩

詩人は夜間床頭《しょうとう》に明らかに一盞《いっさん》の灯を置け　もし睡り来らば睡りに任せよ
睡り覚ては即ち起きよ　興発して意生る　精神清爽にして了了明白なり
皆すべからく身を意の中に在くべし（文鏡秘府論南／文筆眼心抄）

【詩人は閃きが大切である。そのために、寝室の枕元に一灯を置き、夜中でも書き留める準備をしておくとよい。眠りが催せば眠ればよい。眠りが覚めれば起きればよい。頭が冴え、精神も爽快になり、感覚が鮮明になったところで、全身全霊で記述するとよい】

◉ **「鳴かずんば　それもまたよし　ホトトギス」**「経営の神さま」松下幸之助氏は自ら立ち上げたミニ電機会社を戦前戦後を通じて世界の電機メーカー〝松下電器産業（現パナソニック）〟に育て上げました。

九歳で和歌山県の田舎から大阪に丁稚奉公に出た松下幸之助氏は誰にも頼らない自らの信念を貫き通す一途な生涯でした。財産もない、学歴もない、健康も恵まれない、親族も少ない、将に「ないない尽くし」から始まった創業者として「閃《ひらめ》き」豊かな松下幸之助氏の素養は、すでに目的を達成するに必要な「真実」を見出しておられたと考えられます。

業績を伸ばし飛躍する！　創業者にとっての「真実」を会得されていた松下幸之助氏。世に抗《あが》うことなく信義にもとづく経営手腕が花開いた生涯でした。

詩人にとって大切なことは閃《ひらめ》きです。夜中でも布団の中で一篇の詩が浮かびきたなら直ちに枕もとの灯《ともしび》のもとで書き留めることです。眠気が催せばそれもまたよし。眠りが覚めればそれもよし。とにかく眠りから覚めると頭の中がいっそう冴《さえ》て鮮明になり気持ちもスッキリ。想い豊かな高揚な気分で詩を書き留めることができます。

「ないない尽くし」から世界のメーカーに仕上げた「経営の神さま」の指標は自ら述べた「何もなかったから、かえって成功した」ことに尽きます。

信長「鳴かずんば　殺してしまえ　ホトトギス」。秀吉「鳴かずんば鳴かしてみせよう　ホトトギス」。家康「鳴かずんば　鳴くまで待とう　ホトトギス」と……。松下幸之助氏は閃きました。「鳴かずんばそれもまたよしホトトギス」と……。

（湯浅宗生）

## 詩は身心の行李《こうり》を書いて当時の憤気を序す（文鏡秘府論南／文筆眼心抄）

【詩は、心身に蓄積されている体験や想念を、現在の喜怒哀楽の感興に照らし合わせて描写するものである】

**◉詩の力**　日常生活の頭の中は、ただ漠然としていて、あまり賢くありません。書くことによって自分の考え方が表面化してきます。これが文章の力です。さらに、詩歌は普通の文章とは異なっていて、読者へ想像を促す表現方法が必要になってきます。読者に思念をふくらませる優れた詩は、人々によって口ずさまれる作品になります。西欧では、いくつの詩を暗唱しているかによって教養の深さを計るようです。

詩作に浸っていますと、やがて行き詰まります。それをしばらく放置しておきますと、あるとき突然のように閃きが起こります。閃きが個性として表現されます。新製品も閃きによって生み出されます。閃きはすぐに消えますから、即刻メモをとらなければなりません。お大師さまも旅行中は必ず筆記用具を携帯されていました。

私の学生のころには「高野山短歌会」があり、仲間に入れていただきました。大学を卒業しても和歌の魅力にとりつかれ、奈良の「房短歌会」に所属して即興の創作や吟遊を愉しみ、仲間の作品を談論風発しながら勉強をしたものです。

短歌は「うれしい」とか「かなしい」といった語彙を直接に使わずに喜怒哀楽の情景が伝えられれば佳作になります。悲哀を読者に伝えるには、そのときの心境を具体的な「動作」や「風物」でスケッチします。昔の自分の作品を読み返してみますと、微妙な心情が昨日のように甦ってきます。情景が具象的だからです。

お大師さまのご文章には、山や雲、風、海、花などをスケッチされた文芸的な表現が目立ち、そのなかに仏法が説かれています。さらに、文章や作詩の手引書である『文鏡秘府論』を著作なされ、嵯峨天皇や良峯安世公らと文学のご交誼を深め、文芸を精一杯たのしんでおられたようです。

お大師さまの文芸は「思想詩」として密教論書に多く表白されています。特に『即身成仏義』の「六大無碍《むげ》にして常に瑜伽《ゆが》なり　四種曼荼　各《おのおの》離れず　三密加持すれば速疾に顕わる　重重帝網《じゅうじゅうたいもう》なるを即身と名づく」という偈は、塔婆に揮毫される代表作です。この宇宙のありようが簡潔に詠われ、密教の真髄を言い尽くした名作です。お大師さまの名言を一句でも多く覚えて教養を深めたいものです。

（近藤堯寛）

詩を作る人はみな自ら古今の詩語の精妙の処を抄《うつ》して随身の巻子と為し以て苦思を防ぐべし　文を作るに興もし来らずんば即ちすべからく随身の巻子を看て以て興を発すなり（文鏡秘府論南／文筆眼心抄）

【作詩家は、古今の詩句の名作を書き写し、携帯の手本として苦吟を防ぐとよい。文を作るときに感興が起らなければ、この手本を開いて誘発させる】

◉**作詩は困難**　私たちは何をするにも、「気が乗らない」と言うか、その気にならない時があります。もちろん文を作る時もそうです。

ここでは、先人の手本を携帯して、それを契機に心を誘発させると良いとの助言です。しかし、お手本を見て書き写す事なら簡単ですが、新しいものを作る場合は、形式は参考に出来ても、なかなか心が動きません。ところが何日考えても駄目なのに、ふとした時に筆の走る事もあります。ままならないものです。

さて文に限らず何かに熟達するには「真似る」事から始まります。「学ぶ」事は

「真似る」事であるとも聞いた記憶があります。誰かの行為を真似て、同じ事柄を幾度となく繰り返す事によって、次第に要領が習得出来、やがて道が開けてくるのは、すべての作業に通じています。皆さんも色々な事柄で体験ずみでしょう。

しかし、詩や文章は、人のものは参考になっても、真似をする事はできません。時折盗作が問題になっています。自分の力が足りず、仕方なくそこに至ったのでしょうが、真似をしてもよいかどうかは、分野によります。例えば運動や技術的な事などは、優れている人の真似をして技《わざ》を磨く事によって成長します。この場合は盗作などとは言われません。

詩の多くは、自然や身の回りに関する感動やときめきを文字に残し、誰かにも共有して欲しいと願うものだと思います。そのため個人を褒《ほ》め称《たた》えたりするものは少ないと思います。しかし、褒め称える詩もあります。

それは高野山にあるご詠歌です。この詩《ことば》には、先徳が仏様を讃《たた》えたり、仏様の教えを分かりやすく書かれているものが多くあります。私たちは簡単には文は作れません。しかし作られた詩に親しみ、深く味わい、その教えを学ぶ事で、心を新たにする事が出来るのではないかと思います。

（佐川弘海）

作詩

詩は物色の意を兼ねて下るを好しと為す　若し物色有りて　意興無ければ巧と雖もまた処として之を用うる無し（文鏡秘府論南／文筆眼心抄）

【詩は、風物に情景を添えて描写することが大切である。風景だけで作者の心情がなければ、表現が巧みであっても詩にはならない】

**◉言葉が美しいから、あなたも美しい**　お大師様は、「言語」の持つ秘められた力を見抜き、分析し、存分に活用した天才であります。『文筆眼心抄』のこの部分の要点は、詩作に当たっては自然の情景を客観的かつ心を込めて描写すべきであって、言葉は、真実と心がともなってこそ感動を呼ぶことができるということです。

詩の及ぼす力は、文学の域だけにはとどまりません。本書には、「詩には広々と遠い意《こころ》を持ち、小さな句中に大きな世界を包み込むようなものがある」（『空海全集』訳から）という箇所もあります。一つの連想が、『三国志』に登場する曹操です。彼は世にとやかく言われていますが、自分の頭でものを考える人であったといいます。儒教などのそれまでの因習にこだわらず、民衆のことを考えた全く新しい国づくりをしました。その一つが、〝詩〟を重視した人づくりです。詩作による内面の探求や想像力の育成など目に見えない力が、国づくりという具体的な形となって大きく役立ちました。

言葉の力を知り抜いていたお大師様が、頼まれて作文指導（相当高度ですが）の書物まで書いてしまわれたのが『文鏡秘府論』でした。有名な作家による数多くの『文章読本』があります。卑近な例で恐縮ですが、たとえば「一同、空を見上げてため息をついた」という文があるとします。よくありそうな〝定型〟です。しかし、本当に一同なのか、全員が空だけを見上げたのか、漏れなくため息をついたのか。手垢に染まった常套句で人の心を動かすことはできない、という指摘は大いに説得力があります。「個人のことばが一番遠くに届く」というように。学生時代、私も詩人ワーズワースの『水仙』に惹かれました。「さまよう折に突如目に入った水仙の揺れる大群……、その光景を一人座すとき思いだすだけで心に歓びが充ちる」。すぐれた観察眼と空想の織りなす綾がこの詩を輝かせています。真実を写した言葉は、美しさとその奥に広がる生命の輝きへの賛歌につながっていくようです。

（友松祐也）

意に文を作らんと欲せば　興に乗じて便ち作れ　若し煩に似れば即ち止めて　心を令《し》て倦ましむる無かれ　常に此くの如く之を運らさば　即ち興休歇《きゆうけつ》する無く　神終《つい》に疲れず（文鏡秘府論南）

【満足する作品を書きたければ、感興が湧いてから作るとよい。難渋したら休んで倦怠感をなくす。いつもこのように心がけていれば、詩興が失うこともなく、精神も疲れない】

◉**草木成仏**　これはお大師さまの文芸論の中の一節です。文章家としての、殊《こと》に詩人としての心構えや工夫が余すところなく具体的に述べられており、深い興味を覚えます。

詩は、人の心に蓄積されている体験や想念（冥奥《みようおう》の思い）が、現在の喜怒哀楽を呼び水に蘇ってきたものを言葉に写したもの、苦慮呻吟し紡《つむ》ぎ出した新鮮かつ躍動感溢れる言葉で自らの感興を訴え他者《ひと》に感動を与えるもの、と大師はいわれます。

また容易に詩情が湧かない時は、日頃、古今の名作を書き写し置いた手本を開き触発されるのを待つがよろしい、心に倦怠感を募《つの》らせることなく詩興を失わしめることもなきよう心掛けること、夜休む時は枕元に小さな明かりを絶やさず思い浮かべば夜中でも詩句を書き留《とど》める準備をしておくがよろしい、ともいわれます。正に、お大師さまが詩作に臨む際の日常の一端が窺《うかが》えるお言葉です。

さて大師が四十歳の感興をまとめられた詩の中では、鳥獣はおろか花咲き実のなる草も木も皆、み仏のお説法の姿である、とする一節が見られます。

自然界のあらゆる存在が、たとえ木石といえども仏になるべき資質を備え、自ら惑《まど》いを断ち修行成仏するという考え方は、必ずしも仏教諸派のいずれもが大師ほど明確には認めていません。その多くは、修行者がお悟りを得て備わった仏眼をもって見れば、草木の本質としての仏の姿を見ることができる、というに止《とど》まっています。

ここに瑜伽《ゆが》行者として万物の同根同一性を感得されていた大師の他と異なる真面目《しんめんもく》があります。

（田中智岳）

詩は意を立つるに　皆な傑起険作して　傍らに人無きが若くし　須く恐懼すべからず（文鏡秘府論南／文筆眼心抄）

【詩情を湧かすには、自由奔放にして、人目を気にしなく、奇抜な発想を恐れていてはいけない】

**◉言葉の力とは**　『文鏡秘府論』は詩文の創作を志す後学の手引きとして、中国六朝・唐の創作理論を一書に編纂したものです。この書は平安時代以後、詩作の指導書として尊重されました。

作家の夢枕獏さんは、高校生の時から熱烈な弘法大師ファンになったといいます。手塚治虫の『火の鳥』を読んで、唐に行きたくなったのがきっかけだそうです。「それで、実際に唐に行った人物の小説を書きたくなっちゃったんだよね。日本から唐へ行った人物に誰かいる？と考えた時、……ぼくの場合は空海だったんだね。……何故空海かと言うと、彼が一番好きだったんだよね……」（『幻想神空海』二〇一四年・マガジンハウス）。

実際に夢枕さんは『空海曼荼羅』(二〇〇四年・日本出版社、二〇一六年・文春文庫)を編著されています。同書は、弘法大師に十人の知者が様々な方向からアプローチしており、お読みいただくと、新たな弘法大師を発見できます。夢枕さんは前出の『幻想神空海』で弘法大師の文章について、「言葉とか文字をめちゃくちゃ大事にしてるよね」「空海は、書や字は呪力を持っていると考えていたと思う」と述べられています。

さらに、弘法大師の物語を十八年にわたって雑誌に連載し、二〇〇四年に『沙門空海唐の国にて鬼と宴す』(全四巻・徳間書店)を発行され、映画にもなりました。十八年も弘法大師の小説を連載し続けたのには、弘法大師に対する思いが強かったからだと思います。弘法大師に関する講演も精力的になさっています。

現代の人々は、パソコンやスマートフォンで日々、文章やメールを打つ方が大半だと思います。筆でお手紙を書かれる方は、僅かではないでしょうか。パソコンやスマートフォンで文章を作ると、次第に漢字が書けなくなってしまうそうです。ですから、常に手書きで手紙を書くようにしたいもの。そして、多くの文章を書き続けてほしいものです。できることなら、お大師さまが書かれた著作に触れ、読み込んでほしいと願っています。

(菅智潤)

作詩

詩はただ古に適するを以って上と為し　古を写すを以って能と為さず　意を衆人の先に立て　詞を群才の表に放つは　独り創めて取ると雖も　耳目をして接《つ》かざらしむば　終《つい》に倚傍の手を患う（文鏡秘府論南／文筆眼心抄）

【詩は古賢と肩が並べば上等であって、古賢をそのまま写すことはよくない。心情は大衆の先を読み、語句は名士の及ばない表現を考えれば、これは立派な独創になる。しかし、自分が見聞した作品でなければ、先人の盗作になってしまう】

**◉詩文は、作り話では人の心を打たない。声を聞き、顔を見て作るものである**　この御文は「文筆眼心抄」の一文です。この御本は「文鏡秘府論」の要約（縮約本）で、これらの御本は、弘法大師が中国六朝・唐の詩文の創作理論を編纂したもので、大師はこれらの御本の編者であります。

さて、御文の「詩はただ古《いにしえ》に適するを以って上と為し　古を写すを以って能と為さず」とは、「詩を作るには古典を学び、これにかなう（適）ことが大切（上）である」ということです。しかし、古典を学ぶということは、そのまままねをするということではなく、この御本の冒頭に「情《こころ》の中に動いて、言《ことば》に形《あら》はれ、文を紙に書く」とありますが、古典の原則、決め事は守るが、自分の意《こころ》の動きを形にし、紙に書くのであって、人の意《こころ》の動きを写す、まねるのであってはいけないわけです。

それから「意を衆人の先に立て　詞を群才《ぐんさい》の表に放つは　独り創《はじ》めて取ると雖も耳目をして接かざらしむば」とは、「しかし、仲間（衆人）を出しぬいて（先に立って）皆（仲間）の手の届かない、しかも古典から取ってきたものまねでない、独創的なものを作詩して（取る）発表（表に放つ）しても耳で聞き、目で見たもの（接）でなくてはだめだ」といいます。やはり、この御本の前編に「心は言に発し、耳に聞き、目に見、紙に録す」とありますが、現場に行き、そこの空気にふれ、心が動いたものでなくてはだめなのです。

「終に倚傍の手を患う」とは、倚傍とは、かたわらに居る仲間が調子を合わせてくれることで、仲間だからお付き合いで拍手をしてくれる（手を患う）が、ただそれだけ（終）のことである、という程の意味です。

（畠田秀峰）

或るひと曰く　詩は苦思するを要せず　苦思すれば則ち天真を喪うと　此れ甚だ然らず　固より須く慮《おもい》を険中に繹《ぬ》き　奇を象外に採《と》り　飛動の句を状《かたど》り　冥奥の思いを写すべし（文鏡秘府論南／文筆眼心抄）

【ある人が、詩は苦吟の必要はない、苦吟をすれば自然が失われるからと云う。これは明らかな間違いである。苦しんで熟慮した中から表現を練り、奇抜にして新鮮かつ躍動感がある言葉で、心の奥を描くべきである】

**◉牛は草を咀嚼して栄養とする**　奈良時代から平安初期にかけて南都の仏教界を背負い、お大師様の師とも目された勤操《ごんぞう》大徳の御命日は五月七日です。この日、拙寺では大徳を偲んで一座の法要を開くのが恒例ですが、その折、毎年講演に来ていただいた老学者がおられました。この方が毎回、大徳の業績について同じような話をされ、最後には、「皆さんはもう聞き飽きたと思っているかも知れないが、牛は一度食べた餌を再び口に戻してはまた噛み続ける。何度も何度も口に戻して咀嚼を繰り返すことで、何の栄養もないような草から栄養を摂り、あのような見事な体格を造りあげている。

私が何度も同じ話をするのは、私自身が皆さんと一緒に勤操大徳について考えに考え、咀嚼することで、大きな感慨を得ているからです」といわれていました。今は亡きお方ですが、その学問に対する真摯な姿勢は実に見事という他ありません。

お大師様は偉大なる宗教者であると共に文章の達人でもありました。唐で「五筆和尚」と讃えられ、その書といい、文章といい、並はずれた能力を発揮されたことはよく知られるところです。そのお大師様をもってしても、詩を書くには熟慮に熟慮を重ね、表現を練りに練って、心の奥底の思いを表現しなければいけないといわれます。心のままに出てくる言葉を紡げば、それが自然でいいというのはいかにも安直に過ぎましょう。心中にあるものが溢れる程に、熟慮を重ね、言葉を練って、初めて人に感動を与えるものになるのでしょう。うまく作ろうとか、人に良く見せようとかの作為があれば、これ見よがしになってしまいます。真摯に繰り返し、咀嚼することで出てくるものこそ本物だといえるのでしょう。

（河野良文）

作詩

詩を作るの体　意《こころ》は是れ格　声は是れ律なり　意高きときはすなわち格高く　声弁なるときはすなわち律清し　格律全くして然して後に始めて調べあり（文筆眼心抄）

【詩を作る原理は、心情が格であり、音声が律である。心情が高ければ格も高くなり、音声がはっきりしていれば律は澄む。格と律の一致によって調べが整う】

**◉人の品格は言葉にでる**　仏教用語に「三業」というものがあります。①身体的な行動（身業）、②言葉を発すること（口業）、③心に思う働き（意業）の三つを表します。これらは善悪や苦楽の結果をもたらすと考えられています。これを戒めるために、十善戒が定められています。不殺生、不偸盗、不邪淫、不妄語、不綺語、不悪口、不両舌、不慳貪、不瞋恚、不邪見です。

この内、前の三つが身業、次の四つが口業、最後の三つが意業を指しています。ほかの二つに比べて口に関する戒めが多くなっています。それだけ口から出たことでの災いが多いということです。

密教では、衆生の行いが本質的には仏のはたらきと同じであるという考えから、この三業を、身密、口（語）密、意（心）密の三密ととらえています。身体では、手に印契（手印）を結び、口では真言を唱え、心にご本尊を観想することで、衆生が仏と結び合い、仏が慈悲心により衆生の行いに応え、衆生は行ずることで仏の顕現を感じることができます。これを三密加持と呼びます。これにより、即身成仏を得ることができるとされています。

お大師様は著書で、口に出すことや文章に表すことの重要性を説かれています。お大師様は『声字実相義』で、「声になって出た言葉は、文字に書ける。その声は、ものごとの実体を表している」ということを述べられています。ひとたび声や文字になって外に出たものは、一人歩きしてしまいます。人によりさまざまに解釈をされ、時には誤解されることにもなりかねません。

この言葉は、詩を作る時の注意点を述べていると同時に、人の生き方には品格が重要だということを教えてくれているのです。

（大咲元延）

詩賦哀讃の作　碑誦表書の制　遇う所にして作り草案を仮らず　纔《わずか》に了《おわ》るに競い把《と》らざれば　再びこれを看るに由《よし》なし（性霊集序　真済）

【空海大師は、哀傷や讃嘆の詩賦、碑文、表白の書などを、必要に応じて即興に制作されてしまう。草稿がないから急いで写し取らなければ再び見ることはできない】

◉**初見**　硯で墨を磨り、筆に墨を含ませて、紙や木に文字を書くこと。また書いた字を書字と言います。能筆とは文字を書くのが上手なこと。また、その人。達筆。筆耕とは写字や清書で報酬を得ること。また、その人。能筆、達筆の反対語は悪筆。拙筆《せっぴつ》の私は後者、筆耕の仕事はできません。「個性的な字ですね」とよく言われます。

五十年前の高野山大学は「原稿用紙手書きで表紙の表題は毛筆で書いて和綴じで論文を提出する」規定がありました。自坊に帰っても父が健在でしたので筆を執ることも少なく、思い出したように訪れる巡拝者に納経を書くことくらいで、ワープロやパソコンを駆使して諸事を処理し文字を書くことを避けていました。「いつまでもあると思うな親と金」。平成九年八月八日父が急死しました。お盆参りはなんとかこなせましたが、困ったのは十五日の施餓鬼の塔婆を書かねばならないことです。冷汗三斗で書き上げました。以来、下手ながら毎日筆を執っています。

空海大師の書は手紙や文書や記録や漢詩や碑文を書かねばならないから書かれたもので、時と場合に応じて最もふさわしく最も的確な書法を用いた錬磨を重ねた実用的な書です。心のおもむくままに手紙や漢詩や碑文などを生み出すことができるのは日々の修行のたまものなのです『篆隷万象名義《てんれいばんしょうめいぎ》』という漢字辞典や『文鏡秘府論《ぶんきょうひふろん》』という文章論は大師の漢字や文学に対する造詣の深さから生みだされました。

大師が生み出された文章をお側に座って一番初めに見る好機に恵まれた弟子の真済《しんぜい》は大師の生み出された文章が散失することや他のものが混入することに心を痛め、収集した約五百枚の文章を編纂し『遍照発揮性霊集《へんじょうほっきしょうりょうしゅう》』と命名されました。天性の霊異を奮い起こすような空海大師（大遍照金剛）のすぐれた文集という意味で通常は『性霊集』と呼ばれています。後世の私達が大師の事績を知ることができることはいうまでもなく、平安時代の政治・外交・経済・社会・文化を知るための手掛かりを残してくださいました。

（伊藤全浄）

作詩

詩は是れ声を調え病を避《さ》るの制あり　書もまた病を除き理に会《かな》うの道あり　詩人　声と病を解《さと》らずんば誰か詩什《しじゅう》に編まん　書者　病と理とを明かならずんば何ぞ書評に預らん（性霊集三　勅賜屏風）

【詩には、声を調え、詩の悪癖を指摘する法則がある。書もまた書病を除く理論の常道がある。詩人が声と詩病を理解せずにいて、どうして詩集の編纂に加えられようか。書家も書病と理論を弁えていなければ書評に採用されることはない】

**◉規則を持ち出しセレブな会話を**

弘仁七（八一六）年、嵯峨天皇勅旨の屏風に揮毫して献上した詩に添えた文章です。詩は韻を調え、法則に従ってつくらなければならない。書道も理にかなった書き方がある。それをしなければ誰も評価してくれない、と言っています。

弘法大師空海さまは日本三筆に数えられる書の名家です。そして詩人としても評価が高かった。詩といっても今のような自由律の日本語の詩でなく、決められた韻を踏んで作る漢詩です。お大師様はこの年、嵯峨天皇から高野山を賜っています。ですから、天皇から揮毫を頼まれればとても断ることはできなかったでしょう。本場の中国で学んだお大師さまからすれば、詩や書の規則なんてものは身についていたはずです。天才の誉れ高い方ですから、すらすらと書けたのではないかと思ってしまいます。そして人から評されることを前提にこの文を書いています。

ところが、そういった自信はみじんも出さずに、規則があるのはわかっているのだけれども、仏道に集中していたからなどと、延々と弁解を並べているのです。天皇も一流の文化人ですから、規則なんてのはすでにわかっています。これがお大師さま流の物の言い方なのですね。天皇に対してへりくだって、プライドをくすぐる。そうすることで、あいつは隅に置けないやつだ、うまいこと言ってるなと思わせるわけです。

得意分野が分かっている者どうしが、阿吽の呼吸で相手のプライドをくすぐる。趣味の世界では良くある話ですよね。一種の自尊心のぶつけ合いというか、それでお互いに楽しむ。ちょっとセレブな楽しみ方ですよね。おしゃれでもいい、スポーツでもいい、みなさんもちょっとそういう趣味の楽しみ方をしてみてはいかがでしょう。自分の得意分野で趣味の合う人と、セレブな会話を楽しんでみませんか。

（柴谷宗叔）

作詩

詩を作る者は古体を学ぶを妙とし　古詩を写すを能とせず　書もまた古意に擬するを善とし　古跡に似たるを巧とせず（性霊集三　勅賜屏風）

【作詩の心得は、古典の文脈を学ぶことが大切であり、模倣はよくない。書法もこれと同じで、古典作者の心を汲むことを善とし、古典の筆跡に似せることはよくない】

◉**書道の極意とは**　『勅賜の屏風を書し了つて即ち献ずる表』の一節です。嵯峨天皇の命を受けた主殿助布施海が、五色の呉の絹織物、錦の縁の五尺の屏風四帖を持って弘法大師のもとを訪れ、古来の中国の詩人たちの秀句を書いてほしいと依頼するところから始まります。能筆家で知られる弘法大師が、禅定三昧に入り夜通し心の拡散を停止する観法に没頭し、一度は辞退しようと思いながら敢えて筆を執ったと書かれています。

なぜ、風信帖で名高い三筆の一人弘法大師がそのように考えたのでしょうか。依頼者の嵯峨天皇自身も、橘逸勢と共に三筆の一人だったことも関係しているのかもしれません。ここで、「書は散なり」という蔡邕の『筆論』の一部が引用されます。書道の極意は心を万物に散じて、万物の形を字勢にこめる所にある。対象物を深く慕い、山という字を書くときは心を山に、川という字を書くときは心を水の流れにして書くというのです。続いて古来の書家がいかにして対象物の思いをはせて字を形作っていったかが記され、蒼公や王羲之の例が取り上げられています。そして、書道にも作詩にも守るべき道があるのだとつながっていきます。古い詩の心を汲み取らずに体裁ばかりをまねようとしたり、古い時代の書体だけをまねするのはよくないということなのです。所以に古よりの能書百家体別なり、と続くのもなるほどと納得できます。

さらに、いろいろな技芸は砂をもてあそぶように無数の練習を繰り返してはじめてその奥義に到達できるものであると述べ、自分やその他の凡人に書道の奥義が極められようか、とまで書かれています。最後に天皇を敬いながら、お目をけがすことは、冷汗の出る思いで、おそれ入ります、と締めくくられています。

（花畑謙治）

**和歌は是れ陀羅尼なり　事物の感によって陀羅尼を説く　心に感ずるとは本分無念の外にして大なる者なり**（弘法大師年譜九・三月五日良峯安世）

【和歌はダラニと同じである。このどちらも物事の感覚によって表白される。そもそも物事を感じるということは、自我意識を越えた偉大なものである】

**◉和歌は仏様の言葉と同じです**　高野山の陀羅尼助という胃腸薬はよく効きます。その陀羅尼とは古代インド語の「ダーラニー」を音写したものです。「記憶して忘れない」という意味で、暗記して繰り返しとなえ雑念を払い、無念無想の境地に至るためのものでした。後に仏様への呼びかけや賛嘆、願い事を意味する文句となり、最後に成功を祈る聖句「スヴァーハー（薩婆訶、そわか）」をつけます。しかし神秘的な響きから、やがてこれを唱えたり書写したり、また暗記する事で様々な霊験が現れると信じられました。真言宗では、陀羅尼を人間の言葉ではなく「仏のまことの言葉（真言）」と解釈し、長いものを陀羅尼、比較的短いものを真言とします。十三仏のご真言や光明真言などは真言に相当します。

お四国遍路をしていると、参拝者のご詠歌が耳に入ってきたりします。ご詠歌は巡礼歌がその起源で、特に平安時代中期、花山法皇の西国巡礼時に始まったとされます。西行や慈円などの密教僧によって和歌が陀羅尼と同じであるとする「和歌陀羅尼観」が広まり、霊場や札所でのご詠歌が流行するようになったといわれます。

弘法大師第三番のご詠歌は「梵音《ぼんのん》」といいます。梵とは宇宙の根本原理、命のおおもと、根源を指し、真言宗の本尊大日如来のことです。梵音とは大日如来のまことの言葉つまり真言であり、それはまた陀羅尼でもあり、仏の世界を表す曼荼羅でもあります。「阿字の子が阿字のふるさとたちいでて　またたちかえる阿字のふるさと」。私たちは、阿字すなわち大日如来、命の故郷からこの世に生まれ、そして人生を送り寿命が尽きれば、またそこに戻っていくのだから、心配しないで自分の役目を果たし、世のためにしっかり生きなさいという意味なのです。このご詠歌は真言密教の真髄を表したものです。理屈を意識することなく、心の中から自然とこのご詠歌が声となって出た時、その時は自らが仏様と一体になっているのです。ですから詠歌道は成仏道であるといわれます。

（藤本善光）

文は執見《しつけん》に随《したが》って隠れ　義は機根を逐《お》って現るのみ　譬えば天鬼の見別人鳥の明暗の如し（二教論上）

【文章は読者の偏見によって真意が隠れてしまう。文章の深い意味はそれを読み取る才覚の人に現れる。同じ表現であっても相手によって理解は多様になる】

## ◉思い込みの色メガネをはずそう

お大師様が真言密教の教えを他の仏教、顕教と比較しながら諭された弁顕密二経論の一節です。同じ言葉や文章でも十人十色の解釈が有り、人の能力によって理解に違いが生じます。

近年、地球規模での気候変動、環境問題が世界的な大きな問題となっています。日本でも毎年のように大きな台風や豪雨、地震などで大きな被害を受けています。大自然の脅威の中で日々の暮らしをしている私達が有り、その一方で大自然の恵みを頂いている私達があります。

運動会や遠足を控えた子供達には〝晴天〟が「良いお天気」となり、雨は悪い天気となります。一方、晴天が続き水不足になり取水制限や水道の断水が続いた時の〝雨〟は恵の雨となり「良いお天気」となります。干ばつなどの時の〝長期間の晴天〟は悪い天気となります。農作物の耕作や田植えの時期は、特に農家にとって水は大変重要になってきますが、豪雨となれば事情が変わってきます。大洪水で田畑や家が流される被害が出れば〝雨〟は悪い天気となり〝晴天〟は「良いお天気」となります。それでも、大洪水は川に堆積した土砂や有機物は海に流し、海洋生物の成育成長に役立つ肥料や餌となるとも捉える事が出来ます。私達は雨や晴天を「良い天気」「悪い天気」と勝手に区別していますが雨や晴天から見ればどちらも「良い天気」と主張するかも知れません。

それぞれの人が自らの経験や能力、立場などに依って見解が分かれるのは当然の事なのかも知れません。仏の教えや「悟り」を伝える難しさも然りで、他の人に自分の考えを伝える難しさを痛感します。

多くの人は文言の表面だけで物事を捉え判断しがちですが、その真意を理解する能力を持つ事が出来れば、「密厳国土」この世界を仏の世界と見る智慧を授かる事になるのです。真の幸せを求めて精進の日暮らしを送りましょう。

（中谷昌善）

作文

## 多説は深にして浅を含み　少説は浅にして深を含む　多文は衆宝の如く少句は黄金のごとし（宗秘論）

【長文は、論説に適して丁寧であるが文章の味わいは薄く、宝石を集めたような特色がある。短文は、簡略に論述して深淵な意味を含めるから、一句が黄金のように輝く】

**◉言葉の多少ではない**　国の成り立ちを誇示した日本書紀のような書物が国家事業として創られました。また俳句は十七文字の中に宇宙ともいえる世界を作り出しています。空海は絶えず言葉の力で全てのものを表そうとしました。それゆえ文章にはとても注意を払いました。長い文でも短い文でも真剣で溢れんばかりの感性を感じるとき、その文章は素晴らしいものとなるのです。空海にとって文章はとても重要なものです。文章は空海にとり長さの多少を問わず重要でした。自分の理想世界を実現する最大の武器と考えています。

しかし空海の目指した世界は目に見える文章の世界を超えたところにあります。文章では伝えることができない秘密の世界、真言密教の世界です。仏教では師の教えに従い修行者が深い瞑想体験のもと仏になり衆生を救済するのです。その原点は釈迦の教えです。釈迦亡き後、仏弟子たちは結集を行い釈迦の教えを文字で記し受け継いできました。文字を通じて空海は仏教が最高の教えであると宣言しています。私はそのことが自然の成り行きなんだと分かる気がします。また自分の理想世界の実現のため密教に傾倒したのもわかります。密教はその当時最先端の学問であったのです。それを選んだ空海は最良の選択をしたと思います。最高の文化が栄えた唐に渡り、最高の師匠恵果に法を授かる。すべてが最高の結果をもたらすように生きてきた空海は奇跡的な人生を歩んでいきました。

昔も今も素晴らしい知性と人格はどのように生まれるのか分かりません。それは天命です。空海は天命を授かった人物です。彼の持つ時代を超えた知性と人格は驚異的です。仮定の話で申し訳ないのですが、もし彼が現代に生きていればその関心は密教に向かっていたでしょうか。それとも現代社会の最大の問題に取り組んでいたでしょうか。

（長崎勝教）

大仙の物を利するや　名教もて基《もとい》と為し　君子の時を済うや　文章是れ本なり（文鏡秘府論序）

【仏が人々に利益を与えるには、言葉による教えが基礎になっている。為政者が時代の危機を救うには、文章の発令に基づいている】

**◉品格あるやさしいことば**　この名言は、文鏡秘府論序の一節です。『文鏡秘府論』（その略本の『文筆眼心抄』）は、漢詩文を作るための手引き書として書かれたもので、お大師さまの著作の中ではなじみが薄いかもしれません。中国の六朝から唐にかけての諸家の詩論を引用しながら漢詩文創作の基本がとりまとめてあります。中には中国には残っていない詩文も引用されていて資料的価値も高いものです。内容に興味をもたれましたら『定本弘法大師全集第六巻』を一読ください。

さて、この名言を見ていて、役所に入った頃の事を思い出しました。まだワープロが普及し始めた頃です。大抵の文書は、過去の文書綴りを参考に作文できますが、前例がないもの、新規に立ち上げる事業などは、その趣旨がよくわかるように作文していかねばなりません。役所の文書がみな同じ体裁になっているのは昭和二十七年の内閣の通達「公用文作成の要領」がもとになっているからです。「公用文の書き表し方の基準資料集」「起案例文集」などの参考書もあるくらいで、わかりやすい事を第一に作文しますが、端的に書くのは勇気が要ることでもありました。

昔はどうだったかというと、わが国は、中国から律令制を取り入れましたから、国が作る正式な文書は漢字（真名《まな》）で書くことになっていました。後のお触書のように一般庶民にもわかるように、かな混じりで書かれたものもありますが、正式な公用文は漢文でした。明治新政府になっても平易な文章は威厳を損なうという考え方が支配的で漢文調の文章が主流でした。こんな歴史を調べていると、お大師さまが官僚を目指して猛勉強されたときに、いかなる文章が国の発する文章にふさわしいか考えぬかれ、後進のために『文鏡秘府論』のような手引きを遺されたのではないかと思えてきます。今は特殊なことばや、かたくるしいことばではなく、日常一般につかわれているることばを用いるのが大原則となりました。威厳と品格を保ったやさしいことばで法を伝えるためには、猛勉強が必要です。

（森堯櫻）

## 文章の義　大なるかな　遠いかな（文鏡秘府論序）

【文章が秘める影響力は、広大にして深遠である】

◉**文字と文章が命と世界に大きさと奥行きを与える**　文鏡秘府論の序文の一節であり私には難解です。当時、文章は全て中国語で記されていたので、中国語の研鑽を欠いては様々な思索や世界の時事も丁寧に表すことは不可能でした。たんに表現できないということではなく、時事も感覚も思考も意思も、それらの一つ一つを取り出したり関連づけができないのですから、文章を鍛えなければ智恵が劣ってしまうのです。言葉がなくても手振りで対話ができたでしょうが、空海様は文章がなくては仏教の教えの一つ一つを表したり、その優劣や問題点を指摘することはできず、自己反省もできないと書かれています。

現代哲学者のドゥルーズは『哲学とは何か』で、哲学とは概念を新たに作り出すことであり、その概念によって様々な内在平面をつくることであると定義します。概念を作ったり鍛えて自分が住む世界を確定し、確定しては直していくということでしょうか。概念という言葉の原意は「しっかりとつかむこと」です。仏教用語の思想や執着もこのつかむという言葉の派生語です。たとえば三毒という言葉はおシャカ様の弟子が考え出した言葉のようですが、この三つの毒とは何を言うのか。どんな経験、どんな悪事、どんな思いと行為と結果の集合体でしょうか。貪欲があって独り占めがあって喧嘩が起こって殺し合いが在った。そのような人間のいがみ合いをしっかりとつかみ、そして言葉にしたのが文と章です。言葉がなければ事物を捉えることができません。伝えることもできません。それ以前に私の思考が成り立たない。生きていく空間管理もままなりません。生きる道しるべも教訓も出てこないのです。

空海様は文とは言葉の一つ一つであり、表現方法の規則だ。章は一つ一つのことがらを時には詳細に時には総じて区別したり、関係を明確にしたりするものだと言われます。しっかりとものごとをつかみとる。その為には文と章を学び、その一つ一つを明確に確定することが大事であり、その先には広大な真実の世界と深遠な意味が横たわっている。だから文章は大きく遠いのですね。この作業の果てに私たちは仏教を手にすることができる、即ち、つかみ取ることができるのです。

（加藤俊生）

語は合帖《ごうちょう》するを用いず　須く直ちに天真を遣《い》いて　宛媚《えんび》なるを上と為す（文鏡秘府論序）

【文章は作りごとではなく、素直で美しい言葉がよい】

**◉心を込めて書く**　お釈迦様の教えに「十善戒」があります。その中に言葉に関するものが四つあります。「不妄語」、嘘をつかないようにしましょう。「不綺語」、おべんちゃら、上手を語って人を惑わさないようにしましょう。「不悪口」、人の悪口を言わないようにしましょう。「不両舌」、二枚舌を使用しないようにしましょう。口から発する語は真実の真心のこもった言葉を使うということです。

日本では仏教の教えが浸透し「言霊《ことだま》」信仰が普及し言葉の使用には十分気を付けてまいりましたが、これが最近では崩れてきているのは残念です。

また、現代社会はインターネットや携帯電話等の通信ツールが著しく発達し、特に電話は話すだけでなく、文字や画像を相手に送ることが出来る様になりました。それに伴って種々の問題も生じています。「言葉」と同様に「文章」も日常生活には欠かせない存在になっています。

私たち僧侶の活動に「布教」がありますが、先ず原稿を書きます。私も布教を始めた頃は、著名な方々の仏教に関する本を読み、布教の諸先生方の書かれた物を拝読して、時にはそこから引用して法話をしていました。

しかし、他人の書かれた文章を引用しての話は、説得力に欠けてしまい聴衆の皆さんに飽きられてしまいました。何度か経験を重ねていくうちに、お釈迦様の法語やお大師様の聖語を説明した後に自身の体験談等を話しますと、聴衆の皆さんに喜んで頂き好評でした。

また、聴衆に喜んで頂くために、体験話を大げさに表現し、作り話を入れる場合もありましたが聴衆の中には私の話を見透かしている方もおられ、「私は、説教者が話す時、眼を見て聴いています。また、その説教者の行動も見ています。語った事を守っているかどうか、そこで本物かどうかが解ります」とお話し下さいました。

布教だけでなく日々の生活での言葉、文章に心を込めましょう。

（糸数寛宏）

## 語を作ること辛苦を得ず　すべからくその道格《どうきゃく》を整え理《おさ》むべし（文鏡秘府論天）

【語句を作るときに苦しみがあってはいけない。文脈の流れに乗るべきである】

**◉言葉の重要性を知る**　文章や言葉で自分自身の真意を伝えることは難しいものです。相手に何かを伝えようとするときには、やはり実際に会って心を尽くして言葉を発することが何よりです。仏教の世界では三密（身・口・意）と呼ばれています。仏様と接する時には、特にこの三密が重要な事柄になります。

言葉とは不思議なもので、同じ言葉を発してもその相手によって愉快に感じることもあれば、不愉快に感じさせることもあります。聞くものにとっては、発する人の人格や思いを感じてしまうからでしょう。現代社会では、インターネットやＳＮＳとか言う技術の発達によって、簡単に伝達ができるようになった反面、その相手の意志を感じる取ることが難しくなってしまいました。

逆に場合によっては、相手をだましてしまうことも可能になったのです。従って信頼関係が希薄になり、真意が伝わりにくくなってしまいました。ただ実際には話しにくい言葉も文章や文句であれば容易に伝えやすいといった利面もあります。言葉や文章は不思議なもので、書いていると次第に自らの心が意志に反して投影されてしまうことがあります。

そもそも言葉や文章というものは、相手になにがしかを伝える手段です。言葉単独で存在するものではありません。必ず伝える側の意志なり意図なりが存在するものです。その時の状況判断が大きく作用するものです。

特に文章となると、後で訂正することが難しくなって注意が必要です。考えれば考えるほど複雑になって難解になってしまいます。でも全体の主意がはっきりと明確にされれば、必ず意志が通じるものであると思います。そこには発する者の意志や経験、人格などが自ずと表われてしまい、文章や言葉の恐ろしさを知ります。常に相手のことを思い、慈愛を持って言葉や文章に接することが重要でしょう。

（後藤瀞興）

思いを落句に含む勢とは　落句に至る毎《ごと》に　常にすべからく思いを含むべし　語尽き　思い窮まらしむることを得ず　或いは深意　愁いに堪え　具《つぶ》さに説くべからざる　即ち上の句に意語を為し　下の句に一景物を以て愁いに堪うる　深意と相愜《かな》いてすなわち道《い》う　なお意出でて成り　人に感ぜしむれば始めて好し（文鏡秘府論地）

【思いを結論に挿入するには、詩の結びの句に至るごとに、いつも思いを込め、語句が終わっても思いも終わらせないように注意する。つまり深い愁いに沈む心を細かく描写できないときは、その上の句に意を述べて、下の句で風景や風物を描いて愁いの情景を共感させる。深い心と風景が一致し、そこに心情を表出させるのである。この感動を人に伝えることができれば成功である】

**◉ことばの方程式**　ものごとの有様をより美しく感動的にことばで飾り、他の人に伝えることが如何に出来得るのか。その芸術までに昇華した事例のひとつに「詩」や「俳句」をあげることができます。

大正の自由律俳人、尾崎放哉の「咳をしても一人」という句は、晩年肋膜炎をこじらせて、孤独な島の庵にて苦しみもがき虚しい咳をする寂寞たる心情を詠んだといわれています。彼は四十二歳の短い人生でこの世を去ります。

その句は、ノーベル文学賞受賞者である川端康成の作品中に「俳句史上最も短い句」として登場します。そのことも相俟って高く評価され、世に知れ渡るようになりました。その後、放哉の句は、評論が出版されたり、句集としてまとめられたりしました。その中でも『尾崎放哉全集』は、岡山の闘病生活を強いられる青年に強い影響を与えました。大正十五年に亡くなった放哉が時を経て、昭和三十六年生まれの住宅顕信へ俳句の魅力を伝え、無味乾燥な闘病生活での生き甲斐を俳句の創作に見出したのです。

彼は『尾崎放哉全集』を二冊持ち、一冊はびっしりと線やメモ書きで埋め尽くされて放哉の心の表現を知ろうと葛藤していたのでした。

「若さとはこんな淋しい春なのか」

ことばの方程式を探し求め、二十五歳で鬼籍へと旅立った顕信。

夭折の俳人の青春は、放哉のように淋しくも、たった三年間ではありましたが情熱を持って激しく心の思いの丈を絶唱して燃やし尽くしたのでした。

（瀬尾光昌）

生殺廻薄《かいはく》の勢とは　前に意の悲涼《ひりょう》を説き　後に推命を以て之を破す　前に世路の伶俜栄寵《れいちょうえいちょう》を説き　後に至空の理を以て之を破して道に入る是れなり（文鏡秘府論地）

【文章を生かしながら否定に移す論法とは、先に心の悲哀を説いた後に天命の立場から悲しみを晴らしたり、世俗の栄耀栄華を説いた後にすべては空という教理で栄華を諭したりする手法である】

**●『文鏡秘府論』インパクト**　これはお大師さまが書かれた文学論書です。歴代歌人にこよなく愛され、中国でも重要な文献とされています。平安初期は、遷都や律令国家から王朝国家へ変わろうとした時期です。「薄」命に生まれ社会底辺を生きる民は疫病や飢饉に苦しみ喘ぐ世相もあったようです。貴族や為政者達もまた福禄を享受しながら利権の争いや生老病死の四苦八苦に悩まされたと思います。文学という媒体を通して貴族の栄耀栄華に憧れ真似する庶民もいたのではないかと推察します。

お大師さまは若者達に作文作法を伝授するため漢籍を抜粋し論述を書かれました。

確かに標題の名言から世相苦楽を表現した文の後に「推命」や「至空」の理を諭すべきという文章作法の習得ができると思います。さらに、人生の真実や「空」の深遠な「理」を同時に伝授された気もします。まさしく衆生を「さとり」へ導きたいと願うお大師さまの慈悲心の現れだと思います。読者達にとって詩文が上手になれる作法という「現世利益」が提供されたわけです。また、衆生の機根に併せ「至空の理」の論述は、大師の法布施だと思います。苦から離れる「さとり」のヒントを、世間の読者に贈られたわけです。

時は令和。私達人間は快適さや便利さと引き換えに環境破壊等負の連鎖をもたらしています。時間や空間距離が短縮できた一方、仏の智慧、宇宙や人生の真理などから益々離れていくような気もします。地球上、いまだ災害や疫病、地域紛争など絶えません。心が苦しみ病む人も増え、貧困など生き地獄のような日々を送る人も多いのです。栄華を享楽できたかと思いきや、突然訪れる破滅にうろたえ苦しむ人もいます。「無常」が現れた途端に、地位名誉財産学識健康等々、泡の如しです。現実が「空」だと悟らない限り執着しては輪廻の苦から脱出できません。お大師さまの「文鏡」を以て「世」「界」を鑑みたい今日この頃です。

（松本堯有）

古より文章は無作に起り自然に興り　感激して成り都べて飾練無し　言を発して以って当り物に応じて便ち是なり（文鏡秘府論南／文筆眼心抄）

【昔の文章は、無為かつ自然に起った感動が作品になっている。いかなる飾りも技巧もなく、言葉が発せられまま対象に応じた文体である】

**◉天の理による治世**　お大師様は、唐に渡られて真言密教だけでなく、当時の文化全般をも持ち帰りました。その中に、文章の書き方、語彙の使い方、詩集等もあり、それらをまとめて「文鏡秘府論」「文筆眼心抄」を著わされています。

もともと世界は言葉が無くても、宇宙を総べる気の性に合致した天の理によって治まっていて、後の時代の人の考えが次第に低下した時に、言葉が生まれ、言葉が教えを生み、後に言葉による教えが生まれた、とする論を引用しています。本来自然におこる心の感動がそのまま作品となり口をついた言葉が機能し文となった。後々怨嗟や諷刺などが込められて文章の本源からはずれたと言います。

私はこの文を読んで草木の力強さを思いました。どんなに厳しい環境であっても時期が来れば必ず芽吹き花を咲かせます。たとえ大地震だろうが、大津波が襲おうが、天の理に従って順化します。また、庭の木を剪定していると、「ここを切ってくれ。次はここ」と、木と会話している気になります。植物に限らず自然界の生き物は総て天の理に適って生きています。わずかな鳴き声の合図、電波、音や振動にてお互いを理解し尊重し、時には争いがあるものの同種を守ろうと活動します。

人間は、数多くの言語だけでなく交信技術を駆使しているにもかかわらず戦争が絶えません。日常生活においてもイヤミ、ウラミ、誹謗中傷に満ちています。それは言葉による教えが多すぎるからなのでしょうか。それともグローバル社会による貧富の差の浮き彫り化や利害関係の複雑化のせいなのでしょうか。

今一度、言葉が無くても宇宙を総べる気の性に合致した天の理によって治まって欲しいものです。

（大塚清心）

文章を作るにはただ多く意を立つ　左に穿《ほ》り右に穴ほって心を苦しましめ智を竭《つく》さしむ　必ずすべからく身を忘れて拘束すべからず（文鏡秘府論南／文筆眼心抄）

【文章を作るには、多くの意見を立てて、様々に推敲し、苦心して知恵をしぼり、自分を忘れ、心を開放してこだわらないことである】

**◉お大師さまに教わる文章講座**　お大師さまは名文を作られることで有名でした。お乗りになった遣唐使船が嵐にあって中国南部に流されたとき、その土地の役人は海賊船ではないかと疑い、警戒して上陸許可を出しませんでした。一行が困り果てるなか、お大師さまは事情を説明する手紙を書かれました。一読した役人は、あまりの達筆と名文に仰天、海賊がこんな素晴らしい文章が書けるわけがないと考え、上陸の許可が一発で下りたのです。それまで無名だったお大師さまの名前が知られ、遣唐使一行のヒーローになられたのでした。

そのお大師さまがどのようにして名文を生み出されたのかというと、たくさんの意見を考え、あれこれ思いをめぐらし、苦心して知恵をしぼるという、非常にオーソドックスなものです。さんざん苦労してあれこれ考えてあるので、最後には我を忘れて、こだわらない境地で名文が生み出せたのでした。お大師さまはあまりに才能のある方なので、私たちはややもすると、「お大師さまは天才だから、何でも鼻歌まじりに軽々とやってしまわれたのだろう」と思ってしまいがちですが、実際は全く逆で、大変なご苦労の末があの業績なのです。

「弘法筆を選ばず」ということわざがありまして、「弘法大師は書の達人だから、どのような筆でも見事な字が書ける。名人は道具を選ばないものだ」という意味ですが、実際にはお大師さまご自身が、「上手に字を書こうと思ったら、紙や筆は必ずいいものを使わないといけない」とはっきり書き残されておられます。「あるところで字を書かされたが、筆が悪かったからあまり上手に書けなかった」とまで書いておられ、ことわざは実は、「真っ赤な嘘」のレベルですらあったのでした。私も一応物書きのはしくれですが、お大師さまを見習って、あれこれ考え、さんざん推敲し、悪戦苦闘して原稿に向き合うようにいたしたいと思います。

（佐々木琳慧）

文章の興作は先ず気を動かす　気は心に生じて　心は言に発し　耳に聞き目に見えて紙に録《しる》す（文鏡秘府論南／文筆眼心抄）

【文章を興すには、先ず気を動かすこと。気は心に生じ、心が言葉になる。耳で聞き、目で見たことを紙に書く】

**◉漢文の醍醐味は口ずさんで初めて知る**　お大師さまの著作はバリエーションに富んでいます。なかでも中国の六朝から唐時代にかけての諸家の詩論を抜粋しながら、四声、韻、十体、六義、対句、文意など漢詩文を作成するための規則を論じた評論書を著しておられます。『文鏡秘府論』三巻とその抄本『文筆眼心抄』一巻がそれです。引用された中国の詩論書、たとえば王昌齢の『詩格』、皎然の『詩式』など現存しませんが、本書を通じて知ることができることから、資料としても価値が高いとされています。

ところで私は中国の漢詩を高校時代に杜甫や李白など著名な詩人の作品を通じて味

わう機会がありました。今でも記憶にあるのが五言絶句や七言律詩などの形態を表した言葉です。政治や処世など男性色の濃い内容の詩が中心で、男子の本懐を吐露するものが多い印象でした。

平安時代の終わり頃からカナ交じりの文章が男女別なく使用されるようになるまで男性は漢文を主に用いた、とされています。漢文の特色は、まず漢字の羅列という硬い一種の無機質さにあります。例えば五言絶句なら一行に五つの漢字が並び、それが四句均等に配されます。構文は英語と同じで主語述語補語目的語など。例えば「私はおいしいウナギを食べる」という日本語を漢文では「私食美味鰻」と表記します。漢字には抑揚リズムが文字自体にあり、漢字の羅列にはうねりや濁りなどが生まれます。また、関連する内容を盛った文を対句表現としたり、各句末ごとに同じ音の異字を置いて韻を踏むことでより格調高い文章とされます。漢文は特に口に出して朗詠することで無機質な漢字の羅列に命が吹き込まれた事実をはじめて知ることになるように思います。

（山田弘徳）

**文を属《つく》る人は常にすべからく意を作《おこ》し　心を天海の外に凝らして　思いを元気の前に用い　巧みに言詞を運んで精《くわ》しく意魄を練るべし**（文鏡秘府論南／文筆眼心抄）

【文章を書く人は、いつも心を空や海のような深遠な風景にめぐらし、万物の根源に自分の思いを馳せ、その場面を的確に練って、自分の感動を詳しく述べることである】

**◉文は人なり**　文章には、力があります。人を元気づけることもできます。自分の心境を表現することもできます。いろは歌の四十七文字が原点となります。宇宙の真理をわずか四十七文字で表現されたお大師様はすばらしいです。私は月参りには先ずいろは歌をお唱えしております。気持ちがすっきりします。

精神が乱れていると名文は書けません。心・技・体の三つがそろった時に名文は書けます。深い体験をした人は、文にも現れます。

俳句は、五・七・五で種々様々なことを表現できます。日本語は、本当に奥ゆかしいと思います。顕教では、たくさんの言葉で表現することを、密教ではほんの数文字で表現することができます。真言宗の僧侶の方は、密教のタイプの方が多いのではないでしょうか。

現在、日本の仏教には十三の宗派があります。それぞれ特徴がありますが、私は縁あって真言宗の寺に生まれました。昭和三十五年生まれで、もうすぐ還暦を迎えます。大病もしましたが、何とか還暦を迎えられそうです。これからの晩年は、心にゆとりを持って精神統一の時間をふやしていこうと思います。内的世界を充実させて、同行二人の精神を忘れずに成長していきたいと思います。

ところで、太古の昔と比べると、現代は一日一日の変化がとても速いと思います。なかなか時間の流れについていけないことも多いようです。ですから、十年後はどのような世の中になっているのか全く見当がつきません。自分の考えとしては、大事なのは、内的世界を充実させて、自分の持つ宝を発見していくことだと思います。

自分の心の中に仏をしっかり自覚して自信を持つことです。何事も体験です。そこから学ぶのです。毎日を大切にしましょう。

（堀部明圓）

作文

作る所の詞句　古語を用うることなかれ　今に及んで字の旧意を爛《ただら》かし

他の旧語を改めて　頭《はじめ》を移して尾《おわり》に換《か》うる　この如き人は終《つい》に長じ進まず

（文鏡秘府論南／文筆眼心抄）

【詩作には古い用語を使わないことである。今になって古い字の意味をいじったり、他人の使いふるした語句を改めたり、初句を後ろに換えたりしていているようなことでは上達しない】

**◉何故、ここまで**　讃岐の国で誕生された真魚という御子が、成人されて当時の官僚のテクストまでお書きになるという事は、如何に空海が時の天皇の庇護を一身に受けられていたのかが容易に理解出来ます。

作る所の詞句　古語を用うることなかれ

今に及んで字の旧意を爛《ただら》かし古い用語を使わない、陳腐な表現はしない事だと忠告されております。この聖語の出典となった『文鏡秘府論』には、この聖語の他にも大切な文言が幾つかございます。

大仙の物を利するや　名教もて基と為し　君子の時を済うや　文章是れ本なり

或いは、

思いを落句に含む勢いとは　落句に至る毎に　常にすべからく思いを含むべし

語尽き　思い窮ましむことを得ず

これらの聖語をも含めて考えてみますと、文章による伝承よりも言葉による伝え方が庶民の間では極当たり前であったようです。しかもその伝え方とは庶民の心にとても響くようでなくてはならない、繰り返し喩え難しい御仏のお言葉であろうとも伝える相手の心に染み渡るようでないといけないと仰せであります。何処にこれだけ庶民想いの御祖師様が居られましょうか。まさしく庶民ファーストと言えます。だからこそ庶民の上に立つ官僚達には、とても厳しく仰せです。

かつて言葉を巧みに、御佛世界へ先導された御方が浄土門の親鸞様、法然様達でありました。死後の世界が本当にあるのか、そこは如何なる国であるのかという民衆の心の問い掛けに〝六字の名号〟をもって応えられました。平易な言葉、声による布教の始まりだとも言えます。如何せん感動ある言葉が法を弘め、人を教化致します。想いを正しく伝えるように我々も心得ましょう。

（宮地賢剛）

文を作らば必ずすべからく古人及び当時の高手の意を用うる処を看て　新奇の調あらばこれを学ぶべし（文鏡秘府論南／文筆眼心抄）

【文章を作る者は、必ず古典かその当時の名手の手法を習って、そこに新鮮かつ斬新な表現方法があれば、これを取り入れて学ぶべきである】

**◉作文の苦手を克服するには？**　まだ私が小学校低学年だった頃に作文の宿題が出ました。テーマは「最近感じたこと」で、祖母が風邪をこじらせて寝付き、お医者さんに毎日往診してもらった時の家族の心象を正直に綴って提出しました。後日担任の先生から「市主催の作文コンテストに出そう」と褒められて嬉しかったのですが、本当のところは作文は苦手でした。

大学を終えてお寺に帰り、檀家さん向けに新聞作りを始めました。高野山のニュースや分かりやすい法話を載せようと毎号執筆していますが、大変です。なぜやめなかったかと言えば「逃げちゃいけない」と思ったからです。苦手だからと止めたのでは何も伝えられなくなってしまいます。そう考え奮起してペンを取っているのです。

阿刀田高さんという作家をご存じでしょうか。短編小説の名手であり、奇妙な味を醸し出す方です。新刊が待ち遠しく思っていました。しかしある日から新作が出なくなりました。後の随筆集の中に当時の苦悩を書かれているのを見て、執筆の大変さを再認識したものです。別の随筆では作文力をテーマにしていました。特に素材と執筆の技量の説明が印象的でした。素材に十の力があれば執筆の技量がなくとも十の作品になるのです、例えば自伝とか自分の感じた事とか。五の素材ならば五の執筆力でカバーすれば十の作品になり、一や二の素材であればそれらを沢山揃えて綴れば十の出来栄えの作品になるとのことでした。それを読んでからというもの十の素材を沢山探してそれを次々と法話にしていきましたが、それもそろそろ限界に近づきました。

ところが今日の聖語を頂いて救われました。執筆力を上げる方法を手に入れた気がいたします。お大師さまをはじめ昔の方の文章をしっかり読み込んでその上に新しい手法を取り入れればよいのです。早速実践してみたいと思います。今まで名文だと思い読んでいたお大師さまのお手紙や碑文にもこういった創作秘話があったのですね。

（亀山伯仁）

**紙筆墨は常にすべからく身に随えて　興来たらば即ち録せよ　もし筆紙なからば覊旅《きりよ》の間に意多く草草たり**（文鏡秘府論南／文筆眼心抄）

【紙と筆と墨はいつも携帯し、感興が湧けばすぐに記録する。もし筆や紙がなければ、旅行中の考えが書き留められなく忘れ去ってしまう】

**◉ノートが父**　「メモ魔」という言葉があります。昔の辞書には掲載されておりませんが、最近の辞書には見受けられます。近代の造語と言えます。何でもメモしないと気がすまない人という意味です。

布教師の癖で、日々話の種はないかと探しています。その種は突然に現れ、その都度、意識の中で咀嚼しなければ消えてしまいます。車の運転中や、持ち物で両手がふさがった状況で、その種に出会うとシメたとニヤニヤしますが、意識は常に変化しておりますので、次の種に出会うと、前の出来事が記憶の彼方へ追いやられて、検索不可能な状況になってしまいます。相当な数の出来事を失念していることに気づいた時から、メモ魔に変貌しました。家は勿論、車の中にもすぐにメモできるよう準備しておりますし、携帯電話のメモ機能を使って録音もします。メモを取ったからといって、合格点の話はなかなかありませんが、その時の感動と、冷静に考察した時の感覚の乖離がない、つまり同じように心が動く話に出会うと、嬉しくて小躍りします。

義理の兄が亡くなりました。完治が望めない病気になり、覚悟を決め六年間生きながらえました。中学を卒業して直ぐ、京都の嵐山にある一流料理店に勤め、一人前の板前に認められ支店の板長に就任し、後に独立して埼玉の浦和で京料理の店を構えておりました。五千円の高価な花見弁当が飛ぶように売れ、テレビに取材されたこともあります。彼の息子は父親を尊敬し、病気が発覚してから、父親の弟子になりました。入院を拒み、店に立ち続け、店の奥の小部屋の椅子に座り、壁にもたれかかりながら指示を出す姿は、料理やお客さんに対する真摯な態度を弟子に伝える手本でした。

喪主を務めた息子が、会葬のお礼の挨拶で、数十冊の大学ノートを披露し、「父の残した料理メモより、僕のメモが分厚いのです。父は六年かけて多くの技を伝えてくれました。このノートが父です。これで父を忘れずに、いつまでも追い続けられます」。立派な挨拶の後ろで、遺影は笑っていました。

（吉田宥禪）

**文章はその本性に関《あず》くる　識高く才劣なる者は理周《あま》ねくして文窒《ふさ》がる　才多くして識微《すく》なき者は句佳《よ》くして味わい少なし**（文鏡秘府論南／文筆眼心抄）

【文章はその人の素養にかかわる。知識が高くても文章能力が劣る者は、理路整然であっても表現で行き詰まってしまう。才能が多く知識が乏しい者は、表現が上手でも内容は薄い】

◉**文は人なり**　「文は人なり」とは、フランスの博物学者ビュホンが一七五三年に語った言葉だそうです。そのおよそ千年も前に、お大師様は同じ事柄に着目されていた訳です。文頭の句は、中国の詩文書物の意をくみとり、抜粋し、まとめられたものの中の一文ですが、文献の的確な取捨選択からも、お大師様のお人柄や見識が窺えます。

文章にするというのは、本当にむつかしいなぁと思います。書き始めても、なんだかしっくりこない、力めば力むほど薄っぺらくなってしまうのが常で、知識・表現力共に及ばず、まさに「その本性に関くる」になってしまうのです。文章表現には語彙力が大切です。単に言葉をたくさん知っていることではなく、本当に理解し自分のものにしている力が語彙力で、経験を通し、心で分かっている力のことだと思います。だからこそ、そこにその人の価値観や、美意識、人となり、生き方が隠しようもなく見えてくるのでしょう。

口から発する言葉は、声や表情、身ぶり手ぶりで補いながら表現しています。対象の反応により感情を動かし、心も変化しながらで、流動的な感じがします（その場でしか味わえない感動は勿論ありますが）。一方、全てを文字に託しているのが文章です。自身と向き合い、素直な気持ちを表現します。言葉の向こうにある、たとえば色や音や香りや心を受け取るためには、読み手にも素養が必要なのだと思います。

私には、毎月決まった日に手紙を書いてくれる友人がいます。ＬＩＮＥは必要ないとやめたそうです。電話もほとんどしません。気のおけない仲ですので、肩肘張った美文ではありませんが、文面から、彼女の豊かな人柄があふれます。シリアスな内容もユーモアを持たせ、厳しい言葉にも優しさが含まれ、昔から筆まめな方でしたが、深みを増しているように思います。それは、多くの経験を重ね、良き歳を重ねているからなのだなと、改めて感じています。

（橘髙妙佳）

もしまた情性煩労して事由寂寞なるは　強いて自ら催逼せんこと徒らに辛苦を成す　翰《ふみ》を韜《つつ》み筆を屏《しりぞ》け　以って須後に図って　心慮の更に澄むを待ち　方に連緝を事とせんには若かず　止《た》だ作文の至術のみに非ず　抑も亦た養生の大方なるのみ（文鏡秘府論南）

【もし心が疲れて執筆が辛くなったときは、無理に続けていても苦労するばかりである。しばらく執筆を止めて後で考えることにして、心が澄むのを待ってから仕事を続ければよい。これは作文の秘訣だけではなく、養生の処方でもある】

**◉気分転換**　二〇一九年六月二六日の「サンケイスポーツ」に、シアトルマリナーズの菊池雄星投手のインタビューが掲載されています。この年、メジャーリーグ挑戦を表明して、マリナーズと契約した菊池投手は、一月三日の入団会見後、マリナーズ会長付特別補佐でもあったイチロー選手と対面し、「引退するまで、いい時と悪い時は必ずあるから、そこで野球、野球だけにならずに、リフレッシュすることも大事だよ」というアドバイスを受けたそうです。それまで結果が悪い時も落ち込んではいけないと思っていた菊池投手は、「落ち込むのは当たり前。それを力に変えて財産にすればいいと楽になりました」と述べています。

心身にかかる重圧を意味するストレスという言葉は、カナダの生理学者ハンス・セリエ博士が一九三六年の科学雑誌『ネイチャー』に「ストレス学説」を発表したことから、広く知られるようになりました。セリエ博士によりますと、ストレスは心身のバランスが崩れた時に発せられるSOSのサインであり、その解消には気分転換が不可欠であるそうです。ゆっくり湯船に浸かったり、おいしいものを食べたり、こころゆくまで買い物したり、ストレスの対象に意識が行かないようにすることによって、気持ちに余裕が生まれ、集中力のアップにつながるなど、ストレスがプラスに働くようになると主張されています。菊池投手はイチロー選手のアドバイスによって、メジャーリーグで生きて行くための最大の武器を手に入れたと言ってよいでしょう。

もっとも、今から千二百年前、弘法大師も日常生活における気分転換の重要性について述べられています。いつの時代にも気分転換はストレス解消のもっとも有効な手段だったのでしょう。

（愛宕邦康）

これ茲《こ》の事の楽しむ可き　固《もと》より聖賢の欽《つつ》む所なり　虚無に課せて以って有を責め　寂漠を叩いて音《いん》を求む　綿邈《めんばく》を尺素に函《ふく》み　滂沛《ほうはい》を寸心に吐く　言は恢《おお》きにして弥《ますま》す広く　思いは按じて弥《ますま》す深し（文鏡秘府論南／文筆眼心抄）

【文章の楽しさは、昔から先徳たちが認識している。書くということは、無から有を引き出し、沈黙から音声をなすことである。永遠の時間を狭い紙面に綴り、巨大な世界を小さな心から吐き出す。言葉はいくらでも広くなり、思いはどこまでも深くなる】

**◉作り出す**　今、ネット上では様々な自己発信、自己表現のツール（道具）があふれています。自分の中にある考え、自分が理想とする世界、自分がなりたいと思う職業、そうした夢に近づきたいと、誰かに認めてもらいたいという自己訴求、存在意義を求めているのでしょう。

その中で、最近話題に上がっているのが「小説家になろう」というサイトです。自身が考えたストーリーをそのサイトにアップ（掲載）して、多くの人に読んでもらいたい、また、いずれは小説家になりたいと思う人の登竜門とも言えるサイトになっています。

実際、ここに掲載された作品が書籍になり、アニメになり、映画になりという結果を残していたりします。

自分の思った通りに思ったストーリーを作る、その行程は一つの宇宙を作ることと言えなくもありません。

私自身、文章を作ることはよくあります。実は、文章を作ることは嫌いではなく、いやむしろ好きなのでしょう。作り始めたらあっという間に時間が経っていたりします。

文章に限らずですが、こうした無から作り出すという行為は、自身の頭脳を活用し、また正しい情報を発信するために様々な知識や技術をもつ必要があります。そうした努力があってこそ、深みや思いが組み込まれ、多くの人に伝わるものができるのだと思います。


（中村光観）

作文

辞は達して理が挙がらんことを要す　故に冗長を取ること無し（文鏡秘府論南）

【文章は、意味を正しく伝え、理論の筋を通せば、まわりくどい表現が避けられる】

◉**ことばと文章は心のかたち**　お大師さまの著作やお手紙の文章に触れた人は、古典の用例をふまえたことばを的確かつ自在に選択するお大師さまの教養と記憶力に驚嘆します。また、自らの言わんとすることが相手に伝わるよう、善きことばで文章を紡ぎだす感性を讃えます。お大師さまは、『三教指帰』『文鏡秘府論』で、中国古典を典故に、文章とは情や憤りなどのあふれる思いがことばで現れたものとします。

密教の相承者であるお大師さまにとって、ことばや文は発した思いが形をなしたものので、言語に限らず身体行為や図絵をも含みます。仏の説法はさまざまな象徴をもって説かれ、聞き手の有無にとらわれない説法もあるのです。お大師さまのことばや文章への深い観察を知れば知るほど、私たちは真実のことばの世界に関心が高まります。

その一方、古来仏教では、ことばの扱いに用心もしてきました。ことばで存在を分別する働きは、賢さの表れとして世間的評価を得ますが、思い込みや決めつけに陥ると、思い通りにならない苦悩や不安を生じます。仏教では、智慧によることなく拡大していく多様な思いをプラパンチャ（戯論）と呼んで解決すべき課題とし、そうしたことばによるとらわれを絶した無分別智、あるいは空性・無自性といった本質を観じる般若の智慧を志求してきたのです。密教の経論にも、無戯論如来という如来を説き、文殊菩薩は利剣で諸の戯論を絶つと説くなどしています。ただし、仏教は、ことばや文章を単純に否定しているのではありません。名称や形態によって存在を限定して、それにこだわりがちな私たちの心の働きをいさめているのです。

日頃の手紙の作法にせよ、事務書類作成にせよ、俳句や短歌、各種文学作品にせよ、文章をつむぐ時には、「伝えたつもり」でなく相手に正しく「伝わる」ようにさまざまな工夫をします。それでも誤解や曲解が生まれることを完全に防ぐことは困難です。ただし、善きことばや文章も、悪しきことばや文章も、その源は私たちの心の発露です。それを意識し、不妄語、不綺語、不悪口、不両説を意識して虚飾を離れた時、心を映す善きことばによる文章を作れるのではないでしょうか。

（中原慈良）

作文

これ茲《こ》の文の其の用を為すこと　固《もと》より衆理の由る所なり　万里を恢《ひろ》めて無からしめん閡《がぎ》り　億載に通じて津を為す　俯して則を來葉に貽《のこ》し　仰いで象を古人に観る（文鏡秘府論南／文筆眼心抄）

【文書は多くの理法を伝達する役目がある。その理法を遠隔地に伝えたり、未来へ遺したり、古人の優れた知識を学んだりすることができる】

**◉心をつむぎだす「文」の魅力**　ここでご紹介している弘法大師さまのお言葉は、文章の持つ効能の一端を語っています。同じ書物の中では文章を書くことについて、「永遠の時間を狭い紙面に綴り、巨大な世界を小さな心から吐き出す。言葉はいくらでも広くなり、思いはどこまでも深くなる」とも語っておられます。

インターネット全盛の現代にあって、直筆の手紙という方法は残念ながらめっきり減ってしまったと言えるでしょう。しかし、人が自分の心で考えてしたためる文章というものは、言葉を超えた力をもっているものです。

私の近所に住むある方は、生前のお父さんの一番の思い出として手紙をもらったことをお話ししてくれました。その方のお父さんは中学校を出てから工場での製造業一筋の人生を歩まれ、「俺は勉強も駄目だし、字も書けないから」と手紙を書くようなことはまったくなかったそうです。

親の背中を見て育ったその方はお父さんの仕事ぶりに魅力を感じ、跡を継ぎたいと、高校を出て工場に入りました。お父さんは特に細かく指導することはしません。「見て覚えろ」「技術を盗み取れ」ということだったのでしょう。何年かたって、その方は壁に当たりました。どうしても父の技術に近づけない、自分に父の跡を継いでいく力はない、と。それでもお父さんは声をかけません。いよいよ息子さんが悩んで八方ふさがりになったときに一通の手紙が作業着のポケットに入っていたそうです。そこには、「お前は間違いなく上手くなっている。こつこつ積み上げていることはぜったいに実を結ぶから心配するな」と書かれていました。工場を経営する立場になったその方にとって、お父さんが書いた手紙の文章は、なによりも力と光を放っているのです。「思いはどこまでも深くなる」。まさに文の持つ不思議ではないでしょうか。

（小野崎裕宣）

## 文章の興《おこ》りは自然と与《とも》に起り　宮商の律は二儀と共に生《な》る（文鏡秘府論西）

【文章の起こりは自然とともに始まり、音律は天地の誕生とともに発生した】

◉**風の音も雨の音もすべてはメッセージ**　音楽はどのようにして生まれたのでしょうか。私たちは音楽によって心が静かになったり、ワクワクしたり、うれしくなったりします。音階を巧みに使うことで私たちの心を揺さぶることができる音楽は、古い歴史があるはずです。

縄文時代の遺跡から明らかに音を出すことを目的とした土器が出土しています。音を出す土器は歌の合いの手として打楽器のように使われたのでしょうか。縄文時代にことばが使われていた形跡はないようですが、音を出すことを目的とした土器の出土は、言葉よりも早く歌やリズムをとる打楽器があったことを示しています。西暦五三〇年ごろからあったとされる日本の雅楽は拍を刻むリズムがあまりなく、なだらかに旋律が流れます。

私は、音を出す土器も、雅楽の旋律も自然の音をモデルにしたのではないかと考えます。例えば風が木の間を駆け抜ける音は笛の音に似ています。雨が地面を打つ音は小太鼓の小刻みなリズムに似ています。小鳥のさえずりや動物たちの鳴き声は金管楽器の音に似ています。自然の音を真似るように歌をうたい、楽器を鳴らし、いつしか音楽になっていったのではないでしょうか。やがて、音楽を言葉で表現しようとする試みが生まれて詩や文章ができていったと思います。詩や文章を書く者は、風の音も雨の音もメッセージとして受けとめて言葉で表現しようとしたのです。

お大師さまは自然を愛し、自然の中で仏法の修行をして悟りに向かおうとしました。お大師さまには山が説法するように聞こえたことでしょう。まるで山が仏の声を発しているように感じておられたことでしょう。

美しいと絶賛されたお大師さまの文章は自然の営みをそのまま言葉に写し取ろうとしました。自然に耳を澄ましておられたからこそ美しい文章を紡ぎ出すことができたのです。私たちもスマートフォンから目を上げて自然の営みに耳を澄ませてみませんか。

（中村一善）

**文の起り必ず由《ゆえ》あり　天朗かなるときはすなわち象《しょう》を垂れ　人感ずるときはすなわち筆を含む**（三教指帰上）

【文章を書くには必ず理由がある。天が晴れているときは明るい気象になるように、人がものを感じるときは執筆に想いがこもる】

**◉山林修行への黎明**　この一文は、「人がものを感じるときには、執筆に想いがこもる」ということを言っていますが、考えてみればこれは当たり前のことです。弘法大師がここで伝えたかった意味は「感じる」＝「霊験を得る」というのがより細やかで正確であると思われます。「天朗」とはよく晴れた日という意味にとどまらず「天女の加護を得た瞬間」というのが具体的です。大師は詩人でもあったので、文章によく比喩が使われることは周知のとおりです。

さて、この言葉が書き出しの『三教指帰』は大師二十四歳のときの御作で、出家宣言の書であり処女作です。さまざまな大師伝がありますが、中でも出家の契機はよく語られるところです。せっかく入った大学を中退して山に入り修行の旅に出たとか、両親親類の反対を押し切って仏門に入ったとか、若き日の大師の反骨の混じった強い求道心を映しだすエピソードは、高僧伝とは違った面で、生の人間性に触れることができ親しみを感じさせてくれるものです。

さて、旧官省符荘、つまり江戸幕府ではなく金剛峯寺の寺領内だった高野山麓の地域、現在の橋本市山田に「三石山不動寺」というお寺があります。この寺伝には「延暦十三年、大師が二十一歳のとき草庵を結んで修行時に、杖立で手水を出したのが滝となり、そこから出現された不動明王に霊験を授けられた」。大師が『三教指帰』の執筆に正味どれだけの時間をかけたかはわかりませんが、この頃、仏道を進むことを誓願し、天啓のうちに『三教指帰』の執筆の構想をも巡らせたことでしょう。作品完成直後の延暦十六年末から同二十三年までの間の大師の足跡は途絶えます。二十一歳の大師の修行における体験は、光に包まれ天女の加護を得た瞬間であり、さらに続く空白の修行期間といわれる、本格的な山林修行への動かない門の発見であったと思うのです。

（佐藤妙泉）

## 山に対して管を握《と》るに物に触れて興《きょう》あり　自然の応《おう》覚えずして吟詠す（性霊集三　勅賜屛風）

【山に向かって筆を執り、その風景から感興を湧かせ、自然に心の趣くまま詩を作る】

**◉自然の応**　冒頭の聖語は、お大師様が嵯峨天皇の勅命により、屛風に古今の詩人の秀句を書かれ奉献する際の上表文の中にあります。

この聖語の前には、「嵯峨天皇は太陽であり、ひまわりである私はその光を仰ぎ見ています」とあります。その上でこの上表文の終わりに、漢詩を吟詠されています。その詩には「私は青山白雲の観念（瞑想修行）の僧であります。書道に関してはなおざりにしており、稽古をせず筆を絶っていました。私の心は仏会（仏様の世界）での精進にあり、書道に対してはなおざりです。書道を顧みなくなって何年が過ぎたでしょうか」とあります。

このようにお大師様はご自身を仏様の世界で修行する観想の僧であると述べておら

れます。そのことを心に留めながら、改めて冒頭の聖語に触れてみますと、「自然の応」の言葉には大きく二つの解釈があるように想います。「自然」という言葉は、「山川草木、日月風雨」の意味の他に「おのずから、ひとりでに」との意味もあります。

同じく「応」にもふたつの意味があります。「応」とは「感応」のことです。一つは心に深く感じること。もう一つは神仏の加護であることです。仏教には「感応道交《かんのうどうこう》」なる言葉があります。私たちが仏様を「感」じようとすれば、仏様はすぐに「応」じて下さること、私たち衆生と仏様の心が通い合うことです。つまりは「自然の応」とは大自然を心に深く感じることであり、また仏会という仏様の世界と観法をされる大師様の心がおのずから一つとなられていることでもあるのです。

お大師様が比類無き文章や書道の一流の文人であることはゆるぎない事実でありますが、その真のお姿は「自然の応」にあります。その御心から筆を執られ漢詩を吟詠されました。言うまでも無く一流の文人である以前に、お大師様は瞑想の修行者であったのです。

（小野聖護）

青山翠岳に翔鳳《しょうほう》を見　華苑瓊林《けいりん》に走驎を望む（性霊集三　勅賜屛風）

【奇瑞なことに、青い山脈には鳳凰の飛ぶ書が見え、花園には麒麟の走る書が眺められる】

**◉書の与える力**　思いを筆で著す書というのは人の心を変えることができる魔術です。そして、その魔術を受け止めた相手の心というのは得てして変わるもので、心が変われば次に行動も変わり、最後に結果も変わります。これは当たり前のことと言えば当たり前ですが、実はここに世の真理は隠されています。

お大師さまが書かれる書の優雅さはこの上ないとつくづく思います。私はそこまで書に詳しくはないので、はっきりしたことは申し上げられないのですが、現代でも書の達人は古《いにしえ》の書を見て、過去に生きた方々の性格や人物像までも読み取ることができると聞きます。

私自身は真言を学び実践する僧侶ですが、人が発する言葉や念というものは、相手の心の奥まで入り込み、そしてその心の中で増幅していくものだということをよく理

解しています。悪い思いであればそれは悪い方向へ、そして良い思いであればそれは

良い方向へ確実に向かっていきます。

これは普通の社会でも本当によくあることです。ある人がどんなに正論を言ってい

たとしても、そしてそれが間違いなく合っていたとしても、その人が発する言葉のオ

ーラが悪い、例えば変に上から目線で相手を貶めたいという気持ちがあったりすると、

相手に与える印象は必ず悪くなり、それが人づてにどんどんと増幅され、関わるすべ

ての人の気持ちを萎えさせたり苛立たせたりして、最後は自分に返ってくるものです。

これは因果応報です。言葉や書というのは本当に力があります。ですから、普段から

その発信元である私たち自身の心の奥底を見つめていきたいものです。

お大師さまが嵯峨天皇に奉げたこの詞《コトバ》は本当に優雅でやさしさにあふれ、相手に与

える印象は本当にこの上なく素晴らしいものになっています。受けとられた陛下はお

大師さまの心からの詞に触れて、さぞかし喜ばれたことでしょう。書・詞というのは

時を越えて人と人とを結び、悟りへの道を示してくれるものと強く感じます。

（山本海史）

龍管池に臨んで漆墨《しつぼく》を調え　烏光《うこう》忽に照らして豪賓《ごうひん》を点ず（性霊集三　勅賜屏風）

【紙の湿り気を防ぐために晴天を待ち、日光が輝く日に墨を磨り、そして一気に筆を走らせる】

**◉気分を切り替えて前に進もう**　勉強でも仕事でも気分が乗らないことがあります。なぜこんなことをしているのだろうか、いつまで続くのであろうかと思うこともありましょう。しかし、その積み重ねが前進となります。努力は絶対に無駄にならないといわれるのも、積み重ねることが成功への道筋と考えるからです。

人が生きていくにはいろいろなことがあります。皆さんはどんな人生を送ってきたでしょうか。すべてが順調という人はなかなかいません。すべて準備のもとに成り立っていると言っても過言ではありません。

さて、今回の句は紙に筆を走らせる場面が書かれております。紙の湿気も気にして、墨の摺り具合も気にして筆を執るということ。注意を怠ることなく、その時を選んで進む様子は私たちの人生にも共通していえることなのではないでしょうか。人生においても「今」というタイミングはありますし、その瞬間から突き進むなんてこともあると思います。

日々、平凡に過ごしていると、切り替えのタイミングを逃してしまうかもしれません。ただ私たちは一週間という曜日に区切られ、一年という期間に区切られ、空間も区切りながら生活をしております。そのすべてが切り替えるタイミングになっているのです。そのタイミングをつかみながら生活しているのです。

現代社会において気温・室温がコントロールされてても、やはり外の空気は気持ちがいいものです。

生活の中に気分を切り替えるタイミングを作ることは、意外と前に進むタイミングなのかもしれません。なかなか前に進めないこともあるかもしれません。でも何かのタイミングで一気に前に進むかもしれません。ですから、前に進むことができる準備が必要なのです。

（赤塚祐道）

六言の詩は紙の上に界《け》なくして意に任せて下す　廷芝《ていし》が集に於ては拘《かかわ》るに界の狭きを以てし　毫《ふで》を容《い》るるに地《ところ》なし（性霊集四　劉廷芝）

【六言の詩は紙幅に罫線がないので自由な筆勢で書くことができるが、劉廷芝の集は罫が狭いので書体が制限される】

**◉お天とうさまが見てる**　「自由だ」と言って法律にでも触れなければ「何をしてもいい」と思っている人がいます。あなたに迷惑かけてないでしょ、とか、法律には触れてないから……のように言います。そう言われても、何となく納得できないことがあります。どのように戒めていけばいいのでしょうか。

私たちの住む日本では、右に進むのも左に進むのも自由です。世界のある国や地方によっては、そんな自由さえない処も未だにあります。平等に自由が与えられているということは、実は本当に有り難いことなのです。しかし不自由を感じなくもありません。例えば「言論の自由」と言っても、匿名性によってＳＮＳはすぐに炎上します。

メディアの報道の仕方によって、世論があらぬ方向に向かい、偏見や差別を生むこともあります。もちろん、言葉の大切さは常に問われなくてはなりませんが。

ここで「自由」という漢字を見てみると、「自らに由る」と読めます。自らとは自分。由るとは原因とか理由という意味です。「自分の判断・行為に原因がある」ということでしょうか。自由とは、何をしてもいいのではなく、行為に責任を持たないといけない、という意味なのです。迷惑をかけてないからいい、とか法律に触れてないからいい、という判断で測るものではないのです。あなたのこれからは、あなたの今のその言動に由るのです。行為は種となって残っていくのです。

そう思うと、ルールや風習、時に人の眼も、また、警告ともとれる災いなども、逆に人間の弱さに対する道しるべではないかと思うのです。人間が何でも自由に好き勝手していたら、どんどんルールが増えていき、本当に自由がなくなってしまうのではないかと心配になります。自由でいたいなら、責任を持たなくてはなりません。

その点、仏さまの世界は真に自由です。ルールに左右されません。時空を超えています。弘法筆を択ばずという言葉がありますが、空海上人は、線が有っても無くても、それぞれに応じて自由に物事を生かしていたのでしょう。

（阿形國明）

## 雑擬様の詩は字勢狂逸なり　狭路《きょうろ》何ぞ堪えん（性霊集四　劉廷芝）

【様々な様式の詩は筆跡の勢いが強いから、紙幅が狭ければ思うように書けない】

**◉まずは形から**　中国の詩人の詩集を勅命によって書き写したことが述べられた御文章の中に出てくる一文です。日本の三筆と称されるお大師さまが恐縮に恐縮を重ねて不備を詫びておられます。「弘法筆を選ばず」ということわざがありますが、実はこの御文章の中には「筆がいいものでないから」と言い訳をされているのです。そして、紙の大きさで思うように書けないとまで言及されているのです。なんとお大師さまの人間味を感じられることでしょう。

お大師さまは技術や心だけでなく、形も必要だと仰っておられるように思われます。

年末に高野山高校では卒業生・教職員物故者の追悼法会が執り行われます。全校生徒はもとより保護者の方にも御参列頂き、講堂の中に人が入りきらないような中、宗教科生が本山からお借りした袈裟や衣を着用して、中曲理趣三昧法会という儀式を行います。宗教科生は他の高校では学ぶことができない声明や常用経典などを日々勉強していますが、その最たるものを披露する場でもあります。生徒たちは練習に練習を重ね、約一時間半の儀式を一つ一つ丁寧に修していきます。しかし、それを修している生徒たちの心の中は、与えられた所作や任務を忘れず、とにかく必死に行っているだけです。法会を最後までやり遂げる事しか考えることができていないかもしれません。もちろん私たちは練習の中でも本番前でも、何のために拝むのかを考えて、心を込めて行おうと指導します。耳には入ってきていても、それを実践することは出来ていないだろうと思います。私はその必死な気持ちで十分に供養されると思っています。習った所作を一つ一つ意味は分からなくても必死になって丁寧に行っていれば、いずれそこに心を籠めることが出来るようになるはずです。心から形に現れるものもありますが、私の経験上では高校生には形から心を作っていくことの方が先だと感じています。

密教は疑問を抱かず、完全にのめり込んでみるという体験も必要です。お大師さまは書にのめり込まれた達人ですので、冒頭の文章の後には、「紙幅に合わせて書体を工面しました」と書いておられます。

（富田向真）

鑑者《かんしゃ》は写せず　写者は鑑せず　鑑者は興《きょう》来たるときはすなわち書をその奇《き》逸《いつ》を遺す　写者は終日《ひねもす》矻矻《きつきつ》としてこれを調句に快くす（性霊集四　劉廷芝）

【筆や紙に重点をおいて書く者は、手本から離れた絶妙な書体をのこす。手本の通りに書く者は、終日慎重に字画を調えて複写したように書く】

**◉拓本に魅せられて**　良い書道手本を探しに神保町に通っていたことがあります。昔の人に比べ現代の我々は圧倒的に手習いの量が足りません。だから一通りの書を書くようになるには、良本をとにかく臨書するのが良いだろうと思い、褚遂良の雁塔聖教序や顔真卿の多宝塔碑の影印本を揃えひたすら臨書しました。

そのうち手本の黒々とした拓本に魅せられて、整本という一枚ものの大きな拓本が欲しくなりました。大金をはたいて多宝塔碑の原拓の掛け軸を購入し、自室に吊り下げて毎日見入っていたのです。

七五三年建碑、顔真卿四十四歳壮年の書。西安碑林に安置され現在は碑面にガラスが張られて採拓できませんが、文化大革命前に採られた良本を手に入れることが出来ました。なかなかこれが素晴らしく、白黒が逆転した字画から文字がその意味と共に立ち上がって来ます。千二百年もの時を越えて、何かを伝えようと顔真卿の力強い筆致が目に迫ってくるのです。

臨書しているときには、一点一画そっくりに書けるようになろうと筆を運んでいましたが、拓本を凝視するうちに平面の紙の奥に忠義の人と称された顔真卿の激情、悲憤、忠節、感動が時空を超えて伝わってくるような感覚になりました。

思えば古来全く同じ字を書いた人はいないと言えるのではないでしょうか。人それぞれ環境や縁、自らの心境を少なからず書に表現しています。

弘法大師は様々な書を残されましたが、まさにこの世界の森羅万象を表現せんとする大師の気息が伝わってくるようです。顔真卿も弘法大師もその書の向こう側にいる私たちに、何かを伝えようと筆鋒を打ち入れたのでしょう。何かとは何か？　書の道の先にあるものは道義であり、智恵であり、そして真実義でありましょう。

（佐伯隆快）

余　海西に於て頗る骨法を閑《なら》えり　未だ画墨せずと雖もやや規矩《きく》を覚《さと》れり

（性霊集四　劉廷芝）

【私（空海）は、唐にて書法の基本を習ってきたが、まだ筆で試していないけれども、おおよその手法は心得ているつもりである】

**◉お大師さまは書の達人**　「弘法にも筆の誤り」、「弘法筆を択ばず」の諺からも知られるように、お大師さまは、日本を代表する書の達人です。嵯峨天皇、橘逸勢とともに、「平安の三筆」の一人にも数えられています。また伝説によれば、唐の国（中国）へ留学中、書の腕前を見込まれて皇帝に召されたお大師さまは、宮中の壁に、両手、両足、口に筆も持って、五つの書体を同時に揮毫したといわれ、以来、唐の国で、「五筆和尚」と呼ばれて有名になったそうです。

お大師さまは、三十一歳の時に遣唐使の一員として唐に渡られ、恵果阿闍梨に出会って密教の奥義を授かり、二十年の計画であった留学期間をわずか二年に短縮して帰国されましたが、多忙な受法の合間を縫って、先進国であった唐の文化や、先端技術についても学ばれていました。

お大師さまが帰国して三年後に即位した嵯峨天皇は、唐の漢字文化に並々ならぬ関心を寄せられ、書や漢詩を通してお大師さまと親交を深められました。お大師さまは、留学中に手に入れた唐の有名な書家の墨跡や、みずからが筆を下して書写した詩集などを、嵯峨天皇の所望に応じて頻繁に献上しておられます。

首題の文言は、劉廷芝《りゅうていし》の詩集を書写して献納した際の書状の一節です。お大師さまは、「良い筆も良い紙もなく、つたない文字で申し訳ございません」と謙遜しながらも、「唐の国で少しながら筆法を習ってきました。まだ実際に書いたことはないのですが、筆法の規則は修得しております」と自信をのぞかせておられます。

お大師さまは、若いころから書を学ばれていたようで、お大師さまが二十四歳の時にしたためたとされる『聾瞽指帰』の自筆本には、書聖と崇められる王羲之《おうぎし》の書法が反映されているといわれます。また、平安時代に朝廷によって編纂された正式な歴史書である『続日本後紀』の記述によれば、お大師さまは草書を最も得意とされたようです。

（川崎一洸）

## 良工は先ずその刀を利《と》くし　能書は必ず好筆を用う（性霊集四　春宮に献筆）

【良い大工は先ず刃を研ぐ。能筆家は必ず好い筆を用いる】

### ◉弘法は筆を選ぶ

お大師様は、嵯峨天皇・橘逸勢と並んで「三筆」と称せられる能筆家であられます。「弘法は筆を選ばず」という諺があります。これは「優れたテクニックを有している者は、道具を選ばず十分な技術を発揮できる」という意味ですが、実際にはお大師様は書体によって筆を替えられるほど道具を大切にされていたのです。「弘法は筆を選ばす」は、諺の理屈としてはそれなりの意味のある言葉ですが、史実とは異なるのです。

いかなる技術職においても、先ずは道具の手入れの方法を学ばなければなりません。包丁を砥げない料理人はいないでしょうし、錆びた包丁で美味しい料理を作れる料理人もいないでしょう。私は居合道という真剣を扱う武道を学んでおりますが、稽古の後は必ず刀を手入れします。稽古している時間はもちろん楽しいですが、このように静かに道具を手入れして刀の造形美を鑑賞する時間は、何とも心和むひと時であるのです。また書道においても硯で墨をする時間は準備段階の作業でありますが、その時間こそ作品を生み出すための心を調える瞑想の時でもあると思うのです。

法事で施主様のお宅にお邪魔して、当日その場で塔婆を書かせていただくことがあります。ご当家に筆と硯をご用意いただくと、ごく稀にお子さんが小学生時代に使われていた何年も前から手入れしていないボロボロの筆が支度されていることがあります。筆や硯を日常に使わない家庭ではその様なものでしょうが、さすがにこれでは思ったような字が書けません。これは小学生用の安価な筆ではものにならないというのではありません。小学校で使う筆でも大事に手入れしてあれば綺麗に書けるものです。

「弘法は筆を選ばす」といえども、ボロボロの道具ですら選ばないのではありません。

「キチンと手入れしてあれば」という条件のもとに成り立つ諺であるのです。

これまでの話と反対のことを云うようで語弊があるかもしれませんが、実際、高価な道具の方が扱いやすく、また持ち前のテクニックを更に素晴らしく発揮でき、長持ちするのも確かです。何か打ち込むものがあるなら、自分が納得する立派な道具を一度誂えて、これを永く大事に使用することも良いかと存じます。

（大瀧清延）

書道

字に篆隷《てんれい》八分の異　真行草藁《そうこう》の別あり　臨写規《のり》を殊にし　大小一に非ず　物に対し事に随ってその体衆多なり　卒然として惣《すべ》て造ること能わず（性霊集四　春宮に献筆）

【文字には八つの書体があり、その書法に規則と大小の寸法がある。何を書くかによって書法がそれぞれあり、すべての書体に合った筆を急に作ることはできないから各種を揃えておくこと】

**◉筆に歴史、文字に力**　日本では奈良時代、経典の文字を書き写す「写経」が広まり、筆の需要が高くなったといわれています。その後平安時代になり、唐の最先端の書法や道具が弘法大師空海によって日本にもたらされました。江戸時代には教育が日本の一般全体に普及し、読み書きを行うのに筆が必要になっていく一方で、筆師や筆匠の技術がさらに高まり、明治時代になると専門集団が企業体となり、さらに日本各地へ普及していきました。

さて、弘法大師空海の誌文や密教思想が語られる『性霊集』には、書道に関する見解がいくつもみられます。筆は書道に無くてはならない道具ですが、日本の書道史の中で弘法大師がもたらした影響ははかりしれません。書道における書体の習得、その道具の詳細の受容はその後天皇や朝廷といった貴族から世間一般に広がり続けますが、その始まりには日本の書道のパイオニアたる空海がいるのです。

「弘法筆を選ばず」とは、弘法大師のような能書家は道具の善し悪しなど問題にしないことを意味することわざですが、書道に関する言葉からわかることは、書体によって筆を使い分け、当時貴重なものであった筆にこだわっていた姿です。

唐から帰国後、弘法大師空海は、能書家として嵯峨天皇や橘逸勢とともに「三筆」の一人といわれています。橘逸勢は同じ時期に遣唐留学生《るがくしょう》として唐へ渡り、弘法大師は仏教（密教）や書を、橘逸勢は書や芸術を学びました。二人の帰国後に即位したのが嵯峨天皇であり、仏教や書を広めるための援助をしています。また三筆に数えられる三人は、中国の模倣から日本独自の書道への礎をつくったとも考えられます。

異国の文化に接した経験が、その後独自の日本文化へとつながってゆくことを考えた時、一本の筆から奥深い歴史が立ち上がり、書き残されたひとつひとつの文字に力が宿っているように感じます。

（伊藤聖健）

空海久しく翰墨《かんぼく》を閲《み》て志画一《かくいつ》に深し　安禅の余隙《よげき》に時々六書の秘奥を探り持観の暇《いとま》に数々古人の至意を検《かんが》う（性霊集四　李邕屏風）

【私空海は以前から筆墨や画法に関心を寄せ、禅観の余暇に六書の秘奥や古人の極意を研究している】

◉**余白に学ぶ**　先日、ある映画を見ました。市川崑監督『東京オリンピック』。昭和三十九年に行われた、戦後、復興した日本を象徴する一大イベントを、後世に残すために作られた記録映画です。

しかしこの映画が完成した時、クレームがついたそうです。

これはあまりに芸術的すぎて、記録映画ではない。確かに映画を見ていると、スタートを前に緊張する選手の表情の強張りに、カメラがズームアップする。また説明のナレーションも極力排除されているような印象を受けました。本来の競技の記録としては必要ない部分が多すぎて、クレームをつけたくなる気持ちもわかりますが、美しく、何か引き込まれる映画でした。

人間にとって、芸術は無くても生きていけます。映像にしろ、書画にしろ、本来伝える道具として生まれたもので、それ以上のことは必要でなかったはずです。しかし、やがて人は伝える以上のものを求めるようになりました。

私は書画のたしなみがありませんので、批評はおこがましいのですが、私がいい書だなと感じるものは、バランスがとれているもので、字以外の余白の部分も美しいものだと思います。

お大師様の入唐求法の際のお話です。当初、唐の役人は、嵐に遭遇し漂着した遣唐使船を怪しみます。しかし、お大師様の書かれた見事な書状を見た途端、一行がただ者ではないと判断し、慌てて都に取り次いだと言われます。お大師様が唐へ行かれた主目的は、書画を学ぶためではありませんでした。ですが、一見本筋とは関係ない、書画にも堪能であられたことが運命を変えました。余白＝不必要ではないことを、教えてくださるエピソードのような気がします。

前回の東京オリンピック。その記録映画は余白を見事に描き切りました。今回、時代は、いや我々は、余白を許すことができるのでしょうか。

（亀月隆彦）

玉管を揮って重ねて金字を写したまう　鸞鳳《らんほう》碧落に翔《かけ》って象《しょう》を含み　龍螭《りょうち》蒼海に遊んで以て義を孕めり（性霊集六　桓武達嚫）

【嵯峨上皇の法華経の筆跡は、鸞や鳳が空を飛び、龍が海に遊んでいるような万象を秘める書風である】

**◉ふるいて翔ぶ**　共に「三筆」にかぞえられる嵯峨天皇とお大師さま。しかしここではその折り紙つきの筆さばきはただの伏線です。「象を含み」「義を孕めり」とあるからです。孕むは植物の穂が出ようとして膨らむという意味もあり、これが内に持つさとりを芽吹かせるという比喩になっています。写経であることが「さとりの記述」なのです。

では経を書き写せばさとれるのでしょうか。漢字は元々そのものの形や姿から成り立っているので「字」そのものに魂が吹き込まれています。それが「書道」と呼ばれるゆえんでしょう。同じように梵字も文字に魂が吹き込まれています。ですから仏にはそれぞれ種子といわれるその仏を表す文字が配されています。

曼荼羅の仏を種子であらわした種子曼荼羅というものもあります。文字の力に導かれ、経を書写することでその功徳力を得られるのです。反対に文字の並びに意味を持たせた欧米諸国は書くことではなく言葉を発することで力を得ているように感じます。例えばアメリカには書道の大家はいませんが、名演説家といわれる人は数知れません。

話を戻しますと、法華経の教説自体が信仰者の功徳を増幅させ、その後法楽を厳修することでその功徳を遍く国家全体に瑞象せしめるのです。現在の写経は書写することのみが重要視されていますが、当時はその後の供養の方が重要で、国家安泰、疫病退散などを願い、法楽が執り行われていました。その後も醍醐天皇、村上天皇など歴代天皇が宸筆による金字法華経を書写して亡母追善供養をなされています。

昨今「御朱印ガール」という言葉ができるほど寺社の御朱印を集めることがはやっていますが、御朱印も功徳を求めて経を書写し、それを寺に納めることでいただいていたことが始まりだといわれています。書道と仏道の交わる写経の先に、嵯峨天皇の書風の如く鸞鳥鳳凰が碧空に舞い、龍螭が蒼海に遊ぶ世界が広がっているのです。まさにそれが万象を秘めた「さとり」への道です。

（中村光教）

臨池は古今の剛紀　眩代の鈐鍵《けんけん》　先儒洗研して擺撥《はいはつ》し　往帝思を潭《ふこ》うして画図す（高野雑筆六七）

【書は今も昔も規律であり、歴代から重要視されている。それゆえに、先賢は墨をすって筆を執り、帝王は思いをこめて書かれる】

**◉規律を素に**　積み重ねられて洗練されたものを「慣習」と言います。「しきたり」であり、「社会的規範」であります。それはやがて「規律」となります。

「規律」とは裏を返せば多くの方々が人生において様々な経験を通して学んできた社会共通の価値観によって生み出されたものです。つまり「規律を守る」ということは、世間一般の多くの人々が大切にしていることであり。何よりもその大切な優先していることに従って行動するということです。

しかし、だからと言って「規律」にただ盲目的に従うのは非常に危険であります。先ほども申し上げましたが、規律は多くの方々の人生の営みの中で悩み苦しみ、そして喜びの結晶であります。
「何故その規律が生まれてきたのか」ということをしっかりと自身の中で受けとめないと、自分をただ縛り付ける不自由なものとして認識してしまうこともあるでしょうし、上辺だけ従っていると本質を見失ってしまい新たな苦しみの素になることも多いでしょう。

それぞれ一つ一つの決まり事の中に込められている意義や想いを見出す努力を怠ってはならないと思います。書道家武田双雲さんは、「書道は規律性と創造性のバランスが重要です。つまり、何千年と築いてきた書の文化を習得しつつ、自分なりに世界を創作していく。書に対する姿勢、思想がその人の書を成すと考えます。昔からある『書は人なり』という言葉はよくできてますよね。書を書くことは結局自分探しの旅なんだと思います」（武田双雲氏ホームページより）とおっしゃっておられます。

武田さんの言葉を受けて、この大師のお言葉を鑑みると、まずは人々の暮らしの中で生み出された規律を土台にして、その込められた想いを昇華して、新たな価値を見出していくことが大切であるという教えが、このお言葉に込められているのではないでしょうか。

（成松昇紀）

筆法

啄鶏奔獣《たくけいほんじゅう》の点　独り九州に留り　涌雲廻水《ようかいすい》の画《かく》盛りに八紘《はっこう》を変ず（性霊集序真済）

【鳥が餌を啄ばみ、獣が走るような中国古来の画法を、わが師（空海）は、雲が涌き、水が渦巻くような筆法にして伝え広めた】

**◉悟りの表現にある書**　普段何気なく書く文字を後からながめてみると、その時々の気持ちがよみがえってきます。メモ書きのように速記で書けば何か慌ただしさを感じ、乱暴な筆跡をみて心が安らかではないことがわかります。反対に喜びに満ちた充実した文字には心の麗しさを感じとれます。文字は書き手の心の状態をみごとに映し出し、その人柄をも想像出来てしまいます。

さて、ご周知の通りお大師様は唐の皇帝より五筆和尚の称号を賜るほどの書聖です。帰国後も陛下の勅を賜って、詩文を献上しています。また、『風信帖』を拝見すると文章に合わせた美しい筆遣いに感動します。お大師様の墨書を拝見する度に、筆跡の凛とした美しさと、文章に込められた慈しみの心、そして実際に書いている息づかいをも伝わってくる気がします。

書には「篆隷八分の異、真行草藁の別有り」(性霊集巻第四「春宮に筆を献ずる啓」)と、大きく篆書・隷書があり、大篆・小篆・刻符・虫書・墓印・署書・殳書・隷書の八種類に分けられます。また、楷書・行書・草書の三書体があります。加えて飛白体のような雑体書があります。これらは在唐時に「すこぶる骨法を閑えり。未だ画墨せずといえども、やや規矩を覚えり」(性霊集巻第四「劉庭芝が集を書して奉献する表」)と、様々な書法を書道の先生から学び、真蹟を見て会得されました。

ところが、お大師様は書道のために書いているのではなく、「定水の澄浄を願って」(前出)と、仏さまの禅定による澄みきった悟りの心のため書であると言い切っています。

こうしたことを前提に考えると、お大師様の一字一字の文字は書のための作品ではなく、深い瞑想にて培われた悟りの心から発信された筆遣いであり、四季折々の自然とその生命に心を遊ばせ、やさしい祈りが込めているのがわかります。お大師様の書には生命力が宿り、時を越えても色あせぬ魅力を放っています。

(阿部真秀)

古人の筆論に云く　書は散なり　ただ結裹《けっか》を以て能とするに非ず　必ず須らく心を境物に遊ばしめ　懐抱を散逸して　法を四時に取り　形を万類に象《かたど》るべし　これを以て妙なりとす（性霊集三　勅賜屛風／文鏡秘府論西）

【古人の筆論に、書は心の開放であるという。ただ形がよければよいというものではない。心を対象に遊ばしめ、四季の流れを読み、形を万物に似せることを絶妙の技とする】

**◉筆を持つ意味**　私は子供の頃から書道が苦手で、小中学生の頃に毎年のように出ていた書初めの宿題を嫌々ながらにこなしていました。中学を卒業した時に「これで、もう二度と筆を持つこともあるまい」と清々したのを覚えています。そのはずが気付けば、御朱印を書く側の立場になり、再び筆を握ることになりました。

先輩僧に指導して頂きながら、こんなことなら子供の頃にしっかりと基礎を身につけておくべきだったと何度も後悔しました。それでも練習するうちに少しずつではありますが、なんとか見られるような形にはなってきたかと思います。人というのは現金なもので、上達の跡が自分でも感じられるようになってくると、あれほど嫌っていたはずの筆を持つのも少しは楽しくなってきて、休みの日に自分から練習をするようにもなりました。

しかしながら、ある程度慣れてくると、いつしか何も考えずに機械的に筆を動かし、少しでも見た目の良い字を書くことに終始している自分に気が付きました。手元に置いた携帯電話の画面に表示された綺麗ではあるけれども無個性な手本に、自分の字をなるべく似せる事だけに腐心する日々。確かに見た目の整った字は美しいです。しかし、そこに書き手の思いを感じ取ることは難しいものです。例えば、まるで写真と見分けがつかないほどに精密な絵画があったとします。それを見た時、私はきっとその技量に対して賞賛の念は感じるけれども、それ以上の感動を得ることは無いと思います。書も同様です。綺麗なだけの字では、真に人の心を打つことはできないのです。

偉そうなことを言ってみたものの、今はまだまだ基礎ができていないので、形を整えるのに精いっぱいではあります。ですが、いつか自分の書く字が自然の美しさを、宇宙の神秘を、仏さまの功徳を表現することができますようにと、そう願いを込めながら今日も私は硯に向かいます。

（髙田堯友）

## 山水を想って擺撥《はいはつ》し　老少に法《のっと》って終始す（性霊集三　勅賜屛風）

【山水の風景に思いを寄せ、強弱の書法に則って筆を運ぶ】

### ◉意味から紐解く心を書き表す

お寺や神社に行くとご朱印をいただくことができます。ご朱印は元々、寺社へ写経を納めた際の受付印であったといわれていますが、今では参拝をした証のような形でいただくことができます。

名言の現代語解釈は「山水の風景に思いを寄せ、強弱の書法に則って筆を運ぶ」というもので、文字を書くとは異なりますが考えは同じです。各寺社に祀ってあるご本尊やご神体をご朱印に書くのですが、私の場合はその際にご本尊の姿を想像して書くようにしております。ご朱印に書くのは私のお世話になっているお寺の持仏堂に安置されております「毘沙門天」です。毘沙門天は四天王の一尊として安置される際には「多聞天」と呼ばれております。その毘沙門天は中国では夜叉や羅刹といった鬼神を配下とし、日本では天部の武神として有名であり、イメージする際には力強さを思い浮かべます。そのイメージに従ってまずは種子（梵字）を書き、続いて「毘」の字を心に描くままに力強く書きます。次の「沙」と「門」ですが、「沙」にはいろんな解釈があり私は「水で洗って悪い物を除く」という解釈で「門」という字をつなげて、「水で入り口を洗い浄め、悪いものを除く」イメージで二文字を滑らかに書きます。そして最後の「天」はまさに天上界というイメージで大きく堂々とした文字を書きます。ちなみに「毘」という文字には「助ける」という意味があり、毘沙門天という四文字をつなげて意訳すると、「水で天上界の入り口を洗い浄め悪いものを除き、天上界に入るのを助ける」と独自の解釈をしております。その解釈のもとに思いを巡らして一文字一文字、筆で書いていきます。他の僧侶が書くご朱印とは違ってどうしても独自性が出てしまいますが、それも御愛嬌ととらえていただくと幸いです。

ご朱印を拝受する際には、あくまで参拝するという宗教行為が前提にありその証として拝受する事が寺社にも喜ばれる参拝方法です。コレクション的にする前にまずは神仏に参拝するんだ、という気持ちを忘れないでいただければと思います。

（千葉堯温）

君臣風化の道　上下の画に含み　夫婦義貞の行　陰陽の点に蔵《おさ》めたり（性霊集三　勅賜屛風）

【上下に流れる線の画筆に君臣の秩序が含まれ、陰陽の点に夫婦の在り方が収められている】

## ◉自由とルール

この言葉が収められた書状は、ある日弘法大師が、五尺の屛風四枚に書を求められた時のものです。書をめぐる言葉から、お大師さまの創作論をお聞きすることができ、私たちにとって創作のみならず、人生の大きなヒントを得ることができます。

ひと言でいうと、それは「自由とルール（型、規則）」ということだと私は受けとりました。この書状の中で大師は、「ただ字の形に気を配るのをよしとするのではなく、対象に心を遊ばせ、胸中の思いを解放し、万物に形を似せるべき」であり、そのために「山水を思い浮かべて心を解放」したと書かれています（共に現代語訳）。

しかし創作に必要なのは、そのように対象に没頭し、心を解き放つ「自由」だけではないと述べられています。詩に音律、規則があるように書にも道があり、その規則、型に従って書かれなければならない、とされています。その中で、この言葉は出てきます。ここに挙げられた上下の線が君臣の秩序、陰陽の点が夫婦の在り方だけでなく、「客と主人の礼儀」、「兄弟の仲」、「天・地・人の三才のうつろい」、「四季における万物の生長」、「大きいものと小さいもの」などいくつもの例え話を挙げながら、一字一字の規則や型の中に深い道義が含まれていることを説き明かされます。つまり、書においては「自由とルール」の両者がどちらも欠けることなく必要なのです。

これは創作だけでなく、私たちの人生や生活でもそうでしょう。ある私の尊敬する作家が読者から「私らしい生き方と、世間との乖離に悩むことが多いです」といった意味の人生相談に対して、「お言葉ですが多くの人は、世間の中で折り合いをつけながら、自分らしい生き方を模索しているのです」という答え方をされていて、はっとしました。私自身も、「私らしさ」と「世間のルール」のようなものを、どこか相反するものとして見てしまっていたからです。創作においても、人生においても、「自由とルール」はいつも付きまといます。それを敵とせず、むしろ味方にすることが、創作と人生の極意ではないでしょうか。

（白川密成）

筆法

大小　長短　強柔　斉尖《さいせん》なる者は　字勢の麤《そ》に随《したが》って揔《すべ》て取捨するのみ（性霊集四　筆奉献）

【筆の大小、長短、強柔、扁平、尖鋭など、文字の勢いや大小によって筆を選ぶとよい】

◉**それぞれのいろ**　「弘法も筆の誤り」。このようなことわざができるくらいに能書家だったお大師さまは日本の三筆と呼ばれています。「風信帖」というお大師さまの手紙があります。弘法大師空海和尚が伝教大師最澄和尚に宛てた書簡で、国宝に指定されています。

また、「弘法筆を選ばず」といったことわざもあります。どんな筆でも素晴らしい字が書けることから、物事に長けている者ならばどのような状況であっても成果を残せるといった意味で使われている言葉でもあります。

ですが、お大師さまが残された言葉の中には表題のように、「筆は色々使い分けて使うほうが良いですよ」と教えてくれているものがあります。「弘法も筆を選ぶ」のです。

お大師さまのように天才ではない私たちは得意・不得意があり、また、それぞれ違った特徴を持っています。きっと皆さんにも得手不得手があるのではないでしょうか。これは誰しもに当てはまることです。

しかし、それは世の中を彩る人々の個性として、とても尊いものであると思います。得意なことはどんどん伸ばし、不得意なことは誰かに補ってもらえばよいのではないでしょうか。誰しもが完璧であったらつまらない世の中になってしまうと思いませんか。

自分が活かせるものがあり、誰かに助けてもらうものがあります。この世を彩るそれぞれがそれぞれの色を発し、混ざり合い色鮮やかな世界を形作るのです。多様性こそこの世の宝であると思います。

「弘法筆を選ばず」のお大師さまは、書を通じて色々な筆は適材適所で使ってこそ、素晴らしい書になると言っています。私たちも適材適所で個性を活かし、世の中を彩っていくべきですよと教えてくれているのではないでしょうか。

（岩崎宥全）

筆法

**山窟に好筆なきに縁《よ》って　再三諮《とむら》い索《もと》むるに闃然《げきぜん》として応なく　弱翰《じゃくかん》をもって強いて書す　郢輸《ていゆ》が巧思なりと雖も鉛刀《えんとう》をもって妙を尽さんや　太《はなは》だ意に勝《かな》わず　深く以て悚歎《しょうたん》す**（性霊集四　劉廷芝）

【山寺には良筆がなく、再三にわたって注文したが応じてくれなかった。やむなく腰の弱い筆で強いて書いてみた。工匠の名人である公輸般も鈍刀では腕は発揮できないというように、ましてや私ごとき者が良筆による揮毫でなければ満足できるはずがない】

**◉弘法筆を選ぶ**　あるクライマーの方に、靴についてのお話を聞いたことがあります。靴一つで何でもないところが登れたり、登れなかったりするので、岩とその状態によって靴を使い分けるのだそうです。その話を聞いて、書道の筆に通ずるものを感じました。

私は書道を習っていて、年一度の書道展があります。毎年、出展用の作品を書き上げるのですが、師僧にこの筆じゃだめだ、こっちだとか、書き始めてからももっと太い筆だなどと指導を受けます。なぜかというと、微妙な強弱やかすれ具合、濃淡を織細な筆使いで表現する必要があるからです。筆にはそれぞれ墨の持ち具合や線の出方があり、筆一つで表現できることが変わってくるのです。書道の先生方のような芸術的な作品はなかなかできませんが、それでも何度も何度も書きながら、字の形や筆使いを覚え込み、表現していきます。一朝一夕にできないところは、あたかも険しい岩稜の山を登るかのような気持ちにもなります。

「弘法筆を選ばず」というお大師さまには、どんな道具であっても関係なかったのかというと、やはり良筆でなければ立派な書を書くことができないとおっしゃっていますす。どんなに才能のあるクライマーでも、ツルツルと滑る靴では岩を登ることはできないでしょう。同じように、お大師さまの雄大な書の表現は、やはり相応の筆でなければ不可能なのだと思います。

書を始めたとき、師僧から一本の筆をいただきました。良い筆じゃないと上達しないからと。私のような凡人にも、良い道具は必要なようです。良い筆であるからこそ、筆で表現できることの一つ一つがわかるようになるのだと思います。どんな道であれ、良い道具は良いものを生み出すために必要なもの。弘法もまた、筆にこだわっていたのですから。

（白馬秀孝）

筆法

刻鏤《こくろう》　用に随って刀を改め　臨池　字に遂《したが》って筆を変ず（性霊集四　春宮に献筆）

【小刀は刻んだり散りばめたりして用途によって使い分けるように、書道に於いても文字によって筆を変える】

**◉対機説法について**　大日経の三句の法門に、「菩提心を因とし、大悲を根とし、方便を究竟とす」とあります。この三句を開けば、真言行者菩提心転昇の発心、修行、菩提、涅槃、方便究竟の五転となります。方便は衆生化益と行者修行進趣の二重の意味を持ち、自利利他円満を究竟とすることが無上菩提の仏果を証得する位です。

お大師さまはこの三句を『秘蔵記』で、これすなわち真言行者用心なりとし、行者が六度を修行して成仏円満するがゆえに方便を究竟とし、成仏以後、大悲をもって衆生済度するがゆえに方便究竟をなすと著しています。仏の利他からは方便を究竟とすと読み、行者の自利からは方便究竟をなすと読みます。

お釈迦さまのように方便を究竟とする対機説法はできません。教えを話すことは難しいことです。私は現代にお大師さまの教えを伝えたい思いがあり、何人かの方に話して理解を得ることはあります。しかし、別な方は全く同じ内容を全く違って理解されることを経験し、誤解を与えたと悔い、話すことを止めました。伝統宗教への興味関心は尊いことですが、帰依なくして仏教の教えの理解も修行も成仏もありません。その一番初めの重要なことを理解されないと、成仏を目的とする仏教を身心の健康法だと思われてしまうばかりです。今、私はそれが理解できるか否か確認して話すようにしました。

仏名会の五体投地の礼拝は懺悔の修行であると話して、大きな声を出しながら立ったり座ったりする礼拝は有効な運動の仕方と科学的に証明されていますと言われても、懺悔とは何の関係もありません。仏名会の中間以降は、懺悔のために仏の名を唱えて礼拝することによる歓喜が起こり、仏の名を高い声で唱えるのです。

私たち真言行者は、小話は刻んだり散りばめたりして用途によって使い分けるように、仏道に於いても人によって話を変える方便を究竟とするために、六度を修行して無上菩提の仏果を証得し成仏円満しなければなりません。

（細川敬真）

# 第四章

# 師のことば

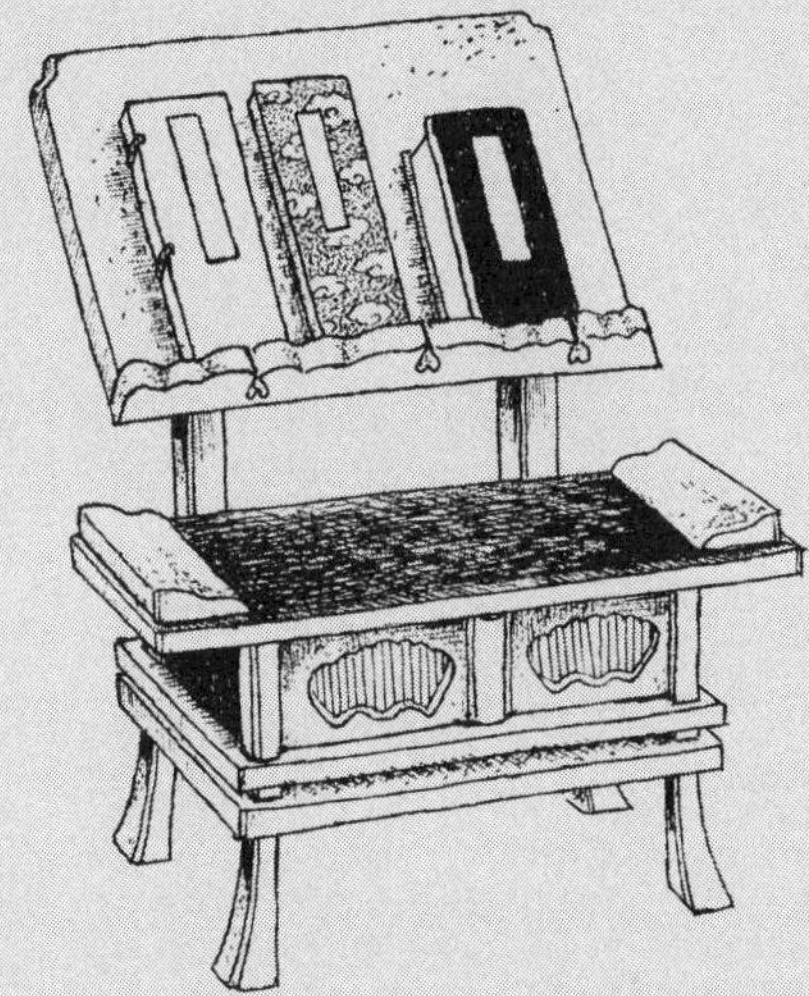

師僧

その望《のぞみ》は龍の如く　その人は玉の如し　貝《ばい》は多く手に在り　梵字は矚《しょく》を仮る　心は皓月《こうげつ》に同じく　光は碧池《へきち》に映ず（真言付法伝）

【不空三蔵の志は龍のように大空を飛び、その人柄は玉石のように輝いている。多くの経典を中国に伝え、梵文の翻訳に心血を注いだ。心は名月と同じで、その光は人々の心を照らした】

**◉冥界答弁！　坂本龍馬編**　冥界での発行部数第一位を誇る『黄泉売新聞』の名物インタビューコーナー「冥界答弁！」。今回はあの幕末の人気者が登場します。

記者「亡くなって百五十年がたちます。暗殺の真相はまだ不明ですか」

坂本龍馬「わしを斬りに来た京都見廻組の今井信郎はいまだに黒幕を言わんきね」

記者「心残りはありますか」

坂本「命は天にあり。されど内戦は避けたかったな。大政奉還までした慶喜公を討つなどやめて、みんなぁで一緒に新国家を作りたかった。いわゆるワンチームぜよ」

記者「昔の下界の流行語ですね。でもその志半ばで龍馬さんは殺され、戊辰戦争が起きてしまうわけです。ところで弘法大師は自身の師の師にあたる不空三蔵の志を『龍の如く』と述べています。龍の字を持つ龍馬さん、志を持つことは大事ですか」

坂本「もちろん。やけんどほんまに大事なんは、その宿志の実現のために汗を流すことやき。わしゃよう手紙を書いた。殺される寸前には福井に手紙を書いて、三八（三岡八郎）に新国家の金庫番を頼んだ。実際あん男は薩長新政府の御用金穀取締になって金融や財政を頑張ったし、薩長が藩閥をきかせておかしゅうなってからは、民撰議院設立建白書を出して、中江兄（中江兆民）らぁと自由民権運動をようやった。『君がため捨つる命は惜しまねど心にかかる国の行末』。三八とよう歌うたなぁ」

記者「龍馬さんの思いが受け継がれたのは、志を持つだけでなく、その実現のために心血を注いだからなんですね」

坂本「そう。そして人の心はよく見定めなくてはいかん。伝え方も大事ながやき」

記者「なるほど、龍馬さんの手紙には様々な努力がこめられていたのでしょう」

坂本「でも三八は、その手紙を読む前に川に落としてしもうたらしい。結局わしの志は関係なかったかぇ。ははは」

（この文章はフィクションです）

（坂田光永）

法体は堅固にして無来無去《むこ》なれども　俗縁に応じてはすなわち人世に現じ道品《どうほん》を証してはすなわち涅槃に帰す　あに常情のよく測る所ならんや（真言付法伝）

【不空三蔵の身体は、絶対に壊れなく、去来するものでもない。たまたま父母の縁に応じて現世に生まれ、仏道の真髄を我々に示して入寂されたのであって、どうして三蔵の出自を凡庸に推察することができようか】

**◉師の計り知れぬ存在価値**　この名言でお大師様が述べておられるのは、師僧の示される、万人が救われる御仏の法《おしえ》くらいになると堅固なものであり、元々ただ本質として存在し、かつ広大無辺な法《おしえ》を、不空和尚は、私たちと同じように世に両親を持って生まれ、いわば身近な存在として、生涯をかけて私たちに法《おしえ》を詳細にお示し下さったようなものです。その趣は並みの者の察し得るところではない——と仰っているのです。師は、私たちの行く末を幅広く見つめる「監督」のようでもあります。

例えば野球においても、九回裏ワンアウトランナー一塁、三塁の時やどんな状況でも、主に双方チームの監督（いわば師）は、投手や打者、コーチや、応援してくれるファンも、皆が納得する良い結果を求めるなら、必要な知識、情報を集めた上で、考え付く限りの想定をし、「こうすれば良くなる」と堅固な理論をもって、状況に応じた最善策を全体に共有させなければ、良い結果は望めません。個々の観点からは、監督から自分が何を求められているか、見えにくい時もありますが、チームの為、先発投手で勝ち星を挙げる、打者としてホームランを打つ、犠打や盗塁で貢献する等、全ての選手を監督が活かし、一つにまとまるのが真に強いチームです。

またラグビーにおいても、二〇一九年、W杯で日本代表チームが、初のベスト8と大健闘でしたが、前代表監督ジョーンズ氏、引き継いだジョセフ・ヘッドコーチの元、「ワンチーム」（違った国籍や文化背景を持つ者同士が、その違いを乗り越え一つに結束する）というスローガンに、私はスポーツの枠を超えた共感を覚えました。

私たちも有難く頂いたいのちをもって、どのような人生の道を目指す事に自分の存在価値があるのか、出来れば堅固な教えとともにその方法を知り、前向きに生きていきたいものです。この世で、全体を見据え個々を活かす師の存在は重要であるとも、あらためて感じさせる、大変趣の深いお言葉です。

（村上慧照）

師僧

# 月指に迷うと雖も提撕《ていぜい》極り無し（請来目録）

【教えの方向に迷っても、救われる方法は無数にある】

**◉答えの多様性**　日々の生活において、時として様々な悩みは前触れの有り無しにかかわらずやってきます。事と次第によっては、人生における岐路となり、一八〇度人生を変えることすらあります。そんな時は自分自身が悩みの当事者であるがゆえ、この世の終わりの様に感じたり、はたまた進むも退くも難儀だと思うでしょう。果たして仮に人生が終わるような悩みと思い込んだとして、後年にそう思えることは幾つあるでしょうか。そのような悩みは、自身の進もうとする道を決める時でしょうか。人生の岐路はそれなりの重さがあると言えますが、日常生活に大きく負荷を与えるものは、やはり自分自身を取り巻く対人関係が大きいのではないでしょうか。

今これを読んでおられるあなたはどんな悩みをお持ちでしょうか。それとも過去にそのようなことがございましたでしょうか。こう書いている私自身も幾つか大きな悩みに困窮したことがありました。その全てとまでは言いませんが、その大半はやはり人間関係からくる悩みでした。その時には、「自分自身が置かれている現状はどうすれば変えられるのか」「改善したりすることはできないのか」などと思い、「なぜ変えられない」「どうして変わらない」などとも思い悩みました。しかし、残念なことに周りを変えようとしても何一つ変わりませんでした。

逆に、たった一つだけ変えられたことがあります。それは、一番変わりにくく中々厄介な自分自身の観点や思考の変化が大きな突破口となるのです。自分自身がどう変えていくか。そして、どう変わるかで心の中のことであれば、どうにかこうにか変えられるのではないでしょうか。むしろ、そのことによって視覚的にも見えてくる心象風景も変わります。

しかし、どうしても自分を取り巻く環境的問題で八方ふさがりならば、自身が身を置いている環境を大きく変えることも考えてみる。そこにとどまり続けようと思うことで始まる悩みであればなおさらです。心ひとつで変わるのであれば、変わってみませんか。そして、環境であればどう変えてみるか計画してみませんか。

（渡邉智修）

## 法をば諸仏の師と名づく　仏はすなわち伝法の人なり（宝鑰巻四）

【法は諸仏の師である。仏はその法を伝える人である】

**◉語り継ぐこと**　私たち人類が経験したその経験を何も知らない次の世代の人々へと語り継ぐという事はどれだけ難しく大変な苦労があるでしょうか。私はロサンゼルスにあります高野山米国別院に開教師として赴任していた時、ご縁がありまして米国広島・長崎原爆被爆者協会の皆さんと知り合う事が出来ました。毎年八月の第一日曜日の午後から高野山米国別院の本堂で広島・長崎の原爆忌を行います。原爆忌の法要の後にはいつも平和についての講演があります。私はまだ研修生の頃に初めてこの原爆忌に参列させていただき、その時に日本人として、また一人の僧侶として原爆の事、ヒロシマの事を知らないといけないと思い日本に一時帰国した際に広島の平和記念公園と原爆資料館を訪れました。それから五年間、私は米国被爆者協会の皆さんとの交流があり平和教育の大切さと難しさを知りました。

私は戦争を知らない世代です。原爆の写真や戦争の話を聞いてもやはり、どこか遠い昔の私の知らない話に感じてしまいます。しかし、必死に戦争と原爆の恐ろしさについて語り、世界平和を心から願う被爆者の方の姿を私は知る事が出来ました。戦争を知らない私を含め、ロサンゼルスの大学の学生さん達に語りかけている被爆者の方の姿は法を説く仏陀の姿と何ら変わらないのです。

戦争や原爆だけでなく、阪神淡路大震災や東日本大震災など、多くの命が奪われ困難にさらされた出来事を後の世代へと語り継ごうとされている方々は本当にたくさんおられます。そんな姿を見て今の社会に生きる私たちは、少しでも興味をもち、考え、そして私たち人類の経験として学び、困難を乗り越える智慧として、また次の世代へと語り継がなければいけません。人類の経験した苦難を乗り越える叡智を法の灯明として。そして、これから歩む未来は自らが灯明となり次の世代へと語り継がなければいけません。

（加古啓真）

**師に二種あり　一には法　二には人　諸仏は法を以て師と為し自然にして覚る　自然にして覚るは即ち自証の境界なり**（大日経開題　大毗盧）

【師には、法と人とがある。諸仏は法を師と仰ぎ、自身の心模様を自然に悟る。自然に悟った内容が仏の世界である】

**◉お大師さまと弟子の関係**　現在では出家しようと思えば、本人の意思と親の了解さえあれば自由にできますが、昔はその数が制限されていました。僧は免税その他の特典が与えられていたため、財政面などから制限されていたわけです。参考までに延暦十七年、最澄上人の申請によって決められた年分度者（一年間に出家できる数）は、三論宗・法相宗各三人、天台宗・華厳宗・律宗各二人、計十二人になっています。非常に厳しい狭き門です。

青年時代のお大師さまも早くから出家の希望をもっておられましたが、当時はまだ無名の存在で、三論宗の勤操上人の弟子というだけであったので選にもれ、私度僧

（内密の僧）として出家しておられます。官度僧となったのは入唐直前のことです。

帰朝後はたくさんの弟子ができていますが、真言宗は年分度者が定められていなかったため、ほとんどは他宗から転向してきたものです。当時の法律として、出家時は人数制限がありますが、出家すると八宗兼学で自由に宗派を変えることができたのです。こころみに十大弟子をみると、実慧は法相宗より、道雄は華厳宗より、円明は三論宗より、杲隣は華厳宗より、泰範は天台宗より、智泉も三論宗より、それぞれお大師さまの弟子になっておられます。

お大師さまの教育方針は、「和をもって貴しとなす」という仏教本来の道をとられ、長老の弟子は若年の弟子をあたたかく導き、若い僧は年配の僧を敬い、すべての人が一味和合にとけあって勉強することをすすめられました。

またその勉強の方法も、個人の性格・才能を重視され、教学に興味をもつ者にはそれを学ばしめ、事相の秀でる者はそれを研究させ、語学を得意とする者はそれをすすましめました。このため弟子たちの学力はすすみ、楽しく修行することができ、多くの弟子たちがお大師さまのもとに集まったのです。

（小塩祐光）

天竺には有智《うち》の僧の人の師なる者を呼んで抜底耶《ばっていや》となす　抜底耶とは親教の義なり（秘蔵記）

【インドでは智慧が備わった僧をウパーディヤーヤと呼び、漢訳では和尚という。親切な指導者という意味である】

**◉明日のためにその一**　今の若者はなってないと思っているあなた自身がなっていないことにお気づきだろうか。いつの時代でもほとんどは子供を育てるのは大人です。その大人の質が落ちているからこそ若者は出来ないようになってしまった。私は若者や子供は悪くなく、言うなれば若者はいつだって時代の被害者だと考えます。

「勇将の下に弱卒無し」。この言葉をご存知だろうか。強く勇ましい将軍の部下に弱い兵士はいない。先生やリーダーが優秀であれば部下や生徒も優秀であるという意味です。もちろん全ての人ではないが、しかし「親切な指導者」が今の日本には何人いるでしょうか。

ポケベルからPHS、携帯電話からスマートフォンと電話機が良くも悪くも進化してきたかのように、人間も良くも悪くも進化しています。しかし教育はそのままでは道理が通じるわけがありません。親切な指導者と名乗るのならば親切にして当然であり、指導者としての仕事は責任になります。子育てが辛い、部下が言うことを聞かない。それはあなたが未熟だからではないでしょうか。

日本には年功序列という言葉がありますが、私はこの言葉が大嫌いです。実力も指導力もない人間が年を取ったというだけで上に上がっていくことがあります。部下や子供は自分を映す鏡のようなもので、お互いが育てられるのだと思います。

そういった姿を現しているのが「胎蔵界曼荼羅」ではないでしょうか。中心には大日如来が座し、そのすぐ近くに八葉の蓮の葉に四仏、四菩薩の八体の姿が描かれており、そのまた更に外にもいくつか部屋があり、沢山の仏様の姿が描かれています。このたくさんの仏様の集団が曼陀羅です。これを人に置き換えてみると、子供や部下は自分自身の世界の一部であり、また一人でもいなかったら自分の世界もしくは自分は存在出来ないと言うことになります。そして自分を写す鏡のような存在である。だからこそ人々を親切に、大切にせねばならない、こう考えます。

（松本堯円）

## 真言を伝うるの匠不空三蔵等は　密蔵の真言を教授するに悉く梵字を用いたまえり（梵字悉曇義）

【真言密教の伝授者である不空三蔵たちは、密蔵の真言教授にはすべて梵字を用いられた】

**◉師匠から弟子へ、そしてまた次へ**　今となっては少なくなりつつありますが、日本においても師弟の関係というものはどの業界においても存在するものです。伝統的な工芸品を作る職人、人々に笑いと楽しみをもたらす芸能人、そして私たち僧侶の世界にも師弟関係というものは存在します。現在の高野山真言宗においても、僧侶になるためには師僧を見つけることが必要不可欠で、師僧に師事し僧侶になるために必要なことを学びます。

お大師様こと、弘法大師が伝えられた密教はインドから中国を経て日本に伝わりました。その始まりは密教の教えを世に広められた根本教主たる大日如来であり、大日如来より弟子である金剛薩埵に伝えられました。そして、師匠から教えを受け継いだ弟子が師匠となり、また次の弟子へと密教の教えを脈々と受け継いで来られました。

大日如来から弘法大師に至るまでの八人の祖師たちを「附法の八祖」と言い、文中の不空三蔵はその六番目の祖に当たります。不空三蔵まではインドで密教の教えを受け継いできたため、密教の伝授は全てインドの昔の文字、梵字が用いられました。お大師様のお師匠様であられます恵果《けいか》和尚《かしよう》は中国の出身でありましたが、密教の伝授には全て梵字を用いられました。そのためお大師様も密教を習得するために、中国の言葉はもちろんのこと梵字を完全に習得され、恵果和尚の居られる青龍寺の門を叩かれたのです。そして、恵果和尚の一番の弟子として密教の全てを授かった後、日本に密教の教えを広めるべく高野山を開かれました。以来、高野山は密教の修行の場所、教えの継承の場所となりました。

「出藍の誉れ」という言葉があるように、弟子は師匠から全てを学び、その教えを受け継ぎ、師匠を超え、次の代へ繋いでいくことを求められます。お大師様が受け継いだ密教はその後、日本にて多くの弟子たちに受け継がれていきました。そして、現在においてもその教えは脈々と受け継がれています。

（伊南慈晃）

師僧

味金《まいきん》の面《おもて》を照らすことは必ず瑩払《えいふつ》を待ち　童朦《どうもう》の眼を開くことは定んで師訓に因《よ》る（性霊集四　藤の真川の啓／高野雑筆一四）

【粗雑な金塊を輝かすには磨きが必要である。愚者の眼を開かせるには先生の指導がいる】

**◉ダイヤモンドの輝きも石っころから**　金剛心とは仏道修行に欠かせないゆるぎない堅固な心を指しますが、同じように金剛石とはダイヤモンドであり、これ以上にない固い石（意志）を意味します。しかし、ダイヤモンドも初めは、道端の石っころと変わりない普通の形をしているのを、丁寧に磨きあげてあの光沢のある高価な石となるのです。

私の師僧は、明治生まれで終生独身を通された方でした。非常に厳格な性格で、ご自身にも厳しく、弟子にも修行態度は厳しいものでした。在家（一般家庭）に育った私は、お寺の生活や僧の習慣になれない小僧のときから、よく叱られました。お経や声明（曲があるお経）の手習いには最も厳しく、正座をしたまま、長い時間をなんどもやり直しの特訓を受けたものです。僧の生活態度だけでなく、僧としての姿勢、生き方についても厳しい指導がありました。いまで言えば、体罰に相当するような叱られ方も経験しました。そういう時代でした。

こっぴどく叱られたり、殴られたときなどは、本当に惨めな思いをしました。修行を辞めたいとおもったこともありました。しかし、希望をもって送り出してくれた両親や家族、飛騨の寺の檀家さんたちの顔が浮かんでくると、ぐっと唇を嚙んで耐えつづけたのです。そのときは辛かったけど、今はそれが大変役にたったと思います。まさに師僧の思いを知ったときは、すべてが修行だったと思いました。

人の心も初めは、粗雑なもので整っていないのが普通です。良き師に出会い、適切な指導があってこそ、成長するのです。現代社会では、教育の大部分は学校教育、つまり集団でおこなわれていますが、本来は親の教育から始まります。そして順に成長過程で出会う人の影響によって、人格も向上していきます。

人生で本当に良き師にであえることは千載一遇のことですが、アンテナをしっかり張って、その師にめぐり合い、よき指導を受けることは仏縁そのものであるのです。再度仏道に励み、まわりを見渡し、良き師を見つけてください。

（大下大圓）

現前師僧の徳は四恩の中に尤《もっと》も高く尤も深し　何となれば父母の恩はただ一生の肉身を養い　国王の徳はまた一世の凡体を安んず　三宝は法界に遍ずと雖も都《すべ》て見聞すること無し　四恩の所在を知り三宝の帰すべきことを識《さと》り　現前の安楽を得　後世の菩提を証するゆえは　皆これ現前師僧の功なり（性霊集八　梵網経講釈）

【四恩の中で師僧の徳が最も優れている。なぜならば、父母の恩はこの世の養育に限られ、国王の徳は一生の安全が守られ、三宝は真理に通ずるけれどもすべては体験できない。しかるに、師僧の恩は三宝の意義を諭し、現在の安心を得、後世の悟りに導くからである】

**◉素敵な師との出会い**　人は生まれてすぐは何もわかりません。ご飯の食べ方や言葉、人間として生きていく為の基本を、全て親が教えてくれます。学校へ入ってすぐも、何も分かりません。勉強のやり方や友達付き合いの方法など、たくさんの事を先生が教えてくれます。お坊さんの世界も同じで、師僧から弟子へ伝授し、法を守り伝えて行きます。しかし師僧は親や学校の先生とは違い、後世の悟りまで導いてくれる存在です。

私は、在家から高野山に修行に来た者ですから、師僧となってくれた先生には心から感謝しています。とても素晴らしい方で、修法だけではなく人として大切な事や、後世まで必要な深い事も教えてくれます。師僧の話す言葉の中には大事なワードが潜んでいるため、話を聞いているだけでも勉強になります。

密教とは、修行の内容がとてつもなく難しいと言うものではなく、そもそも密教と出会うことが難しいとされています。そのため、良き師、良き教えに出会える事はとても幸せなことです。

本当に悟りへ導いてくれる良き師はこの世に確かに存在しています。私も私以外の人も、お大師様を信仰し、悟りの世界を目指す菩提心のある人は皆、お大師様の弟子なのだと思います。お大師様の著作の中には多くのワードがあり、私たちを悟りへと導いてくださいます。私たちの師僧はこの世の一切衆生のため、菩提心ある弟子達のため、今日も高野山奥の院に座し、悟りの世界へと導いてくださっています。

（堀江唯心）

師僧

吾れを潤すこと雨に似たり　吾を照らすこと灯に似たり（性霊集八　梵網経講釈）

【師の恩たるや、私を成長させたことは慈雨のようであり、導くことは灯明のようである】

**◉師僧にめぐりあうことの不思議**　真言密教の僧侶になるには、師僧から伝授してもらわなければなりません。その為にまず、師僧になっていただく方を決めます。お寺の子息ならともかく在家からだと、それはもう雲をつかむような話になります。わずかばかりの仏縁を頼りに、お願いに行っても断られるのが普通です。それでも心が折れることなく、探し続けなければなりません。そんな中で、師僧にめぐりあえたことは、不思議としか言いようがありません。

師僧との出会いの時、僧侶になりたいことを切々と訴えました。その折、年齢の書かれた紙をじっとご覧になっていました。しばらくして、大丈夫でしょうと言ってくださったのです。人それぞれにタイミングがあります。私にとってのタイミングは今でした。

お大師さまと恵果和尚との出会いはさらに不思議なものでした。師僧である恵果和尚は唐の国にいて、日本からお大師さまが「来るのを待っていた」と歓待されるところから始まります。師僧から、伝授するにふさわしい器であると認められたのです。そして、多くの弟子の中からただ一人、恵果和尚の後継者として、密教の奥義をきわめました。その期間はわずか半年でした。

恵果和尚が遷化された時に、唐の国で碑文を書いたのはお大師さまでした。千余人の弟子のなかから選ばれて書いたのです。碑文は恵果和尚を慕う情にあふれたものでした。冒頭の文章はその一部です。また、お大師さまは唐からの留学を終えての感想で、「虚しく往きて満ちて帰る」とも仰っています。

得度を終えて、これから加行にはいる立場として、この精神をつらぬきたいと思います。今は、真っ白な状態にして満ちるのを待つばかりです。師僧とは、灯台のような存在です。遠くにいても目指すべき目標としていつも照らしてくださっています。

（丸本純淨）

迷心を照らすに智燈を以てし　智身を長ずるに法食を以てし　三界の苦因を抜き四徳の楽果を与うるが如きに至っては大師の恩広くして際《きわ》なく　大悲の徳高くして頂なし（性霊集八　先師法事）

【迷いの心を照らすのは智慧の光であり、その智慧を成長させるのは教えを受けることである。師の恩によってこの世の苦悩を解決し、永遠の楽が得られる。師恩の広さは際限がなく、慈悲の徳も計り知れない高さである】

**◉アシってなあに？**　たとえ話がうまい人っていますよね。「人間は考える葦である」十七世紀フランスの思想家パスカルの言葉です。ご存知の方も多いでしょう。「人間が葦のわけないじゃん」という方や、「そもそもアシって何？」という方もいるかも知れません。

偉大な思想家たちはたとえ話が上手です。釈尊の「毒矢のたとえ」は有名で、毒矢に射られて命が危うい人が、「犯人や凶器が判明しなければ治療を受けない！」と強固に主張する話です。「そんなこと言っている場合じゃないでしょ」という反面、現代的に見れば「確かに。毒の種類を特定しないと……」等と思う部分もありますが、しかしこういったたとえ話は長い年月、私たちの心に何かを訴えかけてきました。

お大師さまもたとえ話の名手です。悩んでいる時、苦しい時、目の前が真っ暗になる事があります。風が吹けば蠟燭《ろうそく》の火は消えますが、仏さまの光は消えません。蠟燭の光は手元しか照らしませんが、智慧の灯《ともしび》は私たちの生涯を照らします。

「たとえ話なんてまどろっこしくて嫌だ、ズバッと答えだけ教えてくれれば良いのに」という方もいるでしょう。せっかちな時代ですから、そう思うのも無理もないことです。でも、そんな忙しい時だからこそ、一歩引いた所から「たとえ話」に接してみましょう。それは明確な答えを限定しません。答えは自分で見つけます。面白いのは、同じ人でも、苦しい時と楽しい時では見えるものが違うし、若い時と年齢を重ねてからでは味わいが違うということです。一つのたとえから無限の答えを引き出せること、それが、時代が変わっても引き継がれるたとえ話の良さなのではないでしょうか。

無限のたとえ話を無尽蔵に秘めた偉大な先生、弘法大師。あなたは何を教えて頂くのでしょうか。

（鈴木隆蓮）

沐し易くして報じ難く　暫く受けて永く逸《やす》きは厳師の功か（性霊集八　先師法事）

【受けやすいが報いがたく、少し学んで永遠の楽となるのは、厳しく仕込んでくれた師の功績である】

**◉師の足元に跪く**　インドではヨガ行者が決して近づき過ぎてはいけないと言われるものが四つあります。火と女と国王、そしてグル（師匠）です。

十三年前に初めてインドで師匠のヨガ道場を訪ねた時の事を今でも覚えています。まるで待ち構えていたかのように扉の奥から出てきた師匠に笑顔はなく、鋭い眼光で私を一瞥すると「何の用だ」と言いました。高く尖った鼻、細く長い脚。その姿はまるで神話の中に出てくる迦楼羅天（ガルーダ）のようでした。はじめての印象を裏切ることをなく、その指導は厳しいものでした。短気な所もあり、しばしば稽古中にも怒号が飛びます。

実のところ、はじめの数年間、私は師匠のことを人格的に尊敬出来ませんでした。そのヨガの技術は世界一流の素晴らしいものであるにしても、短気で怒りっぽい性格はヨガの指導者としてはどうかと思っていたのです。その師匠に対する思いが徐々に変わってきたのは、自分がヨガの指導を始めるようになってからでした。師匠が私たちに対していかに厳しくしかめっ面で接しても、本当は非常に繊細で優しく、子供のように純粋でユーモアに溢れた人だということが、隠そうとしてもその立ち居振る舞いや言葉の端々、表情などから感じられるようになってきました。年齢も近く、ともすれば近くなり過ぎる師匠と私たちの距離を、師匠が気をつけて近くなり過ぎないように保っていてくれたのだという事に気がついたのです。

インドには、目上の人への挨拶の仕方として「パダプージャー」という伝統的なやり方があります。その人の足元に跪き両手でその御足をいただくというやり方です。私は長い間この挨拶の仕方が好きになれませんでした。足元に跪き土下座をすると言うことに、どうしても何か屈辱的な気持ちがありました。

今は師匠の前で自然とパダプージャーをする私がいます。ヨガの修練において、大切な事は必ず人から人へと伝えられていくのです。師匠の足元に跪く時に、その御足のずっとずっと先に、何代にも渡って受け継がれてきた教えの尊さと、大切なことを守り伝えた師匠の師匠、そのまた師匠たちの存在をひしひしと感じるのです。（小西涼瑜）

師に二種あり　一には道　二には俗　道は仏経を伝うる所以《ゆえん》　俗は外書《げしょ》を弘むる所以なり（性霊集十　種智院式）

【師には道と俗の二種類がある。道は仏典を教える先生であり、俗は仏教以外の先生である】

**◉芸は身を助ける**　私には二人の師僧と沢山の師がいます。一人は高野山の前官様。もう一人は亡き前住職。そうして数ある先生の中で最初の師は保育園の年少の頃から始めた書道の先生であります。

高野山の師僧は私がまだ僧侶に成りたてだった頃、「ちゃんとご飯食べていますか？うちに来なさい」といつも気を使ってくれました。前住職は地方では珍しい伝燈大阿闍梨の位を持つ老僧で、私に教えてくれる時には「おおっ、おおっ、臨機応変になぁ」が口癖でした。そして法灯を継げる僧侶にと指導してくれました。

僧侶になって一番助けられたのは書道です。お坊さんは何かと筆を持つ機会が多いからです。お位牌や塔婆、過去帳や回向の証など毎日のように筆を持ちます。ですから自坊や職場、地域の人から重宝されています。

私が書道を保育園から始めた理由は両親が共働きで土曜日も仕事で、帰ってくるのは夜六時過ぎ、たまたまその保育園で土曜日の午後から書道を教えており、大勢のお兄さんお姉さんが書道をしているのを見て「自分もやりたい」と両親にお願いしました。私は最年少にもかかわらず、入門を許されました。文字もろくに読めない、書けない私をよく引き受けて下さったなぁと、清書を提出する時には自宅で涙をながしながら練習した思い出がありますが、今になって「ありがたい」と思っております。

さて、お大師様の師僧は中国長安の恵果阿闍梨ですが、お大師様が遣唐使船に乗り福州赤岸鎮に漂流し長安への上京を足止めされた時、藤原葛野麿に代わって筆をとり上京を許された事があります。それは、書状の内容はもちろんの事、「三筆」と言われるお大師様が書いた書状は達筆この上ないものであったからだと思います。

余談ですが、中国ではお大師様の事を「五筆和尚」とも言われ、両手両足と口に筆を持ち自在に書をかく。その凄さが伝わってきます。

お大師様の「書」の先生は不明ですが、幼い頃から中国から伝え渡った書を一生懸命に練習された事だと思います。

（吉森公昭）

師僧

## 如来の使わすところ公に非ずして誰ぞ（性霊集十　勤操大徳）

【如来から派遣された使者が勤操大徳である。他に誰がいるであろうか】

**◉大師の人生を大きく変えた運命の出会い**　人が一生のうちに出会う人の数はおよそ三万人にもなると言われています。言い換えれば人生の中で実に三万回もの出会いがあるとも言えます。お大師さまのご生涯の中には、そうした人生を大きく変える出会いがいくつも登場します。その一つが勤操大徳との出会いです。

お大師さまは十八歳の時に都にある大学寮に入られました。しかしお大師さまは大学寮での勉強に満足することができませんでした。次第に、人々を救うための仏道修行がしたいという思いが強くなってゆきました。十九歳を過ぎた頃には山野を駆け巡り、山岳修行に入られたのです。そして二十歳の頃、お大師さまの人生の中で大きな出来事が訪れます。和泉国・槇尾山寺で勤操大徳に従い出家得度をなされたのです。お大師さまが僧侶としての第一歩を踏み出された瞬間でした。

主題の御言葉はお大師さまが勤操大徳との出会いについておっしゃられたものです。どのような意味かと申しますと、勤操大徳は如来から派遣された使者であるとおっしゃられているのです。お大師さまにとって勤操大徳は人生を大きく変えた人物であったのです。もしこの出会いがなければお大師さまは違った人生を歩まれていたかもしれません。きっとお大師さまの目には勤操大徳が、如来さまの現れ、如来さまそのものとして映られていたのではないかと思います。

さて皆さまの中にも人生を大きく変えた出会いというのがあるのではないでしょうか。こうした一つ一つの出会いというのは単なる偶然ではありません。仏さまが会うべき時に会うことができるよう「ご縁」というものを私たちに与えてくださっておられるのです。お大師さまの御言葉を借りるならば、私たちの人生の中での忘れられない出会いというのは正しく如来さまからの使者なのかもしれません。皆さまも日々の出会いというものを仏さまに感謝し過ごしてみてはいかがでしょうか。そうすれば普段の生活も、より違ったものとなるのです。

（杉本政明）

一句一偈なんぞ満界の財に越えざらん　片言片字誰か命を捨つるの恩を忘れん（性霊集十　秋日僧正大師）

【師の一句一言はいかなる財宝にも及ばない。わずかな言葉にも忘れ難い恩を感じる】

**◉仰げば尊しわが師の恩**　誰もが歌い、誰もがしんみりと聞いた卒業式のこのことば、師は、生涯に数えきれないほど存在しておられます。皆さんの心に残っておられる師はどの様なお方でしょう。

私の心に残っている師は、高校でお世話になった担任の先生です。当時、私は体型も小さく病弱でした。でも教科の中に林業実習というのがあって、実習林は山間の駅からさらに三里（十二キロ）のみちを歩かなければなりません。中一日実習ですから二泊三日です。ご飯の炊き方も、山道の歩き方も、作業の手順も、すず竹のタケノコの探し方も教えて下さったから、何時も私の身の回りに目を向けて下さっていたのだと思います。高校卒業後は、腰弁当で山を歩く林業技師を目指していました。山の空気に触れ、すくすくと育つ樹木の強さ、育む自然の温かさと偉大さを感じ元気をもらっていました。

三年生の正月のこと、住職の父からいきなり「高野山に上がって坊主になれ」と、突然の方向転換を迫られ、決心もできないまま担任の先生に相談しました。四十人の生徒を担任され多忙の三学期、その場で時間を割いて高野山大学への連絡手続きをしてくださいました。その先生の表情には、安心しなさい大丈夫だよと語っておられるような情愛いっぱいの心が溢れていました。

今、一山の住職として寺域の環境整備にも努力を続けているところですが、山に花木も植え散策道も整備して人々に喜んでもらえること、高野山に多くの方から協力してもらって植樹が続けられていること、自然環境の大切さを思うとき、この心を教えて下さった先生に常に感謝しています。一句一偈を語られ、片言片字を残された僧正は、法相宗元興寺の護命和尚と申され、風体は普通の人でありながら、仏の教えに従ってよく心得られその気質は清く朗らかで、父母のように万人が敬い慕って拠りどころとしていたというお方です。だから、如何に財宝を積んでも得られない、また、一言一句にも有難くご恩を感じて忘れられないということです。

（野條泰圓）

恵果阿闍梨

是《ここ》に於て城中を歴て名徳を訪《と》うに　偶然にして青龍寺《しょうりゅうじ》東塔院の和尚　法の諱《いみな》は恵果阿闍梨《けいかあじゃり》に遭い奉る（請来目録）

【長安の城中を歴訪して名僧を求めているときに、たまたま青龍寺東塔院の和尚である恵果阿闍梨に会うことができた】

## ◉人生を輝かせる出会いをするために

人との出会いはご縁だと言われます。人生の伴侶が見つかったり、仕事のパートナーが見つかったり、いろいろな出会いがあります。恋人と別れたり、出会えなかったりするのもご縁かもしれません。でもそれらのご縁でめぐり会えたり、めぐり会えなかったりするのは、単なる偶然なのでしょうか？　仏教では「因果必然の道理」と言って、すべて原因と結果によって成り立っているという教えがあります。

私はアメリカに住んで三十年以上がたちました。その間にたまった名刺が五千枚以上あります。今まで五千人以上の方と出会ったことになります。この五千人の中で、一緒に起業をしたパートナーやご縁があって出会った仏教関係の友人、さらには苦楽を共にした妻など二十五人ぐらいの「本当の仲間」は、私の人生を変えた人たちです。

起業仲間と出会っていなかったら、アメリカで独立することなど思ってもいなかったと思います。この人たちに出会えなかったら今の私は無かったのです。私の場合、出会う確率はたったの五千分の二十五、つまりは〇・五パーセントでした。

この「〇・五パーセントの出会い」をするために、積極的に外に出ていろいろな人と出会うことが大切だと思います。会社員の方は、ネットワーキングイベントに参加して、社内では出会えない方たちと話してみてはどうでしょうか。家庭を守っている方も、いろいろな会合に積極的に参加すれば出会いがあります。アクティブに動けば、誰にでも人生を輝かせる「〇・五パーセントの出会い」が必ずあります。

お大師様は恵果阿闍梨と運命的な出会いをされたことで、密教を日本に伝えることができました。「たまたま恵果阿闍梨に会うことができた」とおっしゃっていますが、実際は恵果阿闍梨に出会うために過酷な修行をしながら、実に多くの方たちとお会いになっていたのだと思います。その結果として、青龍寺の恵果阿闍梨にお会いになることができたのではないでしょうか。


（雪江悟）

恵果阿闍梨

去《い》んじ年の十二月望月　蘭湯《らんとう》に垢を洗い毗盧遮那の法印を結んで右脇にして終んぬ　この夜道場に於て持念するに　和尚宛然《えんぜん》として前に立ちて告げて曰く　我れと汝と久しく契約ありて誓って密蔵を弘む　我れ東国に生れて必ず弟子とならん（請来目録）

【去年（八〇五）十二月十五月、恵果阿闍梨はかぐわしい湯で身体を洗い清め、大日如来の印を結び、右脇を下にして終焉される。この夜、道場で念じているとき、和尚は生けるが如く私の前に立って告げられた。私と汝とは深い師弟関係にあって密教を弘めてきた。私は日本に生れ変わり、汝の弟子となろう】

**◉師と弟子**　大師は「師資の道は父子《おやこ》よりも相親《あいちか》し」と言われました。肉親の愛は時に苦の原因となりますが、師弟の法愛は一生の枠を越え末永く我々を照らし導くものである、というのです。

恵果師はほんの七、八歳の頃に師の不空さまと見《まみ》えています。その並外れた神童ぶりに不空さまは密教の未来を託し、爾来《じらい》肉親の如くに撫育《ぶいく》したといわれます。十五歳にもなるとあらたかな霊験を現され、歴代皇帝の尊崇を得《え》「三朝の国師」と呼ばれます。

大師が恵果師の門を叩《たた》いた八〇五年五月の頃、病み上がりの恵果師はこの世の縁も尽き最早久しくは生きられないと自覚しながらも、「付法《ふほう》に人なし」との憂《うれ》いをかこっておられました。それから半年、彼は余命を尽くし渾身《こんしん》の力を込めて密教の付法に務めます。入門からわずか三箇月で、千人を超えるともいわれる並いる弟子の中から選ばれて法灯を嗣《つ》ぐのですから、恐らくあったであろうさまざまな思惑を押し切った恵果師の決意に、法を伝えることの厳しさを思います。師が生涯に密教奥義《おうぎ》の全てを伝授した弟子は六人でした。

八〇五年十二月十五日午前四時、六十歳を一期に恵果師はこの世を辞せられます。その夜、道場で瞑想される大師の前に恵果さまが立たれました——私と汝《なんじ》は特別な縁で結ばれ幾代にも亘《わた》って師弟の関係を繰り返してきた。今度は私が日本に生まれ、そなたの弟子となって密教を広めましょう——真言宗の徒として大師の志を受け継いだ弟子には必ず歴代の先師の命が宿るのが真言密教です。

（田中智岳）

貧を済《すく》うに財を以てし　愚を導くに法を以てす　財を積まざるを以て心とし　法を慳《お》しまざるを以て性とす（性霊集二　恵果碑）

【恵果阿闍梨は、貧しい人を救うには金品を与え、愚かな者を導くには教えを諭された。蓄財をすることもなく、教えを惜しむこともなく、人々への布施を第一の旨とされていた】

**◉必要な人に　必要なお手伝い　あなたも私も幸福になる、布施の心**　お大師様の師匠、中国長安青龍寺の恵果阿闍梨の人を救うお姿が見えてきます。貧困で困ってる人にはお金や品物、愚かな人には教育、阿闍梨自ら金品を貯め込む事も無く、惜しみなく人に施されたと言われます。

ここ半世紀の内に大きな災害が世界を襲い、日本でも阪神淡路大震災、東日本大震災が有り、毎年のように大雨や洪水、地震、台風など多くの人々が被害を受けています。

阪神淡路大震災の折は震災と同時に停電や断水、ガスライン、交通網や道路の破壊が一瞬にして起こり、通信回線も不通。情報の伝達が遅れ、救済活動の初動が遅かった事が今も悔やまれてなりません。

それでも全国から多くのボランティアの方々が救援の手を差し伸べて頂いた事は今も神戸を始め淡路や阪神地域で罹災した方々は感謝しております。その後、大きな災害の度に多くのボランティア活動が脚光を浴びました、現地ではおおいなる助けとなっています。

阪神淡路大震災の折りも炊き出しや、救援物資を避難所に配送するボランティアに参加した事があります。着の身着のまま避難所へ身を置き、寒くて不自由な生活を余儀なくされた記憶は鮮明に脳裏に焼き付いています。

平常時でも、手助けを必要としている人達がいます。恵果阿闍梨の御心をお手本に布教伝道活動をしなくてはと心あらたにしているところです。

弘法大師は現実社会を密厳浄土または密厳国土、仏の世界に変える事が出来るのだとも教えられています。身近なところから自分の出来る「布施行」を実行して、手助けを待つ人達に奉仕（ボランティア）をして密厳国土にしていきましょう。

（中谷昌善）

恵果阿闍梨

## 百千の陀羅尼これを一心に貫き　万億の曼荼羅これを一身に布《し》く（性霊集二　恵果碑）

【恵果和尚は、数々のダラニを暗記し、マンダラの諸仏と一体になられていた】

**◉出会うべくして出会う**　密教では、師資相承ということが大変重要です。顕教が民衆に向かって広く悟りの内容を文字や言葉などで説くのに対して、密教は師匠が弟子に直接教えを授けます。教室で同じように授業を受けても理解の仕方は一人ひとり違いますし、ものごとの奥義は、あるレベルに達していなければ、いくら説明しても理解できないのも事実です。ところが密教はマンツーマンです。このシステムで、密教の教えは師から弟子へ正確に受け継がれてきました。

お大師さまの師は唐の青龍寺の恵果《けいか》和尚《かしょう》です。恵果和尚の師は不空三蔵です。さかのぼると大日如来までたどりつきます。真言宗のお寺では、密教の教えを伝えてきた師祖の像をかかげ密教の系譜を示しています。師僧から伝授されるということは、そこに連なることだと実感できるようになっています。この名言は、『大唐神都青竜寺故三朝の国師灌頂の阿闍梨恵果和尚の碑』の一節で、恵果和尚が真言密教の根本である曼荼羅の教えの実修者であることがわかる重要な箇所です。

さて、人生で師と出会えるかどうかは大きな問題です。身近な例えですが、習い事を始めたけど、先生と自分の求めるイメージが一致しないのはよくあることでしょう。プロでコーチ問題が報じられると、コーチでそんなに差がつくのかと感心してしまいますが、コーチとの出会いが人生を変えたなどという話もよくあります。

僧侶の場合も師僧を探すのが一番難しいのです。密教の教えは、師資相承ですから、コミュニケーションギャップはできるだけ無いのが望ましいという現実があります。

二〇一九年の秋、ローマ教皇が長崎広島の被爆地を訪問されました。私はテレビで見ていて教皇の平和への強いメッセージに感動しましたが、そのことは発信せずに黙っていました。しばらくして師僧の「真言宗から核廃絶の祈りを！」という記事を読みました。バチカンからの声が聞こえませんか？　と締めくくられていて、師僧も同じ思いであると知りました。宗教者として、お大師さまの弟子として、できることは何かと考えていましたので、大安心。迷いがなくなりました。

（森堯櫻）

恵果阿闍梨

冒地《ぼうじ》の得難きには非ず　この法に遇うことの易からざるなり（性霊集二　恵果碑）

【悟りは難しいものではない。密教に出会うことが難しいのである】

◉**点と点を繋げる**　スマートフォンの草分け、ｉＰｈｏｎｅをこの世に生み出したアップル社の創業者であったスティーブ・ジョブズ氏。晩年、膵臓がんと闘う彼は、世界最高峰の大学であるスタンフォード大学の卒業式に招かれて十五分間に亘るスピーチを行い、多くの学生や教職員に感動を与え、その内容は伝説となって多くの人に語り継がれています。

生まれてすぐに養子に出された彼は、優しい養父母に育てられますが、未婚の大学院生の生母との約束から必ず大学へ行かせることが条件だったのです。十七歳で彼が入学したリード大学は、リベラルアーツ・カレッジ形式であって日本には少ない大学院へ進むことを前提とした四年制大学でした。少数精鋭で寮生活を強いられるがために授業料が大変高額であり、ふつうの家庭であったジョブズの家では、その負担に耐えきれず、それを気遣った彼がたった半年で中退してしまうのです。

しかし、退学後もその大学の興味のある授業に正規の学生にまぎれて一年半も通ったのでした。彼は、仕事に就かず、その日の寝場所や食事にも大変困るなかそれらを得るために遠い施設へ通いボランティアを受けたのでした。そんな苦労して受けた授業が後にかけがえのないものとなったのです。

彼は、大学で隠れて聴講した授業に強い影響を受けて、アップル社を創設します。しかし、社外から招いた役員たちに傲慢な経営を咎められ退社を強いられました。ショックで苦しむ中、CGのアニメ制作会社を立ち上げます。その会社は次第に軌道に乗り、ジョブズを追い出して経営不振に喘ぐアップル社に再び最高責任者として迎えられたのです。このことを「点と点を繫げる」と彼は大学でスピーチしています。

成功する人は数多くいます。でもジョブズが回想するように素晴らしき教えとの邂逅が如何に重要かということなのです。人生を変えるほどの邂逅は、逢おうと思って逢えるものではありません。それまでの積み重ねによるのです。ときに偶然と思いがちですがそれらはすべて必然なのです。遇い遭うこと難し。真言の教えもまた然りです。


（瀬尾光昌）

汝いまだ知らずや　吾れと汝と宿契の深きことを　多生の中に相共に誓願して密蔵を弘演《ぐえん》す　彼此代々《かわるがわる》に師資と為ること只一両度のみに非ず　是くの故に汝が遠渉を勧めて我が深法を授く（性霊集二　恵果碑）

【汝（空海）は知らないであろうが、私（恵果）と汝とは宿縁が深く、生死を繰り返して密教を広め、幾度も師弟関係にあった。そして今、遠方より訪れた汝に密教を授けたのである】

**◉人生はドラマ**　空海様と恵果阿闍梨との対面は非常に衝撃的でドラマのような出来事でした。千人余りもの弟子を携えていた恵果阿闍梨の元に最後の弟子になった空海様に総ての密教を授けて最期を迎えられました。その空海様が恵果阿闍梨の喪主までも務めたのです。そして、阿闍梨の功績の全容を碑文にされました。その一節がこの文です。

恵果阿闍梨がいわく、空海様と恵果様は何度も生まれ代わって師となり弟子となって密教を伝えあったと驚きとともに感動的場面を思い描かれます。また、「相共に誓願して」とあります。その思いの強さを感じ、想像すると身震いしてしまいます。

ここで分かることは、輪廻していることです。仏教は本来解脱を目指しますから、悟りを得た後は転生しません。しかし、密教では涅槃に赴かず何度も生まれ変わり衆生済度を続ける誓願を立てるのです。この誓願ゆえに、空海様は命がけで唐に渡り恵果阿闍梨に逢うことになります。これは、誓願力と共に御神仏の御加護も感じます。不可思議としか言いようがありません。一時ではなく一年や一生でもない。多生に渡って思い続けることは想像すら出来ません。

空海様は唐に渡られて後、「虚しく往きて実ちて帰る」とも仰せられ、日本を出発されたときはまだまだ未熟であったのに、唐にて得られたその膨大な内容ゆえ充ち満ちて帰られたのです。

私もこの文を持ち歩いて、日々の生活や人のありようを見聞し、その積み重ねを心に刻み付けて空海様の生き方を感じたいものです。


（大塚清心）

惠果阿闍梨

和上　三明円《まど》かんじて万行足れり　法船牢《ほうせんかた》くして人ともに瞻《み》る　秋月を懐いて巨夜《きよや》に懸け　旭日《きよくじつ》を孕んで迷衢《めいく》に臨《のぞ》めり（性霊集五　青龍和尚袈裟）

【恵果和上は悟りの智慧を完備されており、その密教は堅牢な船として人々が仰ぎ、秋の名月のように心の闇を和らげ、朝日のように迷い苦しむ人々を照らす】

**◉美しい御方**　美しい御方とは、立ち居振る舞いが見事な御方ではないでしょうか。どんなに息巻いても、必ずどなたかのお世話になり、生活をしなくてはなりません。生かされている我々です。この事を十分理解していれば、自ずと美しい姿となります。ましてや利他行に徹しておられる御方は、不思議なもので光輝いているようにみえます。お大師様が、師匠恵果阿闍梨遷化の折に碑文を書いております。その中で左記の一句がございます。

貧を済うに財を以てし　愚を導くに法を以てす　財を積まざるを以て心とし　法を慳しまざるを以て性とす

恵果阿闍梨のお人柄が滲み出ている御言葉です。密教という大きな船の舵取りを自らの命尽きるまで、極めて自然体で導かれたその功績は、喩えようがありません。

三明　円かんじて万行足れり　法船　牢くして人ともに瞻る

かつて我々の目前に、このような御方が現れたことがありましょうか。また、請来目録にはこのような聖語もあります。

是《ここ》に於て城中を経て名徳を訪《と》うに　偶然にして青龍寺東塔院の和尚　法の諱《いみな》は恵果阿闍梨に遭い奉る

お大師様は恵果阿闍梨と偶然にお目にかかったと表現されておられますが、恵果阿闍梨は「よく来た、よく来た。私は貴方が来られることを待ち望んでいたぞ」。このようにおっしゃっております。恵果阿闍梨は空海との出逢いを偶々の巡り会いとは絶対に仰せにならず、必然として御仏が導いて下さったと仰せであります。

論語の中には、「死を目前にした者の言葉には、嘘偽りが無い」と説かれております。恵果阿闍梨の御言葉や立ち居振る舞いは素晴らしい行動の御方でありました。

秋月を懐いて巨夜に懸け　旭日を孕んで迷衢に臨めり

恵果阿闍梨こそ、美しい御方でございます。

（宮地賢剛）

師弟

師資の道は父子よりも相親し　父子は骨肉相親しと雖も　ただ是れ一生の愛にして生死の縛なり　師資の愛は法の義をもって相親しみ　世間出世間に苦を抜き楽を与う　何ぞよく此況せん（遺誡）

【師弟と親子の関係には大きな違いがある。親子は親しみ深いようだけれども、これは一生の愛にして苦しみの原因を作る。ところが、子弟関係は厳しいけれども、仏道を目指した真実の法愛に基づいている】

**◉奇跡の確率**　世界には様々な宗教がありますが、キリスト教の聖書を始めとし仏教の経典にも生命誕生やその宗教の教えに出会うことなどの奇跡に近い確率について書かれています。私たちはその奇跡的な出会いの一つとして仏教（密教）があります。そして仏の教えやそれを体得し広く伝えるために、広義で適切ともいえる師との出会いや如来の教えを自ら体得できるほどの縁は非常に困難で奇跡とも感じます。

ご存知の通り、密教では仏の世界へと導く行法伝授は師資相承を基本とし、それは人の心を真理へ導くことはどんな肩書がある人であっても、たとえ肉親であっても、非常に難しいというのです。つまり仏の教えを理解、体得した人でないと「師」は出来ないという考えで、その師に出会うことやさらに相互に最適であり、自らがより高次元で理解、体得することも難しいというのです。

さてこれは「日本古典芸能」や「匠の世界」と呼ばれている世界の師弟関係に酷似しており、共通の言葉も多いようです。特に伝統世界では教えを乞う相手を「師匠」と呼び、親よりも深い関係にあると言われております。

私も一時期ですが、講談師の師匠と呼ぶべき方の下で勉強しておりました。まさしく「講談だけではなく、すべてを学ばせるため」にと、時には母、姉や親友のように、優しく、楽しく、厳しく指導いただきました。その時のことがふと脳裏を横切ると、私の奥底で現在も慈愛というマグマが流れ、その教えを幾度となく染み込ませるのです。そしてこれは私の中にある基本の一つとなり、いつか受け継がれて行くかもしれません。そしてこれは仏さまが導いた奇跡的な出会いであると感じ、このご縁に深く感謝しています。

（伊藤貴臣）

能く己れを護るを即ち是れを仏弟子と名づく　もしこの義に違するをば即ち魔党と名づく　仏弟子は即ち是れ我が弟子なり　我が弟子は即ち是れ仏弟子なり　魔党は即ち吾が弟子に非ず　吾が弟子はすなわち魔の弟子に非ず（遺誡）

【よく己を律することができる人を仏弟子という。戒律に反する者は魔党である。仏弟子は私の弟子であり、魔党は私の弟子ではない】

**◉お大師様の戒律に対する思い**　仏教では修行者の生活規律として戒律というものがあります。戒律とは元々は別の言葉でした。戒とは自ら決まりを守ろうとする心の働きのことです。これはもし破ったとしても何か罰則があるというわけではありません。律とは正式に定められた規律のことです。日本では法律を破ると罰があるように、仏教でも律を破ると罰則があります。現在ではこの戒と律が合わさり戒律という一つの言葉となっているのです。

戒律の中には私たちの身と口と心に関する戒めがいくつもあります。相手を傷つけてはならない、他人の悪口を言ってはならない、間違ったものの見方をしてはならない、とシンプルな分かりやすいものもあります。しかし分かっていても守ることができないのも私たち人間です。主題の御言葉はお大師さまが戒律についておっしゃられた言葉です。お大師さまは「戒律に反するものは魔党である。魔党は私の弟子ではない」とはっきりとおっしゃられています。一見すると厳しいお言葉に感じられるかもしれません。しかしそれだけお大師さまの戒律というものに対する強い思いが伝わってくるお言葉です。戒律とは仏さまとのお約束です。

戒律を守るとは、己の仏心に気が付くという事です。私たちは普段生活をしていると自分の相手や周りの人の間違った行いは、すぐに目が行きます。しかしその一方で自分の過ちというものには案外気づけていないものです。先ずは自分自身の中にある仏さまの種の存在に気が付き、自分が戒律を守り正しい生き方をしてきたか考えるという事です。そうすれば自ずと戒律を守ることができるのです。周りの過失を気にするよりも自分自身を見つめ直すということが大切なのです。戒律を守るということ、それは私たちの中にある仏さまの種を咲かせる生き方なのです。

（杉本政明）

汝は西土にして我が足を接す　吾は東生して汝が室に入らん（性霊集二　恵果碑）

【汝（空海）は中国に来訪して私（恵果）の真言密教の足跡を継承した。私はこれより東の日本に生れ変わり、汝の弟子になって入門する】

**◉初対面の印象**　私たちは毎日たくさんの人と出会います。そのまますれ違っていく人もいれば、ふとしたきっかけで親しくさせていただくこともあります。初対面の印象は、表情・態度・声の調子・服装などによって決まります。特に表情は印象の半分以上を決定づけるといわれています。そして、人となりは雰囲気としてあらわれます。普段、自分の表情がどのような印象を与えているのかということを考えていますか。

　穏やかな顔で人と接していると、相手は穏やかに接してくれます。イライラした顔で接すると、相手もイライラしてきます。自分の心持ちが顔に表れ相手に伝わります。笑顔で接することも、「ありがとう」ということもお布施の一つです。お布施はお金がないとできないと思いがちですが、お金がなくともできるお布施はたくさんあります。仏教の教えでは「無財《むざい》の七施《しちせ》」と呼ばれています。

お大師さまも初対面の印象で人を引きつけていました。お大師さまは、密教という教えを学ぶため、長い準備期間を経て、万端整え命をかけて中国へ渡りました。苦労の末に、師匠となる恵果阿闍梨《けいかあじゃり》に会うことができました。恵果阿闍梨は、お大師さまの充実した心持ちを理解してくれました。そして、千人以上の弟子がおられる中で、お大師さまに一目会っただけで密教の全てを伝えることを許されたといいます。

お大師さまが恵果和尚から密教のすべてを授かったのち、恵果和尚は静かに亡くなっていきました。お大師さまは恵果和尚が亡くなった日の夜に夢を見ました。夢の中で恵果和尚はお大師さまに対して、「生まれかわりの中で密教を弘めることを互いに誓い合った。互いに師匠となり弟子となったことは一度や二度ではない。ふたたび私はあなたの弟子となろう」と言いました。

生まれかわりの深いご縁によって初対面の印象は、一瞬のうちにすべてが分かってしまうのです。清らかな心で、どなたでも分け隔てなくお会いしたいものです。

（中村一善）

## 進退我が能くするに非ず　去留我が師に随う（性霊集二　恵果碑）

【私（空海）が中国を訪れたことも、日本へ帰国することも、すべて恵果和尚との深い仏縁によるものである】

**◉師に随う**　仏門に入りますと、師となる方からのお導きが最優先となります。そこでは自分自身の意見や思いは度外視されます。そういったことから、仏門に入るということは自分の身を師に預けるという絶対的な信頼が必要となるのです。疑似的な親子といえますが、最近の親子では親にすべて従うということはありませんし、親も子の意見を尊重するようになっていますから、現代の親子関係とは全く違うものであります。そうした厳しい師弟関係から信頼関係を築き、やがては師が受け継いだ法灯を授かることとなるのです。そのように密教の法灯は千二百年にわたって受け継がれてきたのですが、その根本は恵果阿闍梨さまとお大師さまとの師弟関係にあります。

冒頭のお言葉は、恵果阿闍梨さまの入滅に際し、お大師さまが恵果阿闍梨さまを讃える碑文を書かれた文章の一節です。師の恵果阿闍梨さまには千人ほどの弟子がおられたといわれますが、その弟子の中でお大師さまが選ばれて書かれたと言われています。密教の世界において師の言われることは絶対であることを明言されたといえます。ですから、密教の世界に入る者は、疑いなく全てを預け、すべて従う気持ちで修行に励むのです。

しかし実際はどうでしょう。最近では修行さえすれば僧籍がもらえると思い、ひどい場合には師を踏み台にして成り上がろうという考えの人もいます。世間ではそのようなことが通用しています。親が子をかばい、子供の言いなりになる。社員が会社を食い物にして自分の権利だけを主張し、会社が振り回されることもあります。本来の在り様を考えたならば、子は親を尊敬し感謝すべきですし、会社あっての社員でもあるのですから、服務をしっかり守ることが最低限必要であります。そう考えた時、お大師さまが仰られた「師に随う」というお言葉は、そこに信頼関係や師への尊敬が見え、今の社会の中で再確認しなければいけないことではないかと思うのです。

（富田向真）

## 仏弟子は即ち是れ我が弟子なり　我が弟子は即ち是れ仏弟子なり（性霊集九高雄山寺三綱）

【仏の弟子は私の弟子である。私の弟子は仏の弟子である】

◉一味和合　唐（中国）への留学から帰国され、京都に入られたお大師さまが、はじめにお住まいになったのが、洛西の高雄山寺です。現在では神護寺と呼ばれている、紅葉の名所としても有名なお寺です。

その後、高雄山寺には密教を学ぼうとする僧俗の信者が多く集まったため、集団を統括・指導するリーダーが必要になりました。そこでお大師さまは、優秀なお弟子さまの中から、総責任者の上座には杲隣《ごうりん》さまを、事務担当の寺主には実慧《じちえ》さまを、修行者を指導する維那には智泉《ちせん》さまを任命なさいました。これらの三つの役職を、三綱といいます。「仏弟子は即ち是れ我が弟子なり、我が弟子は即ち是れ仏弟子なり」の文言は、その時の任命書の中に出てくる言葉です。

お釈迦さまにはたくさんの弟子がおられ、その集団は僧伽《そうぎゃ》（サンガ）と呼ばれましたが、僧伽の中では、悟りを求めて修行する者どうし、互いを敬い、身分や経歴にとらわれることなく、みなが平等で睦まじくなければならないと、お釈迦さまは厳しく戒められました。そして、僧伽に属する者たちが、心を一つにして修行することを「一味和合《いちみわごう》」といいます。なお、僧伽の中で仲たがいや喧嘩の原因を作った者は、波羅夷罪《はらいざい》という罪に問われ、僧伽から追放されるという厳しい処分が下されました。

お大師さまは、一味和合の精神を守る弟子こそお釈迦さまの弟子であり、同時に私の弟子でもあると、その精神の大切さを説き、三人のリーダーに従って、みな仲良くしなさいよ、と訓示されているのです。

仏教を信仰する者にとって最も大切なのは、心をいつも穏やかに保ち、他者に対して思いやりを持つことです。みながそうしていれば、自然と、平和で豊かな社会が築かれるものです。

かの聖徳太子も、憲法十七条の筆頭に、「和をもって貴しとす」という法文を挙げておられます。これも、お釈迦さまが大切にされた一味和合の精神をルーツとするものです。

（川崎一洸）

僧尼あるが故に仏法絶えず　仏法存するが故に人みる眼を開く　眼明かにして正道を行ず　正路に遊ぶが故に涅槃に至る（宝鑰第四）

【僧尼がいれば仏法は絶えない。仏法があれば眼が開く。眼が開けば正しい行ないができる。これによって悟りに至ることができる】

**◉教えも人から人へのバトン**　お釈迦様が成道の時のことです。真理に浸りながら「人々にどう伝えればよいのであろうか、たとえ伝えたところで果たしてこの悟りの境地を受け容れてくれるだろうか」と悩まれたそうです。そこに梵天が現れて「人々に法を説くように」と勧められ、お釈迦様は勇気をもって法を説くことを決断されました。この時、五人の比丘に対しての説法を初転法輪といい、まさに仏法伝播の第一歩といえる大きな出来事です。

お大師様は「法は人によって弘まり　人は法を待って昇る」（秘蔵宝鑰第四）と人によって教えが弘まり、その教えに出会って悟りの境地へと導かれると説いています。

お大師様は、恵果和尚より寫瓶のごとく真言密教の真髄を授かり、帰朝後は弟子達に教え伝えました。師から弟子へと脈々と現在に受け継がれてきました。しかし、長い年月の中でいくつかの困難もありました。

約一千年前、高野山では第一次荒廃期といわれる法灯断絶の危機に瀕した時代がありました。落雷による火事で諸堂伽藍がことごとく焼け、山内が灰燼となってしまいました。復興の手立てなく、修行僧の姿もほとんど見えない有り様で苦しい時代が続きました。そんな折に現れたのが中興の祖と謳われる祈親上人です。祈親上人がこの無残なお山の光景をみて心をいため、奥之院御廟のお大師様の前に額づき、「身命をかけて私がお山を再興させます。どうか未来永劫にわたってお大師様の教えが伝わるように」とお誓いを立てられました。玉のように丸めた青苔に火をつけると、見事に吉祥奇瑞の炎が燃え上がりました。まさにお大師様の生命のみひかりであるとして、奥之院拝殿（現在の燈籠堂）に奉納され現在に不滅の聖燈として力強く燃え続けています。上人は齢九十までの生涯を高野山の復興に心血を注ぎ、弟子を育成し、明算大徳をはじめとする今日の真言密教を伝えてくださった僧侶が輩出されました。このように仏法は人があってはじめて世の中に伝わっていくものなのです。

（阿部真秀）

僧侶

僧と言うは菩薩声聞等の別あり　もしは菩薩もしは声聞　凡聖を論ぜず持破を簡《えら》ばず　経論を誦伝して人に智慧を授くる者みな是れ僧宝と名づく（性霊集八　仏経講演表白）

【僧には、菩薩と声聞の別がある。しかし、菩薩、声聞、凡人、聖人、戒律を保つ者、破る者を選ばずに、経典や論書を講伝し、人に智慧を授ける者はすべて僧宝に属する】

**◉私たちは観音菩薩と同じ心を持って生きている**　仏教寺院には僧宝に属する者がいなければなりません。僧宝に属する者とは、経典や論書を講伝し、人に智慧を授ける者です。私たちは経典や論書を講伝し、人に智慧を授ける者でなければなりません。このことをよく理解して、仏教寺院の活動を行うべきです。なお、今、本書を読まれている方も僧宝に属するようにすることが本書の目的です。

本書の第五巻の拙稿「観音菩薩の心」（二七二ページ）に書かせていただきました内容をあらためて本稿に著します。お釈迦さまが説かれた法華経という経典の第二十五章が『妙法蓮華経観世音菩薩普門品第二十五』であり、これを独立した経典とし、『観音経』と私たちは呼んでいます。

観音経の内容は、一、観音菩薩の観世音という名について、二、観音菩薩の三種類の威神力について、三、観音菩薩を礼拝供養することによって得る功徳について、四、観音菩薩の三十三身の説法について、五、観音菩薩を讃える偈、の大きく五構成であると読解します。二について、大水や漂流の七難や煩悩の三毒から脱がれることが説かれています。内容を正しく読解する限りにおいては、観音菩薩の威神力による救いを求めて名を受持し唱えることや、礼拝供養し無量無辺の福徳を得る説法と読まれますが、お大師さまが『法華経開題』において、冒頭で恒河の女人や坐海の丈夫を兼愛と大悲の実践者として挙げることから、これを私は観音菩薩と同じ心の実践者と読みます。

したがって、私たちも他者の難に向かう活動は観音菩薩の活動と同じであると考えます。目の前で溺れている人がいて、私たちは見過ごしません。ゆえに私たちは観音菩薩と同じ心を持って生きていると言って過言ではないと考えます。本稿を読まれた方も観音菩薩と同じ心を持って生きているはずです。

（細川敬真）

僧侶

僧伽《そうぎゃ》は梵名なり翻じて一味和合と云う　意《こころ》を等しくして上下諍論なく長幼次第あり　乳水の別なきが如くしにて仏法を護持し　鴻雁《こうがん》の序《ついで》あるが如くして群生《ぐんじょう》を利済すべし（性霊集九　高雄山寺三綱）

【僧伽とは梵語であり、一体になって和合するという意味がある。上下に争いがなく、秩序を保ち、乳水が溶けあうように仏法を守り、雁が列をなすように人々に利益を施す】

**◉冥界答弁！　阿部正弘編**　常勝球団・虚人軍を抱える『黄泉売新聞』の人気インタビューコーナー「冥界答弁！」が、知られざる幕末のリーダーに迫ります。

記者「阿部さんは弱冠二十六歳で江戸幕府の老中首座、いわば宰相に就いています」

阿部正弘「当時はペリーの黒船が来るなど大変な激動期でしたよ」

記者「攘夷か開国かで日本中が割れました。どちらが正しかったと思いますか」

阿部「不毛な議論です。攘夷派は威勢はいいが、外国に戦で勝てるはずがありません。とはいえ砲艦外交に押し切られる形での開国では日本が植民地になってしまう」

記者「究極の選択ですね。どうしましたか」
阿部「挙国一致体制を作るべきだと思いました。まずやったのは情報公開です。もともと私は老中になる前からオランダ風説書などを通じて海外情報を得ていました。正しい情報の共有が国論統一には不可欠だと思ったのです。次に有力諸藩を幕政に参与させました。諸藩の合議で物事を決めるというのは幕政史上初の試みです」
記者「でもそれが、結果的に幕府の権威を弱めることになった。弱腰という批判や、江戸幕府崩壊の主犯は阿部さんだという評価までありますが」
阿部「遺憾ですね。本来は『一味和合』こそ必要でした。徳川だ外様だと争わず、『意を等しく』して協力すべきだったんです。でも我ながら早死にしてしまったので」
記者「享年三十九。若いですね。阿部さん抜きでは幕府はまとまらなかった」
阿部「でも私が育てた勝海舟やジョン万次郎、榎本武揚らは頑張ってくれましたよ。『上下諍論』ない人材登用で『群生を利済』することが大事だと考えたのです」
記者「さりげなく弘法大師の言葉を引用するあたり、さすが配慮の達人ですね」
阿部「長生きできないわけですね」

（この文章はフィクションです）

（坂田光永）

# あとがき

森　堯櫻

二〇二三年に慶讃される「弘法大師ご誕生千二百五十年記念」の完成を目指して始まった『空海散歩』全十巻も後半に入りました。

この法話集は、近藤堯寛師が膨大なお大師さまの著作から名言名句を一大集成された『空海名言辞典』がもとになっています。収録された名言は二一八〇句。これを「仏」「法」「僧」「苦」の四編に分け、それぞれを細分した目次があります。例えば「苦編」の「人世無常」という項目をひけば、お大師さまが人の世の無常について書かれた聖語を引き出すことができるようになっています。それぞれの聖語には出典が載っていて、容易に原典にあたることができます。お大師さまのことばとしてよく引用されているものも、原典に返ってみるといろいろと気づきがあるものです。

担当する名言が決まると原典から読みなおします。『空海散歩』は研究書でも解説書でもありませんが、きちんと土台に立っておく必要があると思い、調べてみると、次々引き込まれていきます。そこには、勉強不足の猛反省もさることながら、智慧の海に泳ぐような気持ちよさもあって、つい時間を忘れてしまいます。

苦の世界から始まった『空海散歩』も後半に入り、いよいよ真言密教の本質に近づいていきます。書き手にも真価が問われることを痛感しています。

小塩祐光先生が本年二月九日にご遷化なされました。僧正さまには本書発刊に当たって心強いご協力を賜り、これに勇気づけられて白象の会は刊行を重ねております。各巻ごとに名言法話の執筆依頼を事務局より発信しますと、先生は余生の短さを抱いておられたのでしょうか、手書きの原稿を素早く頂戴しました。高野山真言宗の布教師会会長を勤められ、特に文書伝道には格別の力をご生涯注いでこられました。心よりご冥福をお祈り申し上げます。

さて、一人でも多くの方にお大師さまのことばを届けたい、多方面で役立てていただきたいと出版を進めておりますが、現実問題として出版には費用がかかります。白象の会が負担する印刷費用は、執筆各位に十冊以上の買取りをお願いして充当しております。記念品や教材などに活用いただきたいと願っています。第一巻と二巻は完売しましたが、第三巻以降は沢山の在庫がある現状です。書店ではコンスタントに出ているようですが、白象の会には在庫がありますので、ぜひご活用していただきたくお願いいたします。

全十巻の刊行は、六年がけです。一冊を七か月で仕上げます。まだ途中ですが、並べてみると、それぞれの巻にその時々の思い出が重なってきます。嬉しい出来事はもちろん、深い悲しみの時も、そしてこれからも心の大切さや信仰心の持ちようを支えてくれると思います。無事全巻刊行して、ともに大日の光に到達できますよう、皆様のご協力をお願いいたします。新たな執筆参加もお待ちいたしております。

# 執筆者一覧（生年順）　＊印は「白象の会」発起人

| 氏名 | 生年 | 出生地 | 現住所 | 所属 | 寺院等 | 役職 |
|---|---|---|---|---|---|---|
| 小塩祐光 | 昭04 | 岡山 | 徳島県鳴門市 | 高野 | 長谷寺 | 名誉住職　＊令和二年二月九日遷化 |
| 野條泰圓＊ | 昭10 | 岡山 | 岡山県苫田郡 | 高野 | 安養寺 | 住職・本山布教師 |
| 安達堯禅 | 昭11 | 愛知 | 愛知県一宮市 | 高野 | 日比野弘法堂 | 支部長 |
| 井本全海 | 昭14 | 大阪 | 大阪府河内長野市 | 高野 | 勝光寺 | 住職 |
| 大西智城 | 昭18 | 徳島 | 徳島県徳島市 | 御室 | 願成寺 | 住職・（社福）白寿会本部長 |
| 篠崎道玄 | 昭20 | 奈良 | 東京都府中市 | 山階 | 興徳寺 | 住職・元宗会議員 |
| 岩佐隆昇 | 昭20 | 徳島 | 徳島県徳島市 | 高野 | 桂林寺 | 役僧・臨床宗教師 |
| 浅井證善 | 昭21 | 北海道 | 奈良県奈良市 | 高野 | 龍象寺 | 住職・大峰ボランティア「峰の友」代表 |
| 湯浅宗生 | 昭21 | 鳥取 | 鳥取県八頭郡 | 高野 | 多寶寺 | 住職・前鳥取宗務支所長・本山布教師 |
| 近藤堯寛＊ | 昭21 | 愛知 | 和歌山県高野山 | 高野 | 櫻池院 | 住職・高野山大学非常勤講師 |
| 佐川弘海 | 昭22 | 愛媛 | 愛媛県西条市 | 御室 | 光明寺 | 住職 |
| 友松祐也 | 昭23 | 京都 | 京都府京丹後市 | 高野 | 如意寺 | 住職・観光・まちづくり系ＮＰＯ法人理事長 |
| 丸本純淨 | 昭23 | 大阪 | 大阪府豊中市 | 高野 | 櫻池院 | 薬剤師 |
| 田中智岳 | 昭23 | 和歌山 | 京都府木津川市 | 高野 | 和泉寺 | 住職・審査委員・台湾高野山真言宗協会顧問 |
| 菅　智潤 | 昭24 | 香川 | 香川県三豊市 | 善通 | 円明寺 | 住職・管長 |

| | | | | | | |
|---|---|---|---|---|---|---|
| 畠田秀峰 | 昭25 | 徳島 | 徳島県板野郡 | 高野 | 安楽寺 | 住職・四国霊場会会長・本山布教師 |
| 河野良文 | 昭26 | 福岡 | 奈良市大安寺 | 高野 | 大安寺 | 住職・本山布教師 |
| 大咲元延 | 昭28 | 大阪 | 大阪府大阪市 | 曹洞宗 | | 中小企業診断士 |
| 伊藤全浄 | 昭28 | 京都 | 兵庫県明石市 | 高野 | 極樂寺 | 住職 |
| 大下大圓 | 昭29 | 岐阜 | 岐阜県大野郡 | 高野 | 千光寺 | 住職・名古屋大学講師 |
| 柴谷宗叔 | 昭29 | 大阪 | 大阪府守口市 | 高野 | 性善寺 | 住職・高野山大学研究員 |
| 花畑謙治 | 昭30 | 福井 | 東京都中央区 | | | サドラー・ジャパン（株） 社長 |
| 雪江　悟 | 昭30 | 千葉 | 米国カリフォルニア | 辯天宗 | | 会社役員 |
| 藤本善光 | 昭31 | 大阪 | 福岡県田川郡 | 高野 | 十輪院 | 住職・本山布教師 |
| 中谷昌善 | 昭32 | 和歌山 | 兵庫県神戸市 | 高野 | 大師寺 | 住職・本山布教師 |
| 長崎勝教 | 昭32 | 高知 | 高知県土佐清水市 | 豊山 | 金剛福寺 | 住職 |
| 森　堯櫻＊ | 昭32 | 大阪 | 滋賀県甲賀郡 | 高野 | | NPO法人暮らしと文化研究所理事長 |
| 加藤俊生 | 昭33 | 愛媛 | 愛媛県松山市 | 豊山 | 石手寺 | 住職 |
| 糸数寛宏 | 昭33 | 沖縄 | 富山県砺波市 | 高野 | 日照院 | 住職・本山布教師 |
| 後藤瀞興 | 昭34 | 大阪 | 大阪府堺市 | 高野 | 興源寺 | 名誉住職 |
| 瀬尾光昌 | 昭34 | 神奈川 | 香川県小豆郡 | 高野 | 西光寺 | 住職・本山布教師 |
| 川上修詮 | 昭35 | 大分 | 神奈川県茅ヶ崎市 | 高野 | 千手院 | 住職 |
| 大塚清心 | 昭35 | 福井 | 愛知県名古屋市 | 高野 | 大師寺 | 住職 |
| 佐々木琳慧 | 昭35 | 滋賀 | 滋賀県犬上郡 | 高野 | 不動院 | 住職 |

| | | | | | | | |
|---|---|---|---|---|---|---|---|
| 山田弘徳* | 昭35 | 愛知 | 愛知県名古屋市 | 高野 | 真勝院 | 住職 |
| 堀部明圓 | 昭35 | 愛知 | 愛知県岩倉市 | 高野 | 金剛寺 | 住職 |
| 宮地賢剛 | 昭36 | 和歌山 | 岡山県久米郡 | 高野 | 佛教寺 | 住職・本山布教師・阿字観能化 |
| 亀山伯仁 | 昭38 | 香川 | 香川県三豊市 | 高野 | 密蔵寺 | 住職・本山布教師・阿字観能化 |
| 吉田宥禪 | 昭38 | 大阪 | 岡山県矢掛町 | 高野 | 多聞寺 | 住職・本山布教師 |
| 橘髙妙佳 | 昭39 | 広島 | 広島県広島市 | 御室 | 安楽寺 | 徒弟 |
| 吉森公昭 | 昭40 | 大阪 | 石川県輪島市 | 高野 | 西光寺 | 住職 |
| 松本堯有 | 昭40 | 四川省 | 和歌山県高野山 | 高野 | 高大女子寮 | 通訳者 |
| 愛宕邦康 | 昭41 | 鳥取 | 埼玉県狭山市 | 燈宗 | 一燈仏学院 | 教授・元種智院大学非常勤講師 |
| 中村光観* | 昭41 | 和歌山 | 和歌山県伊都郡 | 高野 | 興法寺 | 住職 |
| 中原慈良 | 昭42 | 広島 | 和歌山県紀の川市 | 高野 | 高野山大学 | 非常勤講師 |
| 雨宮光啓 | 昭42 | 大阪 | 大阪府岸和田市 | 高野 | | 大師教会光寿会支部長 |
| 小野崎裕宣 | 昭44 | 北海道 | 神奈川県足柄上郡 | 高野 | 如実庵 | 庵主・本山布教師 |
| 中村一善 | 昭46 | 徳島 | 徳島県板野郡 | 高野 | 觀音寺 | 住職 |
| 佐藤妙泉 | 昭46 | 兵庫 | 和歌山県高野山 | 高野 | | 紀州高野山横笛の会主宰 |
| 小野聖護 | 昭46 | 石川 | 愛知県岡崎市 | 高野 | 弘正寺 | 副住職・本山布教師 |
| 山本海史 | 昭46 | 東京 | 岐阜県高山市 | 高野 | 西南院 | (株)シェアウィング高山支店マネージャー |
| 赤塚祐道 | 昭46 | 千葉 | 千葉県市川市 | 新義 | 徳蔵寺 | 住職・善通寺勧学院専門研究員 |
| 阿形國明 | 昭47 | 岡山 | 岡山県久米郡 | 高野 | 華蔵寺 | 住職 |

| | | | | | | |
|---|---|---|---|---|---|---|
| 富田向真＊ | 昭47 | 京都 | 和歌山県高野山 | 高野 | 高野山高校 | 教諭・本山布教師・布教研究所員 |
| 佐伯隆快 | 昭47 | 広島 | 岡山県倉敷市 | 醍醐 | 長命密寺 | 住職 |
| 曽我部大和 | 昭48 | 徳島 | 徳島県阿波市 | 高野 | 明王院 | 住職 |
| 川崎一洸 | 昭49 | 岡山 | 高知県香南市 | 智山 | 大日寺 | 住職 |
| 大瀧清延 | 昭49 | 広島 | 広島県福山市 | 大覚 | 薬師寺 | 住職・阿字観能化 |
| 伊藤聖健 | 昭49 | 北海道 | 北海道上川郡 | 豊山 | 大聖寺 | 住職 |
| 穐月隆彦 | 昭50 | 愛媛 | 愛媛県西条市 | 御室 | 実報寺 | 住職 |
| 中村光教 | 昭50 | 山口 | 山口県周南市 | 高野 | 切幡寺光泉苑 | 支部長 |
| 成松昇紀 | 昭51 | 和歌山 | 宮崎県えびの市 | 高野 | 弘泉寺 | 副住職・本山布教師 |
| 伊藤貴臣 | 昭51 | 大阪 | 大阪府堺市 | 高野 | 高野山大学大学院 | 講談師 |
| 阿部真秀 | 昭51 | 北海道 | 北海道上川郡 | 高野 | 眞弘寺 | 副住職 |
| 髙田堯友 | 昭52 | 大阪 | 和歌山県高野山 | 高野 | 櫻池院 | 職員 |
| 千葉堯温 | 昭52 | 広島 | 和歌山県高野山 | 高野 | 櫻池院 | 職員 |
| 白川密成 | 昭52 | 愛媛 | 愛媛県今治市 | 高野 | 栄福寺 | 住職 |
| 岩崎宥全 | 昭53 | 長野 | 長野県諏訪市 | 高野 | 佛法紹隆寺 | 住職 |
| 白馬秀孝 | 昭53 | 長野 | 長野県塩尻市 | 高野 | 郷福寺 | 副住職 |
| 細川敬真 | 昭53 | 宮城 | 和歌山県和歌山市 | 高野 | 一休院 | 住職 |
| 坂田光永 | 昭54 | 広島 | 広島県福山市 | 高野 | 光明院 | 住職 |
| 村上慧照 | 昭54 | 徳島 | 徳島県徳島市 | 高野 | 西光寺 | 副住職 |

| | | | | | | |
|---|---|---|---|---|---|---|
| 渡邉智修 | 昭56 | 京都 | 和歌山県高野山 | 高野 | 金剛峯寺 | 職員 |
| 加古啓真 | 昭62 | 兵庫 | 兵庫県加西市 | 高野 | 寶泉寺 | 副住職 |
| 天谷含光 | 平01 | 奈良 | 徳島県板野郡 | 高野 | 觀音院 | 副住職 |
| 松本堯円 | 平02 | 愛知 | 愛知県名古屋市 | 高野 | | |
| 伊南慈晃 | 平04 | 和歌山 | 和歌山県海草郡 | 高野 | 金剛峯寺 | 職員 |
| 堀江唯心 | 平08 | 徳島 | 和歌山県高野山 | 高野 | 無量光院 | 尼僧 |
| 杉本政明 | 平12 | 神奈川 | 和歌山県高野山 | 高野 | 高野山大学 | 大学生 |
| 鈴木隆蓮 | | 宮城 | | 高野 | 大師教会支部 | 支部長 |
| 小西涼瑜 | | 宮城 | 東京都 | 高野 | | アシュタンガヨガ正式資格指導者 |

## 執筆者別索引

＊数字は頁番号

白象の会は、『空海名言法話全集』出版のために二〇一六年七月、発起人によって命名された、真言宗系の著者で組織する団体です。弘法大師御誕生千二百五十年記念として、二〇二三年六月十五日までに全十巻を刊行することを目的としています。裏表紙のマークが、本会のロゴマークです。

空《くう》海《かい》名《めい》言《げん》法《ほう》話《わ》全《ぜん》集《しゅう》　空《くう》海《かい》散《さん》歩《ぽ》

第六巻　さとりの記述

二〇二〇年一一月一五日　初版第一刷発行

著者　白象の会
監修　近藤堯寛
編集　白象の会発起人
協賛　四国八十八ヶ所霊場会
発行者　喜入冬子
発行所　株式会社筑摩書房
東京都台東区蔵前二-五-三　〒一一一-八七五五
電話番号〇三-五六八七-二六〇一（代表）

印刷・製本　中央精版印刷株式会社


ISBN978-4-480-71316-2 C0135

◉空海名言法話全集　空海散歩〈全10巻〉◉

白象の会・著　近藤堯寛・監修

第1巻
## 苦のすがた
弘法大師御誕生千二百五十年に向けて、空海の名言2180句に解説と法話を付す全10巻のシリーズ。第1巻はこの世にあることの苦しみの根元を見つめます。

第2巻
## 世のながれ
空海の名言に解説と法話を付す名言法話全集。第2巻は「諸行無常」「愛別離苦」「有為転変」「此岸彼岸」のキーワードから、世の真理にじっと目をこらします。

第3巻
## たすけあい
空海の名言に解説と法話を付す名言法話全集。第3巻は「ささげる」「いやす」「なごむ」「つなぐ」をキーワードに、他者との出会いから気づきを得る過程をたどります。

第4巻
## こころをつくる
空海の名言に解説と法話を付す名言法話全集。第4巻は「慈悲」「恩愛」「仏縁」「仁徳」をキーワードに、本当に大切なものに気づき、手をさしのべる心を学びます。

第5巻
## 法を伝える
空海の名言に解説と法話を付す名言法話全集。第5巻は「法を護り」「教えを伝え」、悟りに向けて歩むべき道を指し示す。